本书是南京大屠杀史与国际和平研究院（现国家记忆与国际和平研究院）委托课题"日军在南京大屠杀过程中侵害第三国权益及相关交涉研究"（批准号：16YJY017）的最终成果。

# 侵害与交涉

## 日军南京暴行中的第三国权益

崔巍 著

江苏人民出版社

**图书在版编目(CIP)数据**

侵害与交涉：日军南京暴行中的第三国权益 / 崔巍
著.--南京：江苏人民出版社，2022.6
ISBN 978-7-214-26658-3

Ⅰ.①侵… Ⅱ.①崔… Ⅲ.①南京大屠杀-研究
Ⅳ.①K265.607

中国版本图书馆 CIP 数据核字(2021)第 229759 号

| | | |
|---|---|---|
| 书　　　　名 | 侵害与交涉:日军南京暴行中的第三国权益 | |
| 著　　　者 | 崔　巍 | |
| 责 任 编 辑 | 康海源 | |
| 特 约 编 辑 | 解冰清 | |
| 装 帧 设 计 | 许文菲 | |
| 责 任 监 制 | 王　娟 | |
| 出 版 发 行 | 江苏人民出版社 | |
| 地　　　址 | 南京市湖南路 1 号 A 楼,邮编:210009 | |
| 照　　　排 | 江苏凤凰制版有限公司 | |
| 印　　　刷 | 江苏凤凰扬州鑫华印刷有限公司 | |
| 开　　　本 | 718 毫米×1000 毫米　1/16 | |
| 印　　　张 | 21 | |
| 字　　　数 | 271 千字 | |
| 版　　　次 | 2022 年 6 月第 1 版 | |
| 印　　　次 | 2022 年 6 月第 1 次印刷 | |
| 标 准 书 号 | ISBN 978-7-214-26658-3 | |
| 定　　　价 | 78.00 元 | |

(江苏人民出版社图书凡印装错误可向承印厂调换)

# 目　录

# 序

　　早在 1934 年 4 月,日本外务省发言人、情报部长天羽英二在例行的记者会上针对西方各国对华的经济和技术援助表示:日本与中国有特殊关系,故日本要完成其在东亚的特殊责任;维护东亚和平与秩序是日本单独之责任,无须他国干涉;西方各国在华采取的行动,即使名义上是财政或技术援助,日本亦不得不反对。史称这一口头表述为第一次"天羽声明",这实际上是日本精英对西方列强在华商业活动和利益真实态度的一次流露,也是长期以来日本的"亚洲门罗主义"诉求的延续。只不过由于欧美舆论哗然,三天后即 4 月 20 日,天羽不得不后撤,发表声明强调,日本并不妨碍第三国利益,并且也希望欧美各国多与中国通商并促进中国繁荣,而中国的繁荣是日本所欢迎的,日本的中国政策仍然以"门户开放政策"为准则。日本外务省亦采取了各种措施试图缓解第一次天羽声明带来的冲击,减缓西方舆论的忧虑和不安。

　　然而,事实胜于雄辩。几年后日本在南京对西方利益全方位的侵害甚至超出了天羽当时的想象。崔巍研究员的大作《侵害与交涉:日军南京暴行中的第三国权益》以南京为中心,全景式地展现了 1937 年 8 月到 1938 年 4 月的时间段里日军对西方利益的侵害及之后的外交交涉——

从英国驻华大使许阁森遭到日本飞机的攻击(大使身负重伤),到美国大使馆三等秘书阿利森被日本士兵打耳光;从美国炮舰"帕奈"号被日本飞机在长江南京上游段炸沉,多名船员伤亡,到英国炮舰遭到日本陆军的炮击,致使人员伤亡;从12月13日,日军占领南京后肆无忌惮地闯入西方使领馆,开走停在馆内的汽车,抢劫留守在馆内的中国雇员的钱财,到对西方商业机构、私人住宅的大肆抢劫和破坏,即便是日本的盟友德国也未能幸免。

曾经由松井石根担任会长,会员有近卫文麿、广田弘毅等一众高官的"大亚细亚协会",标榜"立志于亚洲的团结与解放",强调"亚洲是亚洲人的亚洲"。战时和战后,都有日本人宣称太平洋战争是"从白人手中解放亚洲"的行为,这一逻辑也许能够解释日军对在长江上的英、美炮舰的袭击,但对英、美驻华大使馆及官员的攻击,对各国大使馆、商业机构和外国居民住宅的闯入和抢劫却难以自圆其说。实际上,日本政府完全知道自己理屈词穷,往往以道歉、保证不再发生类似事件和赔偿了结上述事件。作为受害更深的南京人当然就没有这么幸运了,但他们更加了解所谓"解放者"的含义,这里不再赘述。

研究这段历史的国内学者往往对日本的嚣张和英美的软弱感到迷惑不解甚至是愤怒,本书虽没有专门讨论这一问题,但字里行间还是时有流露。的确,英美两国面对日本在华咄咄逼人的攻势不能协调一致,格局狭小。日本在长江上袭击英美炮艇后,英国希望与美国采取协调行动,但美国希望各自单独交涉;作为罗斯福应对"帕奈"号事件的秘密外交行动的组成部分,美国财政部长摩根索奉罗斯福之命与英国财政大臣西蒙进行电话联系,讨论对日本实行金融制裁(包括冻结日本在美国的资产)的问题,却遭遇冷遇,西蒙表示这个问题涉及英国议会。在此之前的布鲁塞尔会议上英、法均表示愿意对日本采取强硬措施,条件是如果他们在远东的利益受到日本的攻击,美国要承担协助的义务,但美国拒绝做出任何的承诺。无疑,缺乏协调行动助长了日本政府和军队的嚣张气焰。

更深层次的原因是英美体制下的外交政策受到民意的严重制约。英美两国民众都从第一次世界大战中消极地汲取了教训。在英国的表现是出现了以张伯伦为代表的不惜一切代价追求和平的"绥靖主义",其结果当然只能是与虎谋皮。而在美国则是出现了避免卷入除美洲大陆以外一切外部事务的"孤立主义"。面对日、德、意的侵略行为,罗斯福1937年10月在孤立主义大本营芝加哥发表了"隔离演说",但在强烈的反对声中,罗斯福只能是改弦易辙。根据美国国务卿赫尔的回忆录,"帕奈"号事件后,绝大部分美国人不是义愤填膺地要求对日本宣战,而是要求美国政府立刻从中国撤回为数不多的所有美国武装部队及商业利益。在这之后的很长一段时间里,罗斯福一直试图"教育美国民意",直到1940年1月才废除了《日美通商航海条约》,1940年9月26日禁止废钢铁出口,1941年7月宣布冻结日本在美国的资产。面对日本的侵略和损害自身利益的行为,英美体制及民意的确表现得软弱和自私,需要长时间的准备和偶发事件才能形成对抗日本侵略的共识。

本书的第一章有关战前南京的外国使馆的位置,商业机构、学校和私人住宅在南京分布等构思很好,不仅是后面问题探讨和研究的基础,也填补了南京城市史研究的一个空白,值得作者在收集更多史料的基础上花更多的笔墨书写。

杨夏鸣

2021 年 8 月 22 日

# 导　论

## 一、研究的对象和意义

在展开具体论述之前,笔者首先要对南京大屠杀作一个时空界定。南京大屠杀(有时也称"南京暴行"或"日军南京暴行")是指从 1937 年 8 月 15 日日军开始对南京及其周边地区进行大规模轰炸到 1938 年 1 月,日军在这些地方对中国民众及停止抵抗的中国军人实施的各种规模的屠杀、对中外人士的人身侵害、对中国妇女的大量性暴行、对城市的系统性纵火破坏、对中外财产的持续劫掠,以及在长江南京段附近对英美舰船的袭击等。这一界定的来源是权威性著作《南京大屠杀全史》的论述框架。① 有学者不同意把日军对南京的轰炸纳入南京大屠杀的范畴。但笔者认为,"南京大屠杀"作为一个界定历史事件的学术概念,可以有广义和狭义之分。许多历史事件都可以如此划分。例如,中国现代史上的"解放战争"也可以有狭义和广义之分。众所周知,如果从狭义来理解,"解放战争"是指从 1946 年 6 月 26 日国民党军进攻中原解放区开始到

---

① 张宪文主编:《南京大屠杀全史》,南京:南京大学出版社 2012 年版。

1949年10月1日中华人民共和国成立为止。但如果从广义理解，1945年抗战胜利后国共在关内关外的军事冲突，以及1949年10月1日以后解放军解放大西南和海南岛及其他若干沿海岛屿的军事行动，都可以被看作是"解放战争"的一部分。

对于"南京大屠杀"这一概念来说，如果从狭义方面去理解，应该是从1937年12月13日日军攻占南京开始的，在这之前日军轰炸南京可以不纳入"南京大屠杀"的概念范畴，但如果从广义理解，则可以将其纳入。理由如下：（1）日军对南京的轰炸不仅炸了政治军事目标，更是对民用目标进行了广泛的袭击，并造成平民生命财产的重大损失，这本身就是战争暴行。这实际上是日军攻占南京之后实施大规模暴行的预演和前奏。（2）实施轰炸的日军部队很大一部分是日本海军第三舰队的航空兵，也是后来进攻南京日军部队的一部分。这支部队在到达南京江面时又对已经停止抵抗、正在渡江北逃的中国军队实施了野蛮屠杀，而这种屠杀明显是南京大屠杀的一部分。（3）同样是这支日军部队在占领南京前一天在南京附近的长江江面上袭击了英美等中立国舰船，并造成人员伤亡和财产损失，这同样是南京暴行的一部分，至少是南京暴行的延伸。因此，日军对南京的轰炸（尤其是轰炸非军事目标）可以被广义界定为日军实施的南京暴行的一部分，至少是南京大屠杀的前奏，它预示了南京一旦被日军攻占将遭到怎样的命运。

南京大屠杀事件是世界现代史上极其罕见的战争暴行。其程度之惨烈、手段之残忍、范围之广泛、持续时间之长，可以说是史无前例的。南京大屠杀事件在当时和以后都产生了非常广泛的国际影响，深刻影响了中国民众对日本这一国家的整体印象，并对塑造中国的民族性格也产生了不可低估的影响。我们至今仍能感受到这一影响的存在。可以预料，在今后相当长的历史时期内，这种影响不会消失。在一些外部或内部条件的作用下，这种影响甚至可能持续发酵和扩大。

由于这一事件的特殊性，它自然就成为中国现代史学界的一个重点研究课题。中国学术界对于南京大屠杀的系统性研究始于 20 世纪 80 年代,迄今已走过了 30 多个春秋,并取得了丰硕的成果。如今,有关南京大屠杀的各种研究报告、研究专著和学术论文可谓汗牛充栋,各种学术观点也让人眼花缭乱。可以说,对于南京大屠杀的学术研究绝对是一门"显学"。这些研究从各个方面对有关南京大屠杀的各种问题进行了详细的考证和论述,使世人对那场惨绝人寰的暴行有了更加清晰和完整的认识,并从学理性的高度对之进行了总结和提炼。但是,这些研究中的受害方基本上都是中国人的生命财产。其实,日军在实施南京暴行过程中不仅对中国人犯下了累累暴行,而且也严重侵害了许多其他国家在华的合法权益,①并引起了受害国与日本政府及日本军方之间的广泛交涉。这对许多第三国对日本的观感产生了负面影响,进而在一定程度上影响了当时远东的国际关系。

众所周知,南京是当时中国的首都,是全国的政治、文化中心,那里聚集着许多其他国家的驻华机构和人员,涉及政治、经济、军事、文化、外交等各个方面。在那长达 6 个星期的腥风血雨,甚至在这之前日机对南京实施的长达数月的大规模轰炸之中,日军在对中国人施暴的同时,也对这些机构和人员实施了暴行,并造成了重大损失。然而,出于种种原因,这一段历史基本上没有被纳入研究者的视野,这就不能完整地揭示南京大屠杀的全貌,从而也就难以真正全面地对其进行评价,并评估其国际影响。在学术层面,这不能不说是一大遗憾。

有鉴于此,笔者以为,加强对南京大屠杀史的研究,把日军侵害第三国权益的史实纳入研究范畴,是当代中国学人的责任。笔者希望为此做一点有益的事情。本书所要研究的对象是日军在南京大屠杀事件中侵害除中国之外的其他国家的权益。内容主要包括日军侵害外国在华外

---

① 这里所说的"合法权益"是指在当时的法律体系之下外国政府和个人在华享有的权益,其中可能包括根据当时仍然有效的不平等条约所享有的权益。

交机构及外交人员、抢劫在南京的外国财产、侵犯在南京外国人的人身权利、袭击外国舰船等暴行，并由此引起的受害方与日方的交涉及产生的国际影响和后果等。本书的基本观点是：南京大屠杀是世界近现代历史上罕见的大规模、国际性的战争暴行。日军在此暴行中不仅严重侵害了中国人民的利益，而且也严重侵害了许多其他国家的在华权益，并导致这些国家与日本的交涉维权。由此，对中国争取国际同情和援助抗战产生了积极影响。所以，反对侵略并不仅仅是直接被侵略国某一国的事情，国际社会应该团结起来，共同反对侵略，维护正常的国际和平与秩序。

笔者认为，这一研究具有重大的学术价值和现实意义。首先，系统研究日军在南京大屠杀中侵害第三国权益及由此产生的交涉，对于更加全面、准确地叙述南京大屠杀事件的全貌，把该事件的研究向更广、更深的层次推进，并作出更加全面、客观的评价，无疑具有重大、积极、正面的影响，同时对日军战争暴行史的研究也无疑具有重大学术价值。其次，这一研究也具有重大现实意义。人们常说：历史是一面镜子；前事不忘，后事之师。在当前日本右翼势力抬头，不愿正确面对历史，并一再否认南京大屠杀史实的背景下，厘清日军在南京大屠杀过程中侵害第三国权益的史实，并加以学理性分析，对于反驳日本右翼势力的谰言、团结世界上爱好和平的力量、共同维护世界和平、防止日本军国主义的复活，无疑具有非常重大的现实意义。

## 二、学术史回顾

对于日军在南京大屠杀过程中侵害第三国权益及其相关交涉的研究，目前国内外都处于非常薄弱的状态。在中国大陆地区，相关研究在相当长的时期内都是空白。20世纪90年代有北京学者徐蓝的专著《英国与中日战争1931—1941》（北京师范学院出版社1991年版）论及日军袭击外国在长江中的舰船,炸伤英国驻华大使许阁森的事件及相关交涉。此书在史料应用方面堪称一流,其所使用的史料极其丰富,但其结论有点单一,认为英国对日政策直到太平洋战争爆发前完全是绥靖政策。直到进入 21 世纪之后,相关研究才真正开始起步。2005 年,大型多卷本史料集《南京大屠杀史料集》开始出版。①　这部洋洋洒洒的史料集分数次共出版了 72 册,卷轶浩繁,为研究者提供了极为丰富的研究资料。这其中就有许多是涉及日军侵害第三国权益及相关交涉的内容。这就使比较系统完整地研究这一问题成为可能。总之,《南京大屠杀史料集》的出版是南京大屠杀史研究中一件具有划时代意义的重大事件。

在此基础上,南京的学者继续努力,于 2012 年相继出版了 4 卷本《南京大屠杀全史》②和《南京大屠杀史研究》③等专著。前者是第一部全景和全方位论述南京大屠杀事件的专著。后者则对该事件中的不同问题进行了专题论述。这两部专著的论述中都涉及了日军侵害第三国权益的内容,主要是关于日军袭击英美舰船和抢劫西方在南京财产等暴行。2017 年,南京学者杨夏鸣出版《美国外交文件中的日军南京暴行研究》,运用美国外交文献对南京大屠杀进行了系统论述,其中许多部分涉及日军侵害第三国权益。④

此外,还有若干篇学术论文也对此有所论述。比较有代表性的有笔者的《日军在南京大屠杀过程中对第三国权益的侵害》,比较简明扼要地叙述了日军对第三国权益侵害的概况及相关交涉。⑤　此外,南京学者董为民的《南京大屠杀时期美日间的外交折冲——以"阿利森事件"为中心》,则以日军士兵殴打美国外交官阿利森这一典型事件为例,论述了日

---

①　张宪文主编:《南京大屠杀史料集》,南京:江苏人民出版社 2005 年版。

②　张宪文主编:《南京大屠杀全史》,南京:南京大学出版社 2012 年版。

③　张生等:《南京大屠杀史研究》,南京:凤凰出版社 2012 年版。

④　杨夏鸣:《美国外交文件中的日军南京暴行研究》,南京:江苏人民出版社 2017 年版。

⑤　崔巍:《日军在南京大屠杀过程中对第三国利益的侵害》,《民国研究》2007 年辑。

军践踏国际法,损害美国在华外交利益的史实。① 另一位南京学者王卫星的《日本外交官对日军南京暴行的反应与应对》则考查了南京大屠杀期间日本在南京的外交官的作为,其中的重要内容是这些外交官对日军侵害第三国权益所持的态度。②

在中国台湾地区,学者杨凡逸的著作《美日"帕奈"号(U. S. S. Panay)事件与中美关系(1937—1938)》论及了日军袭击美国军舰"帕奈"号及由此产生的交涉。③ 另一学者李仕德所著《英国与中国的外交关系(1929—1937)》也论及了英国驻华大使许阁森爵士被日军炸伤事件和"帕奈"号事件等日军侵害第三国权益的情况。④

在国外,也有一些学者作过一些研究。据笔者目力所及,日本学者笠原十九司所著《南京事件与海军》也比较详细地叙述了"帕奈"号事件。⑤ 美国学者皮瑞(Hamilton Perry)也有相关研究,其所著的《帕奈号事件:珍珠港的先声》(*The Panay Incident: Prelude to Pearl Harbor*)也对这一事件进行了详细的论述。⑥

在笔者看来,这些研究成果在厘清一些基本史实,并进行学理性分析方面具有很高的学术价值,但对于从整体上论述和分析日军在南京暴行中侵害第三国权益的学术要求来说,以上研究还是远远不够的。首先,这些研究大多数只聚焦于日军对第三国权益某一方面的侵害,如日军袭击美国舰船、侵犯美国外交人员的人身权利等,但缺乏对日军侵害第三国权益的整体性论述和分析,有些方面则还没有涉及,如日军侵害

---

① 董为民:《南京大屠杀期间美日间的外交折冲——以"阿利森事件"为中心》,《南京社会科学》2014 年第 10 期。

② 王卫星:《日本外交官对日军南京暴行的反应与应对》,《南京社会科学》2015 年第 9 期。

③ 杨凡逸:《美日"帕奈"号(U. S. S. Panay)事件与中美关系(1937—1938)》,台北:政治大学历史系 2002 年版。

④ 李仕德:《英国与中国的外交关系(1929—1937)》,台北:"国史馆"2001 年版。

⑤ [日]笠原十九司:《南京事件与海军》,东京:岩波书店 2000 年版。

⑥ Hamilton Perry, *The Panay Incident: Prelude to Pearl Harbor*. New York: Macmillan Company, 1969.

在南京的西方人士(这里的"西方人士"是指非外交人员)的人身权利、抢劫第三国在南京的财产等。只有杨夏鸣的《美国外交文件中的日军南京暴行研究》有相对完整的论述。其次,这些研究(尤其是外国学者的研究)较少把日军侵害第三国权益的事件放在日军实施南京大屠杀这一大背景下考察,而是把它放在受害国与日本的双边关系的范畴内加以论述,这就不能更好地揭开日军侵害第三国权益的真实原因。此外,这些研究大多数还是比较孤立的、零散的,没有整体性、宏观性的研究成果问世,尤其是没有专著。这就要求我们更加努力,推出质量更高的成果,把日军在南京大屠杀过程中侵害第三国权益及相关交涉这一具有高价值的研究课题向更广、更深的层次推进。

## 三、资料来源、论述框架及创新之处

从事历史研究,最重要的是什么? 毫无疑问,是史料。尽管研究方法也十分重要,但如果没有可靠、详实的史料,任何先进的研究方法都毫无用处,研究工作也就成了无米之炊。著名历史学家傅斯年先生有句名言——"历史学只是史料学"。[①] 可见,史料在历史研究中占有极端重要的地位。笔者十分赞同傅先生的这一观点。因此,笔者在开始对日军在南京大屠杀过程中侵害第三国权益及相关交涉进行研究时,便尽一切可能收集与此相关的史料。经过努力,我收集到了比较丰富的史料,并自认为可以开展这一研究。

如前所述,由张宪文教授主编的大型多卷本史料集《南京大屠杀史料集》长达 72 卷,分别搜集了来自日本、中国和许多其他国家的资料,极为详尽,是研究南京大屠杀相关问题的必备资料。笔者曾参与该史料集的编写,对该史料集比较熟悉,并得到了全套史料集。这些珍贵史料最

---

① 李泉:《傅斯年学术思想评传》,北京:北京图书馆出版社 2000 年版,第 130 页。

原始的出处，很大一部分是日军屠城时留在南京的西方人士，如拉贝、魏特琳等，还有一部分是英、美、德等欧美国家政府。这些国家派驻中国的记者和外交官向本国发回了大量外交电文和新闻稿件，其中也有很大一部分记述了日军侵害第三国权益的内容。此外，作为加害方的日军，其官兵所写下的战时日记以及各部队的战斗报告，也透露了日军对第三国权益的侵害。这些资料加起来十分丰富，足以让本书的论述和结论都建立在丰富史料的基础上。因此，《南京大屠杀史料集》是本书最大和最全面的史料来源。

此外，笔者还重点参考了民国时期的一些珍贵文献，如《首都志》。①这部上下两册的珍贵资料，记述了南京在抗战爆发前的状况，其中有战前各西方国家在南京的利益分布状况，如基督教堂的分布、教会所办的教育机构的状况、外国使领馆和外资企业的位置等。笔者掌握了这些资料，就使得论述日军在南京大屠杀过程中侵害第三国权益变得有的放矢、言之有物。

上述这些资料基本上都是档案性资料。除此之外，笔者还注意参考前人的有关学术成果。尽管有关研究比较薄弱，论述比较零散，结论也不够明确，但其中仍然有可取之处。如前述，有学者对阿利森事件、"帕奈"号被炸事件等，都作了较为详尽的论述，其结论也比较客观，具有很大的参考性。

在论述框架上，笔者既以时间为顺序，也兼及日军实施的暴行的种类。如笔者首先叙述抗战爆发前各西方国家在南京的利益分布，然后再叙述日军攻占南京前所进行的空袭给第三国权益带来的损失。当论述进行到南京被日军攻陷后，则以暴行的种类和被侵害的对象不同而区分章节，如日军对西方人士的人身侵害、财产劫掠等都分章论述。由于日军侵害第三国权益是在对中国人的大规模施暴和侵害中国权益的同时

---

① 叶楚伧等主编：《首都志》，南京：正中书局 1935 年版。

发生的,有时这二者并不能截然分开(如日军在"安全区"内对中国人施暴的同时也侵害第三国的权益),本书也适当论述日军对中国人的暴行和对中国权益的侵害,以作为其侵害第三国权益的背景和铺垫。同样,当时留在南京的第三国人士因日军暴行而与日方进行的交涉,绝大多数也并不是单纯为日军侵害第三国权益而进行的交涉,而是把日军侵害中国人权益和第三国权益的事例与日方合并交涉,所以笔者也论述了一些第三国人士与日方进行的综合交涉,或一般事务性交涉。此外,笔者以为,南京大屠杀期间日本的在华外交官是一个比较特殊的群体,他们与施暴的日军官兵既有一致性,也有所区别,发挥着日军和第三国在南京公民之间的桥梁作用。关于这一群体的情况,以往的研究鲜有涉及,①本书将以一章的篇幅对日本军方和在华外交官的情况加以比较性论述。

在对具体史实进行叙述和评论的基础上,笔者将总结出相应的结论。

笔者以为,相较于以往中国学术界有关南京大屠杀的研究,本书主要有以下创新之处。首先是研究视角的创新。中国学术界研究南京大屠杀的成果可谓汗牛充栋,但把研究的受害方定位为第三国的还很少,而日军在南京大屠杀过程中严重侵害第三国权益的事实却大量存在。因此,本书的研究就为南京大屠杀史研究提供了一个全新的视角,并可以对研究向更广泛、更深入进行下去提出新的思路。其次是观点创新。笔者在研究过程中,通过接触史料、分析对比,提出了一些不同于前人的观点,首先是明确了南京大屠杀的受害方不仅是中国,许多其他国家的在华人士和权益(主要是英、美、德等国)也深受其害。其次是通过研究由于日军在南京大屠杀过程中侵害第三国权益而引起的交涉,折射出抗战初期日本与英、美、德等国的关系状况,以及它们对日本侵华的态度。

---

① 据笔者目力所及,除前述的王卫星的论文之外,笔者尚未看到其他有关南京大屠杀期间日本在南京外交官的比较系统的论述。

例如，虽然日军都严重侵害了英、美、德等国的在华权益，但英、美的反应却与德国不同，从而间接反映了大国在远东的国际关系情况。还有就是考证创新。本书还论述了南京大屠杀研究中若干被长期忽视的史实。如日军对待德国在南京的公民财产和英、美在南京的公民财产的不同态度；当时的日本在华外交官的状况及他们在对待日军暴行方面的两难处境；在南京第三国人士与日本外交人员的接触、日军与日本在华外交人员面对西方人士与其交涉的不同态度等。

笔者相信，只要我们本着科学、严谨的治学态度，大胆假设、小心求证，在充分掌握和运用史料的基础上，经过艰苦的努力和精心探索，一定会在南京大屠杀史的研究领域不断取得新的成果。

# 第一章　战前各外国在南京的利益分布

南京,是中国的历史文化名城、著名的古都之一,见证了许多改变历史进程的重大历史事件,汇聚了大量优秀的文化遗产。然而,南京又是一座充满了悲剧色彩的城市。自从公元 229 年孙吴政权在此建都以来,在一千多年的大部分时间里,南京都与政治结下了不解之缘,并数次遭遇毁城之灾。1842 年,中国近代史上第一个不平等条约——中英《南京条约》——就是在这里签订的。从此,中国开始了持续百余年的国家屈辱。当时间来到 1927 年时,它再次成为中国的首都,并由此带来许多"国际性"。许多外国都在南京设立了各种机构,在此生活的外国人也与日俱增。城市建设也有了一些发展。然而,这一切并没有给这座历经沧桑的古都带来真正持久的繁荣。这些短暂的利好都由于日本对中国的侵略而处于危险之中。

## 第一节　西方教会在南京的财产及兴办的事业

### 一、遍布南京城的基督教堂

自从 19 世纪中叶英法等西方列强用炮舰打开中国的大门之后,不仅西方的商品和资本汹涌而入，西方的思想文化也随之踏上了古老的神州大地。第二次鸦片战争之后签订的不平等条约规定，西方基督教传教士可以在中国自由传教并建立教堂。由此，基督教（主要是基督新教）开始在中国大规模传播，并与中国的传统文化和宗教发生了碰撞。从1870年发生的天津教案到1900年的义和团事件，这30年中教案不断。

但进入20世纪之后，中国民众似乎已逐渐习惯了基督教的传播，教徒人数也与日俱增。西方传教士在中国除了传教之外，也兴办一些教育和社会福利事业，如教会学校、育婴堂、医院等，在一定程度上让普通中国民众获得了若干利益。这无疑对缓解中国普通民众排斥"洋教"的心理起到了非常重要的作用。一些著名的西方传教士，如李提摩太等，在民众中的口碑还不错。我们也不必把所有传教士都等同于西方侵华分子，他们中的一些人确实对发展中国的教育、卫生和福利事业，促进中西文化交流作出了一定的贡献。在南京大屠杀期间，留在南京的西方传教士发起成立了"南京安全区国际委员会"，保护了相当数量的中国普通民众免受日军屠戮，为人类和平事业写下了浓墨重彩的一笔。

与全国一样，基督教在南京的传播也经历了一个逐渐扩大的过程，最早的教堂于明朝万历年间建立。"耶教传金陵自明万历间利玛窦王丰肃始。明廷巨卿如徐光启等皆与玛窦交善。金陵亦于是时立教堂。"[1]至20世纪30年代，基督教在南京已广泛传播，并拥有大批教徒，教堂数量达23所之多，遍及全城。当然，由于南京的通商口岸的功能比较弱，而且没有外国租界，其教堂数量自然也就没有天津、上海等沿海城市多。以下是1935年南京城内的基督教堂统计：

中华圣公会所属圣保罗堂位于太平路门帘桥，道圣堂位于下关挹江门外，道胜外堂位于浦镇金汤门大街；来复会所属教堂位于城北大石桥；远东宣教会所属之圣洁堂位于大香炉；美以美会所属之城中会堂位于估

---

① 叶楚伧等主编：《首都志》，第1204页。

衣廊,福音堂位于水西门讲堂街,另一福音堂位于上新河;贵格会所属之灵恩堂位于螺丝转弯,灵恩堂分堂位于下关宝塔桥,另一分堂位于蒋王庙,另一分堂位于三道高井;中华基督教会所属之沛恩堂位于户部街,长老会福音堂位于红纸廊,自立会堂位于门东半边营,城南会堂位于门西双糖,盆友社堂位于府东街,汉中会堂位于汉西门四根杆子,城南会堂位于颜料坊;神召会所属之福音堂位于三道高井欣欣园;基督会所属之基督教堂位于兴中门外大街,另一基督教堂位于南门花市大街,另一基督教堂位于鼓楼南街。① 另据统计,此时南京的教徒人数有 2300 多人。② 从当时南京的总人口数量来看,教徒数量并不是很多。这从另一个方面说明基督教在南京的发展情况远不如广州、上海等沿海通商口岸城市。

其中有的教堂在南京乃至中国的基督教发展史上都有着十分重要的地位。如位于太平路的中华圣公会圣保罗堂,建于 1923 年,是中国现代史上南京第一座正式开放的基督教堂。1927 年,该堂一度被北伐军所征用,暂停了宗教活动,后经时任的外交部长王正廷出面协调,恢复其原有的功能。其他各教堂虽分属不同教会,但也都吸引着不同数量的教徒,维持着正常的宗教活动,有的还兴办着教育、医疗机构。

除了教堂之外,纯粹的宗教机构还包括一些教会的附属机构,如基督教青年会等。在当时的南京和全国各地,基督教青年会主要担负在青年人群中传播教义、发展教徒、策划宗教活动的功能。此外,还有少量的宗教知识培训学校。③ 据笔者所知,在当时南京城中的铜银巷就有一所圣经师资培训学校。此外,在城南的太平路④附近也有一所基督教差会⑤开办

① 叶楚伧等主编:《首都志》,第 1209—1212 页。
② 同上书,第 1209 页。
③ 这里所说的"宗教知识培训学校"不是指教会举办的具有普通教育功能的学校,如金陵大学等,而是专指传授宗教知识的学校。
④ 据笔者推测,这里的太平路应该是现在的南京太平南路。
⑤ 基督教差会是 18 世纪随着英国资本的全球扩张而建立的基督教新教的传教组织,尤其注重在东方各国传教。该会于 19 世纪 30 年代首先在中国山东传教,第二次鸦片战争后传教范围向中国各地扩张。

的男子学校(boy school)。这样的学校完全是为培养宗教专业人士和传授宗教知识而设立的。

数量众多的教堂和教徒一方面说明了此时西方文化已在南京这座古城落地生根,并从一个侧面说明了西方文化对中国及南京地区的影响。另一方面也说明南京的确有了一些国际性。当然,如前所述,相较于国内其他沿海城市而言,南京并不是教堂数量和教徒人数较多的城市,因为自鸦片战争以来,南京作为通商口岸的作用并不突出,远远比不上上海、广州、天津等沿海城市,且南京没有外国租界。但即使如此,这些教堂和教徒还是印证了西方基督教文化在古老的东方大地上无孔不入的渗透。这也是中国近代历史的一个明显特征。

## 二、教会兴办的教育事业及附属机构

西方基督教会除了传教,也兴办一些具有社会福利事业的机构。在南京,这样的机构主要是学校和医院。教会所办学校种类较多,既有从事普通教育的学校,也有从事职业教育的学校;既有大学,也有中小学;既有传授一般知识的学校,也有宗教学校。以下是 1935 年所统计的教会学校:金陵大学位于鼓楼,金陵大学附属中学位于干河沿,金陵女子文理学院位于陶谷,金陵女子文理学院附属中学位于陶谷,金陵神学院位于汉西门黄泥巷,金陵女子神学院位于五台山,圣公会中央神学校位于武庙蓝家庄,赫德圣道女校位于估衣廊韩家巷,进德圣道女学院位于汉西门四根杆子,妇女半日学校位于花市街,中华女子中学暨附属小学位于鼓楼保泰街,青年会中学校位于府东街,汇文女子中学校位于干河沿,圣保罗小学校位于太平路门帘桥,道胜小学位于海陵门外,崇文小学位于兴中门外大街,益智小学校位于户部街,汇文小学校位于讲堂街,智德小学位于红纸廊,半边营小学校位于门东,益智第二小学位于门西双塘,明德小学校位于汉西门四根杆子,汇文女子小学校位于富民坊,鼓楼小学位于鼓楼,信德女子工艺学校位于三道高井欣欣园,半日女小学校位于颜料坊。此外,还有畚清女小学校和育群初级中学及附属小学,也是教会所办学校,但地址不详。①

这些学校中(尤其是大学)有一些是在当时,乃至直到今天在全国都十分出名,在中国的教育界都有着十分重要地位的名校。

**图1　金陵大学北大楼。南京大屠杀期间,这里曾是难民收容所(摄于1920年代)**

金陵大学(金大),其前身是由美国基督教美以美会于1888年在南京创办的汇文书院。1910年,汇文书院联合其他几个书院,正式成立了金陵大学,成为南京地区最早成立的教会大学。1928年,该校正式向国民政府教育部申请备案并获准,成为第一个向中国政府申请备案并获准的教会大学。到20世纪30年代,金大已经成为享誉全国的名校,开设了文、理、农、工、医等等门类齐全的学科,且教学、学术水平很高,被认为是中国最好的教会大学之一。

金陵女子文理学院(金女院),是由来自美国北长老会、北浸礼会等数个美国基督教会的传教士联合创建,1915年在南京正式开学,起初的校名是金陵女子大学。1927年国民政府定都南京之后,该校获得很大发展,先后开设了国文、历史、英语、社会学、数理、化学、生物、体育、医预科等专业,著名女教育家、留美博士吴贻芳女士任校长。1930年,该校获得国民政府教育部的立案,并改校名为金陵女子文理学院。金女院是当时全国仅有的两所教会创办的女子大学之一(另一所是位于福州的华南女

---

① 叶楚伧等主编:《首都志》,第1212—1215页。

子文理学院），当时也获得了很高的社会声誉。

　　金陵大学附属中学（金大附中），创办于1910年，是与金大同时建立的，初始校名为金陵中学。1928年，该校与金大同时获得教育部备案，并改名为金陵大学附属中学。金大附中是南京城内首屈一指的教会中学，分为初中、高中两部，其中高中部仅设有普通科，[①]不开展职业教育。

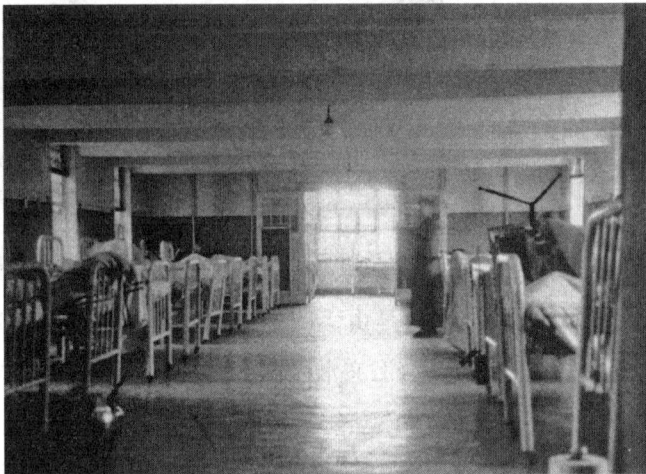

图2　威尔逊医生供职的金陵大学医学院病房内景。威尔逊医生曾在这里救助过南京大屠杀幸存者李秀英

　　以上是抗战爆发前位于南京的几所比较典型的教会学校的简介。除了学校之外，西方基督教会还在南京创办了著名的金陵大学鼓楼医院，或称马林医院、鼓楼医院。该院也是当时南京唯一的一所教会医院。该医院最初是在清光绪年间由加拿大籍传教士兼医生马林创建的，开始时仅是一个诊所，但它是南京城内第一个西医诊所，对西医在南京乃至中国的传播起到了十分重要的作用。后美国基督教会为表彰马林，将该医院命名为马林医院。1914年，它成为金陵大学医学院的实习医院，因其位于南京鼓楼，故改名为金陵大学鼓楼医院，有时也简称为鼓楼医院。

---

① 叶楚伧等主编：《首都志》，第745—746页。

它是美以美会、北美长老会等教会合办的医院。随着教会势力的扩张和西医的广泛传播，鼓楼医院也获得了很大的发展。到20世纪30年代，它已成为一家采用现代西方医学技术和医疗机构管理模式、科室比较齐全，并能够实施比较复杂的外科手术的综合性医院。

总之，在抗战爆发前，南京已经是一座西方基督教会势力强大、教堂及其附属机构很多的城市。教会对南京人日常生活的影响也越来越大。这些教堂和机构的产权都属于不同的西方教会。

## 第二节　设立在南京的外国使领馆

### 一、南京国民政府与各国的"外交升格"及各国使馆的南迁

20世纪30年代的南京是中国的首都。因此，各国的驻华使馆也在南京。但各国驻华大使馆在南京安家落户，仅仅是抗战爆发前两年的事。

说起外国使节驻华，那是一件让中国感到屈辱的历史。19世纪五六十年代，中国在第二次鸦片战争中失败，在随后签订的不平等条约《天津条约》①中，清政府被迫同意外国公使驻北京，从而开始了外国在华设立常设外交机构，并留驻使节的历史。此后，出于对外交涉的需要，清政府也陆续在若干西方国家设立公使馆，并派驻常驻外交使节。八国联军侵华后签订的《辛丑条约》更是规定把北京东交民巷划作使馆区，允许各国派兵保护，中国军警不得随意进入。此后，东交民巷几乎成为北京城内不受中国政府管辖的国中之国。此外，自19世纪中叶起，列强陆续在一些通商口岸设立了领事馆，以管理通商及外国侨民所涉及的事务。此后，设立领事馆的城市不断增多，南京也出现了外国领

---

① 《天津条约》是1858年（清咸丰八年）中国与俄、美和英、法在天津分别签订的不平等条约。其中外国公使驻京的条款在中国与英、法签订的《天津条约》中。随后，其他国家也同样遵照办理。

事馆。但直到 20 世纪 30 年代前期，中国与列强外交关系的层级仅是公使级。

1927 年，国民政府定都南京，中国的政治中心南移，南京的外国侨民也日渐增多，但各国公使馆并没有立即迁至南京，而是继续留在北平，仅仅是在南京设立了办事处。这主要是因为各国不愿放弃从《辛丑条约》中获得的额外外交特权。但这时，苏联因与西方列强关系不睦，希望加强对华关系，其驻华公使馆率先南迁至南京。国民政府官方在描述这时的情形时说："十六年后，外侨日多。苏俄公使馆自北平迁京。英美德法意比等国亦设公使馆驻京办事处。其设领事馆者有英美德法日等国。首都警察厅遵法保护其使领馆署，派长警驻守。"①

然而，九一八事变的爆发使中国的外交格局发生了根本的变化，寻求外国援助以对抗日本的侵略成为中国外交的首要任务。因此，国民政府不仅急于改善与英、法、美等西方国家的关系，而且也急于改善与苏联的关系。中苏关系在 1927 年国民党"清党"及"分共"之后开始恶化。1929 年爆发"中东路事件"之后，两国爆发军事冲突并断交，双边关系跌至冰点。但九一八事变的发生又使两国找到了发展关系的新的共同利益。因为占领中国东北的日本不仅严重侵害了中国的主权和领土完整，使中日处于局部战争状态，而且也严重威胁到苏联远东地区的安全，并打破了凡尔赛-华盛顿体系在东北亚的力量均衡状态。中国希望得到苏联的援助以抵抗日本的侵略，苏联也希望以中国的力量拖住日本，使其难以北上侵苏。在此基础上，中苏于 1932 年恢复外交关系，并直接升格至大使级。苏联把大使馆直接设在了南京，成为第一个在南京设立大使馆的国家。此外，德国在第一次世界大战中战败，其在华的租借地和各种特权也随之被取消，于是继苏联之后也把公使馆迁到南京。

---

① 叶楚伧等主编：《首都志》，第 945 页。

中苏建立大使级外交关系揭开了南京国民政府与各国外交升格及使馆南迁的序幕。经过南京方面与各国的紧张磋商,到 1935 年,中国与世界主要大国,如英、美、法、德、意等国,都把外交关系的层级从公使级升格为大使级。但具有讽刺意味的是,中国与日本的外交关系也从公使级升格为大使级。从中国方面来说,南京方面虽然知道中日间必有一战,但考虑到中日两国实力的巨大差距,不希望全面战争很快爆发,而希望用包括外交手段在内的各种方法拖延最后的摊牌,以便获得更多的时间备战。从日本方面来说,由于惧怕日益强大的苏联,而且要巩固对东北的占领及使华北"特殊化",也需要暂时稳定与中国的关系。因此,中日两国的关系就出现了一种奇怪的现象。一方面,中日关系极其紧张,战争乌云日益笼罩;另一方面,两国却同意将外交关系升格。

外交升格之后,各国纷纷在南京设立了驻华大使馆。其中除了中国的中央政府已在南京,各国大使馆设在南京便于交涉之外,日本变本加厉地侵略中国更是重要原因。由于北平离日本占领下的东北太近,而且日本制造华北事变,北平局势动荡,西方国家与日本的矛盾不断加深,各国使馆在北平已经难以立足。因此,各国从《辛丑条约》获得的那点额外外交特权已经微不足道了,将使馆迁到南京就成为一件顺理成章的事情。

## 二、世界主要大国在南京的使馆分布

由于各国原先在南京都设立了领事馆或公使馆驻南京办事处,外交升格后的大使馆几乎都设立在这些办事处的原址,其实就是把这些办事处直接变成大使馆。当时,各国大使馆主要分布在南京的城中偏西及偏北的位置。目前笔者所掌握的史料中没有发现 1935 年后各国大使馆在南京的具体位置,但有一份南京市政府秘书处于 1933 年编辑出版的介绍当时南京情况的名为《新南京》的资料,其中记载了若干国家公使馆办事处或领事馆的地点,兹摘录如下:俄国大使馆①临时办事处位于大方巷,德国公使馆位于沈举人巷,法国公使馆驻南京办事处位于高门,英国领事署位于萨家湾,美国领事署位于三牌楼,②法国领事署位于和会街,日本领事署位于鼓楼。③ 值得一提的是,日本当时在南京不仅有大使馆,而且也设有领事馆。这种设置是比较独特的。或许这是由于日本与中国关系十分紧张,但要处理的外交事务却非常多,有时日本驻华大使不在南京时,就由领事代为处理一些外交事务。日本在南京的使领馆不仅派驻外交人员,还派驻有警察,以维持其外交机构的安全。笔者有一份1936年末日本领事馆日籍警察分布表:

1936 年末驻南京日本领事馆日籍警察分布状况表　　　　单位:人

| 警察事务 | 警部 | 巡查部长 | 巡查 | 合计 |
|---|---|---|---|---|
| 警察署长 | 1 | — | — | 1 |
| 高等司法主任 | — | 1 | — | 1 |
| 警务保安 | — | 1 | 1 | 2 |
| 警戒执勤 | — | 1 | 3 | 4 |
| 特别任务 | — | — | 2 | 2 |
| 帮助总领事馆处理事务 | — | — | 2 | 2 |
| 到镇江派出所出勤 | — | 1 | — | 1 |
| 到下关派出所出勤 | — | — | 1 | 1 |
| 合计 | 1 | 4 | 9 | 14 |

资料来源:张宪文主编《南京大屠杀史料集》之 34《日本军国教育·百人斩与驻宁领馆史料》,江苏人民出版社 2007 年版,第 390 页。

---

① 原文如此。当时应为苏联大使馆。这时世界主要大国中只有苏联已经与中国建立大使级外交关系。

② 这是抗战爆发前美国驻南京外交机构的地址。后美国设立大使馆时,馆舍位于上海路。人们所熟悉的西康路 33 号则是抗战胜利后美国驻华大使馆旧址。

③ 以上地址摘录自南京市政府秘书处编辑发行:《新南京》,南京:共和书局 1933 年版,第 11 章第 7、8 页。

从中可以看出,当时日本驻南京领事馆日籍警察的派驻是常态化的,不仅警种齐全,而且业务涉及广泛,不仅维持治安,还介入了总领事馆的事务,甚至还在镇江设立了派出所。由此可知,在中日战争全面爆发之前,日本对中国社会的渗透是非常全面的。

当时,似乎英国也在南京分别设有大使馆和领事馆。[①] 除此之外,南京城里还有意大利、比利时驻华大使馆以及加拿大、荷兰、澳大利亚、墨西哥等国的驻华公使馆。这些国家有的在名义上还是英国的殖民地(如加拿大、澳大利亚是英国的自治领),有的与中国联系不密切。至中日战争爆发时,这几个国家与中国的外交关系层级仍然维持在公使级。还有几个中南美洲国家也与中国有领事或公使层级的外交关系,但因中国与这些国家联系较少,故它们未在华开设独立的使领馆,而是仅租住某一处房舍,派驻少量人员,或委托其他国家(如美国)的使馆代为处理一些外交业务。

世界主要大国在南京开设使领馆,特别是南京国民政府成立后中央层级的外交机构陆续进驻南京,既是这一时期南京城市地位上升的一个显著标志,也是南京具有"国际性"的一个显著标志。但当时的许多人不会料到,这种"国际性"好景不长,中日战争的爆发使大多数外国使领馆都遭到不同程度的破坏,有的外交人员的人身权益也遭到侵犯。

## 第三节　在南京的主要外资企业和外国人住宅

### 一、主要外资企业

《天津条约》规定,南京作为通商口岸之一。[②] 从此,外国商品和企业可以"合法"地进入南京了。但南京历来是一座主要发挥政治、文化功能

---

① 笔者在不同的史料中分别看到过英国大使馆及领事馆资料,但具体情况仍有待考证。
② 把南京作为通商口岸是中英、中法《天津条约》所规定的内容。

的城市，而不是一座工商业城市。此外，由于南京在太平天国战争中遭到很大破坏，加之南京地处内陆，其海运交通不如上海、宁波、广州等沿海港口城市发达，故在很长一段时间内，外商投资南京的意愿很低，投资额也很少，仅有一些立足于其他城市的外资企业在南京设有办事处。其实，南京不仅外资企业很少，就连民族工商业也很少。甚至直到20世纪30年代，南京大部分的工厂仅是一些从事印刷、纺织、食品加工的轻工业企业，只有很少的机械制造业。

在南京开埠的历史上，只有一家外商投资企业在中国近现代工商业的发展史上产生了比较大的影响。这就是英商和记洋行。1911年，英国的"合众冷藏有限公司"（又名"万国进出口公司"）在南京城北下关金川河一带征地600亩，建立了从事食品加工的企业"江苏国际出口有限公司"（俗称"南京和记洋行"）。下关地区临近长江，水运交通便利，是和记洋行在此建厂的重要原因。其实，"合众冷藏有限公司"是当时全世界技术最先进的食品加工企业，在中国多个城市投资办厂，这些企业统称"和记洋行"，但南京的和记洋行规模最大，也是当时全国最现代化的食品加工企业。1913年，该厂正式开业，开展各种肉类食品的加工业务。

和记洋行建厂后，发展很快，迅速形成了以南京为中心、生产销售网络遍及长江三角洲地区的大企业。到1922年，和记洋行已经发展成为占地22公顷，生产旺季时日屠宰生猪3000头、加工鸡鸭20000余只、蛋制品产量100余吨的大型食品加工企业，雇用的中国工人也多达四五千人。和记洋行的建立使中国拥有了比较现代化的肉类食品加工企业，但它却打上了很深的半殖民地烙印。其所有权属于英国合众冷藏有限公司，直接的管理者罗步洲等人是英商买办。

在中国的现代工人运动历史上，和记洋行的名字难以抹去。1925年5月30日，上海发生五卅惨案，抗议的怒火迅速蔓延。6月上旬，南京地区的大中学生开始游行声援上海的示威群众。和记洋行的工人也受到影响，组织了罢工委员会，宣布全厂总罢工，并在市内游行。他们还向厂方提出了组织工会、改善劳动条件、增加工资等要求，作为复工的条件。中国共产党人实际领导了罢工，国民党人也参与其中。由于罢工，资方损失巨大，被迫答应了工人提出的条件，罢工取得了胜利。但这只是资方的缓兵之计。在复工半个月后，资方又借口原料不足，宣布停工，并企图开除罢工骨干分子，还扣发工人一半工资。当工人再次愤而抗争时，资方勾结驻华英军，从停泊在长江中的英国军舰上派出英国海军陆战队冲入厂区，对工人胡乱扫射，当场打死打伤数十人，捕去上百人，酿成了和记"下关惨案"。南京国民政府建立后，和记洋行的工运继续发展，但领导者是共产党，其斗争是中共领导的反对南京政府的城市工人运动的一部分。

除了和记洋行之外，当时的南京没有中国区总部设于此的外资企业，也没有规模较大的外商投资企业分部，但一些总部在外地的企业，如美资企业通用电气公司，英资太古洋行、祥泰木行公司、亚细亚火油轮公司等。所谓"火油轮"是一种在内河航行的中小型机械柴油动力的船只，主要以货物运输为主。"亚细亚火油轮公司"也地处城北临近下关的地方，这也是由于那里水运交通方便。1937 年 12 月 12 日，日军在临近南京的长江段中袭击了"瓢虫"号（Ladybird）等数艘英国舰船，其中就包括该公司的火油轮。这次事件是南京大屠杀中日军侵害第三国权益的一个典型事例。除了英美企业之外，德国也在南京设有企业。德资企业，如从事精密仪器进口的礼和洋行和西门子公司等均在南京设有规模不大的分支机构或办事处。西门子公司南京办事处负责人约翰·拉贝日后还成为由欧美人士建立的"南京安全区国际委员会"的主席；礼和洋行的职员克里斯蒂安·克勒格尔（C. Kroeger）也是这个委员会的重要成员。他们都为保护日军铁蹄下的南京难民而奋不顾身，作出了巨大贡献，保护了相当多的中国人免受日军残害。

## 二、重要的外国人住宅

1937 年中日战争爆发前的南京，因是中国的首都，所以也就具有很大的国际性，在这里也有一些外国人的住宅分布。当时在南京居住的外国人主要有以下几个群体。一是在南京的教会大学任教的教师或西方传教士。其中不少人兼具这两种身份。如后来在日军攻占南京之后仍然留在南京的贝德士（M. Bates）、史迈士（L. Smythe）等都是传教士，也都在教会大学——金陵大学——任教。当时的中国大学尚没有外国留学生。二是在南京的各国外交人员，其中以英、美、德、日的外交人员居多。如曾经调解中日关系的德国驻华大使陶德曼（O. Trautman）、一等秘书罗森（G. Rosen）等。三是外资企业的外方管理人员。拉贝就属于这一群体。此外，当时的南京还有一个比较特殊的外籍人员群体，这就是德国军事顾问。在 20 世纪 30 年代早期及中期，中国与德国关系良好。南京国民政府出于剿共战争和准备对日抗战的军事需要，分批次聘请了不少退役的德国高级军官作为军事顾问，帮助其制订军事计划，并训练军队。而受聘的德国军官也大多具有很高的军事素养，能够提出具有建设性的建议，并在军队建设、军事规划和武器装备的改善等方面对中国作出了有益的贡献，因此很受南京方面重视。国民政府除了为这些德国军事顾问提供很优厚的生活待遇之外，也提供公寓住宅。但这一群体人数很少，大概只有几十人，且在日军逼近南京时，全部撤离。

笔者至今尚未发现能够说明中日战争爆发前在南京的外国人具体数量的史料。但据笔者推测，当时居住在南京的外国人的总数应不少于数百人，也有可能达到千人以上。这一数量在南京的历史上是空前的，但相较于当时南京已经超过百万的总人口来说，所占比例是很小的。①

---

① 据有关史料，1936 年，南京行政管辖区域内的人口超过 100 万。

**图3 德士古洋行经理汉森位于珞珈路 25 号的住宅**

一般来说,这些外国人所居住的房屋有以下几种情况:在教会大学任教的教师居住在由学校提供的公寓里。如金陵女子文理学院校园内的南山公寓就是外籍教师的集中居住场所。金陵大学也有专供外籍教师居住的公寓。外交人员主要居住在大使馆的宿舍区。但由于各国在南京设立大使馆的时间不长,馆舍建设一时还跟不上,一些外交人员还在城内各处租房居住。以德国驻南京外交人员为例,德国驻华大使住在萨家湾,一位大使馆秘书住在牯岭路,另一位大使馆的行政官员则住在灵隐路。① 美国大使馆三等秘书简金斯(D. Jenkins,也可译作詹金斯)住

---

① 张宪文主编:《南京大屠杀史料集》之13《拉贝日记》,南京:江苏人民出版社、凤凰出版社2006年版,第214页。

在马台街。外资企业的外方人员居住在市内租来的住宅内,如拉贝居住在城中的小桃园干河沿,一位礼和洋行的德籍雇员居住在中山北路,通用电气公司的一位雇员则居住在珞珈路等。① 而德国军事顾问的住宅区则主要位于西康路、颐和路一带。这里也是南京政府高官的住宅区。

总的来说,当时南京城里的外国人住宅有以下几个特点:一是外国人总体居住分散。虽然外国人居住点有小规模集中的情况,如德国军事顾问居住区,或教会大学的外籍教职员居住公寓等,但没有形成规模较大的外国人居住社区。这些住宅大多分布在城中到偏北的地区,是南京城的黄金地段。以德国人住宅为例,基本上坐落在江苏路、颐和路、牯岭路、萨家湾、中山北路等地。这与当时南京国民政府高官住宅的分布是一样的。二是外国人所住的房舍大多是公寓或租房,产权属于中国,如拉贝的住所等。三是外国人在南京的住宅比较高档豪华,大多是独门带院子和车库的独栋小楼,具有别墅风味,室内的装饰、家具也比较高档,厨卫设备齐全,还有在那个年代普通百姓甚至没有听说过的冰箱等高档电器。这与当时南京城内平民所住的破旧低矮的房屋形成了鲜明对比。

总之,在中日战争爆发之前,西方国家已经逐渐在南京形成了比较集中的利益分布。这些利益大体上可以分为政治外交利益、社会经济利益和教会宗教利益等几个方面。但这些利益有时也是相互交织的,如教堂及教会所办机构,既涉及宗教利益,也在一定程度上涉及社会经济利益。宗教利益基本上属于西方国家对中国的文化渗透,是基督教文化对东方文化的渗透。而各国驻南京的外交机构不仅承担着与中国政府的外交交涉功能,也兼顾保护本国的社会经济利益和宗教利益。但随着中日战争的爆发,这些利益都受到巨大冲击。任何人都没有想到,在日军占领南京之后,所有第三国利益都被占领军严重侵害。

---

① 张宪文主编:《南京大屠杀史料集》之 13《拉贝日记》,第 212、213、214 页。

# 第二章　日机轰炸对第三国权益的侵害

对于南京这座历经沧桑的古城来说,虽然在历史上曾遭遇多次兵灾,但直到 1937 年的中日战争爆发之前,从来没有遭遇过来自天空的袭击。近代以来,尤其是 19 世纪五六十年代的太平天国战争虽然使南京城满目疮痍,但侵害的来源仍然是地面。20 世纪初,飞机的发明使战争形态从平面走向立体,从仅在地面和水面水下进行扩展到天空。同时,来自天空对地面和水面的袭击却使战争的残酷性大大增加。但中国国内军队装备飞机较晚,且数量少、机型陈旧,所以中国的国内战争几乎没有发生空袭城市的情况。中日战争爆发后,由于当时南京的特殊地位,日本飞机对南京发动了猛烈的空袭。日机在空袭南京地面的中国目标同时,也不可避免地波及第三国在这里的权益,并引发了国际纠纷。

## 第一节　对外国使领馆和外资企业的波及

### 一、日机轰炸对外国使领馆和外资企业正常活动的影响

在近代东亚历史上,中日两国的对抗性矛盾延续几乎 70 年之久,

并最终酿成了大规模战争。这一重大历史进程对中日两国、东亚，乃至世界历史都产生了巨大影响。而这一矛盾的肇始却是日本对中国的侵略。

1868 年，日本发生明治维新，走上了工业化和资本主义的道路。经过约 30 年的奋斗，日本逐步摆脱了欧美列强对日本的束缚，并成为世界列强中的一员。在此过程中，日本国内出现一种思潮，认为日本国土狭小、资源缺乏，人口又增长迅速，只有对外扩张才能满足日本民族生存的需要。这种思潮迅速扩散，并成为日本各界的主流思想。明治天皇定下了"开万里波涛，布国威于四方"的国策。此后，日本开始对外侵略扩张，并首先把矛头指向邻国中国。

1874 年，日本首先派兵染指中国台湾，后经中日两国协商，日军退出，但此事件却代表日本侵华的开端。1894—1895 年，日本又借朝鲜半岛发生的事端挑起了中日间第一次大规模战争（中国称为"甲午战争"），中国战败，被迫签订屈辱的《马关条约》，丧失了大片国土和国家主权，并向日本支付了 2 亿两白银的巨额赔款。从此，中日两国的实力对比发生了颠覆性变化，日本对华实力具有压倒性优势，并对中国开始了长达半个世纪的欺压。1900 年，日本参加八国联军侵华战争，再次分得列强侵华的一杯羹，获得"庚子赔款"的一部分及在中国的驻兵权。1904—1905 年，日本在日俄战争中获胜，从俄国手中攫取了中国东北地区的侵略利益。1910 年，日本又并吞了朝鲜，取得了东亚地区的主导权和进一步侵华的基地。在第一次世界大战中，日本借口对德宣战，派兵夺取了德国在中国山东的权益，只是在战后由于中国的抗争和列强之间的矛盾才被迫交还给中国。此后，日本侵华的势头一度有所收敛，但其侵华的意志却更加坚定。

1927 年，以蒋介石为首的中国南京国民政府成立。日本政府也在这一年召开"东方会议"，时任日本首相的田中义一向天皇秘密提出一份奏折，提出"欲征服世界，必先征服支那；欲征服支那，必先征服满蒙"的侵略扩张计划。① 1931 年,日本驻中国东北的关东军制造了九一八事变,迅速占领了整个东北地区。从此,中日两国进入局部战争状态。1933 年,日军侵占热河。1935 年,日本又制造华北事变,企图使华北五省在实际上脱离中国中央政府的管辖。中日矛盾迅速上升。日本无止境地侵华不仅使中日两国间又一场大规模战争不可避免,而且也严重侵害了欧美列强的在华利益,引起了日本与欧美列强的矛盾冲突。而日本则越来越表现出排斥其他国家,独占中国的野心。

1937 年爆发的中日战争,即第二次中日战争(在中国被称为"抗日战争"),是该年的 7 月 7 日从北平南郊的卢沟桥打响第一枪的,故称七七事变或卢沟桥事变。1937 年 7 月 7 日夜,驻扎在北平西南宛平城附近的日军进行演习,并以一名参加演习的士兵失踪为理由,要求进入宛平城搜查。此要求遭到中国当地驻军第 29 军的拒绝。日军以此为借口,炮轰宛平城,第 29 军奋起抵抗,中日两军爆发大规模冲突。卢沟桥事变爆发后,中国全国群情激奋,要求政府全面抵抗日本的侵略。中国共产党于 8 日发出全国通电,指出"平津危急! 华北危急! 中华民族危急!"并表示愿与南京政府合作,共同抵御外侮。以蒋介石为首的南京国民政府面对日本无止境的侵略和全国人民的强烈要求,在多次对日交涉无果的情况下,难以再对日妥协,被迫决定实行抗战,武力抵抗日本的侵略。而日本政府最初虽然作出了不扩大事态的表示,但很快又声称必须"膺惩"中国的"暴戾",不断对华增兵,战事不断扩大。

但全面抗战的开始应从 8 月 13 日爆发的淞沪会战算起,也就是从日军全面进攻上海算起。战争爆发之初,日本军方除了在地面上发动大规模进攻之外,也对中国重要的政治、经济及军事战略目标进行大规模空袭,以达到削弱中国的军事经济能力及瓦解中国军民抗战意志的目

---

① 经多年研究考证,史学界对这一奏折是否存在仍存疑问。但日本在此期间定下的侵华政策却是事实。

的，南京当然被列入主要目标之一。负责指挥对南京空袭作战任务的是日本海军第三舰队司令长谷川清中将。①

于是，从 1937 年 8 月 15 日，也就是淞沪战役打响后的第三天开始，日军飞机就开始对南京展开了大规模空袭。此后，直到 12 月 13 日南京被日军攻占为止，对南京的空袭就时断时续，且强度也不断加大。在空袭南京时，日军当局也曾考虑到南京的特殊政治地位及可能对第三国权益造成的侵害，也不是没有采取过任何预防措施。"实施空袭南京作战时，长谷川长官曾预防战祸波及第三国及一般市民。"②例如，日军木更津部队原定于 8 月 22 日入夜后轰炸南京的国民党中央党部。"可是在发令以后，又收到海军中央部来电称'南京中央党部已转移，且靠近外国大、公使馆，希撤销轰炸'，于是立即将木更津部队的攻击目标，改为兵工厂及新机场。"③这是由于日本当局知道，如果他们实施不分中外目标的无差别轰炸，一旦对第三国权益造成重大损失，必然会引起外交上的极大麻烦。这也是外国使领馆和外资企业没有在日机的轰炸中遭到重大损失的原因。但是，由于日军的轰炸，南京的外国使领馆和外资企业还是受到了波及。

8 月 18 日，日本驻南京大使馆参事官日高信六郎向日本外务省报告说："16 日午前 6 时半、9 时、11 时半，午后 3 时和本官等从浦口出发之前，都有袭击；午前 11 时半的袭击，在玄武湖落下一颗炸弹（目标可能是北极阁），轰炸之声震至我馆。"日高还对部分日本飞行员的野蛮行径表示不满："连外国大使馆，连我大使馆，也悍然进行轰炸，并且大胆地低空

---

① 当时的日本军队没有独立的空军建制，所有空中力量均分属于海军航空兵或陆军航空兵。

② ［日］防卫厅防卫研修所战史室编：《中国方面海军作战》(1)朝云新闻社昭和四十九年(1974年)3 月 28 日，载张宪文主编《南京大屠杀史料集》之 1《战前的南京与日机的空袭》，南京：江苏人民出版社、凤凰出版社 2006 年版，第 127 页。

③ ［日］防卫厅防卫研修所战史室编：《中国方面海军作战》(1)朝云新闻社昭和四十九年(1974年)3 月 28 日，载张宪文主编《南京大屠杀史料集》之 1《战前的南京与日机的空袭》，第 119 页。

飞行,令人吃惊。有人说事先没有任何警告(如英国大使馆)。"针对这种状况,日高向日本政府进言:"我方的攻击目标宜限在军事设施及机关。外国方面不如采取旁观立场,可逐渐扩大目标,万一在全然与军事方面无关的情况下引起事端,并连累本国臣民,必将出现骚乱。另一方面,中国当局将进行恶毒、虚构的宣传。"①

虽然日本军方为防止轰炸波及第三国在南京的利益作了一些努力,但波及事件还是发生了。这首先是因为当时的轰炸机瞄准目标不够精确,而南京城内的许多第三国利益目标距离中国官方机构又不远,瞄准很难做到十分精确。其次,正如日高向日本政府所报告的那样,部分日机飞行员行径野蛮,罔顾上级的命令,并不仔细区分中外目标,所以连日本大使馆都受到影响。第三,日本军方承认:"南京方面设有强有力的对空防御设施,昼间如实施低空轰炸则损失很大。因此,从这天②开始,采取了高度3000米以上的超高轰炸。"③这样的轰炸方式自然就更加难以保证其精确性了。

日机轰炸波及外国使领馆的事继续发生。"(8月)26日半夜到午前4点空袭时投到市外的炸弹造成许多市民伤亡。意大利大使馆上空也曾飞来一架飞机,真令人担心(此外再无在意大利大使馆上空飞行的情况)。"④日军在9月22日对南京实施了一次大规模空袭。在该次空袭

---

① 以上三处引文均引自驻青岛大鹰总领事致北平森岛参事官电(1937年8月18日　合第248号),载张宪文主编《南京大屠杀史料集》之1《战前的南京与日机的空袭》,第171—172页。另,在中日于1937年夏爆发全面战争之后,双方在相当长一段时间内都没有公开向对方宣战,也并没有断绝外交关系,故双方都有一些外交人员留在对方国内。

② 从上下文可知,这里指1937年8月19日。

③ [日]防卫厅防卫研修所战史室编:《中国方面海军作战》(1)朝云新闻社昭和四十九年(1974年)3月28日,载张宪文主编《南京大屠杀史料集》之1《战前的南京与日机的空袭》,第117—118页。

④ 驻沪冈本总领事致驻北平森岛参事官电(1937年9月15日　合第641号),载张宪文主编《南京大屠杀史料集》之1《战前的南京与日机的空袭》,第174页。

中，"英国大使馆也遭到碎片袭击"。① 此外，日本驻华外交人员报告："美国大使馆门卫所，因中国高射炮而损伤。另外，该大使馆将地下室扩大。"②对于此次美国大使馆受到的波及，中国方面也有报道，但声言是日机所致："今晨敌机第一次袭京时，鼓楼美大使馆③附近，亦有炸弹落下，轰烈巨声，幸美大使馆无恙，留馆办公人员仅饱受虚惊。"④南京中央社的一篇报道则声称有多国大使馆受到影响："而美意德大使馆所在之新住宅区，为旅京外人住宅丛集之所者，亦被波及。以前日机仅攻击飞机场、兵工厂及其他军事机关，但此次则对住宅区域大肆轰炸，外人咸大异之。再与英法美意军舰停泊处相距不远之下关，亦为日机投弹目标之一。"⑤

当时，南京最大的外资企业英商和记洋行就位于下关。日机的轰炸使该行受到了重大损失，并引起了人员伤亡。中央社报道说："敌机二十一架二十二日下午一时一刻，来南京空袭，飞至下关，即向英商和记洋行一带射袭。该处似为其预定轰炸之目的。当时一弹抛于该行趸船，船即被毁，一守船者即被炸伤，并将该船旁一杠夫炸死。敌机见目的已达，即飞至该行门前，又频频投弹，致该行一门警受伤，门墙被毁，附近居民二人亦受伤。现被炸趸船已下沉，仅有一小部分留落水面，但被炸痕迹斑斑可寻。闻该行经理英人，当时适在他处，自接到被炸报告后，即请示英政府向日交涉。"⑥9月25日，日机再次空袭南京，下关太古公司码头附

① 驻北平森岛参事官致广田外务大臣电(1937年9月23日 合第529号)，载张宪文主编《南京大屠杀史料集》之1《战前的南京与日机的空袭》，第174页。
② 驻沪冈本总领事致驻北平森岛参事官电(1937年9月24日 合第690号)，载张宪文主编《南京大屠杀史料集》之1《战前的南京与日机的空袭》，第175页。
③ 原文如此，但当时的美国大使馆位于上海路。而上海路距离鼓楼很近。笔者推测，那一片地区被统称为鼓楼地区，故如此行文。
④《申报》1937年9月22日临时夕刊1版，载张宪文主编：《南京大屠杀史料集》之1《战前的南京与日机的空袭》，第261页。
⑤ 中央社路透电，南京，1937年南京9月22日，载张宪文主编《南京大屠杀史料集》之1《战前的南京与日机的空袭》，第263页。
⑥《申报》1937年9月24日2版，载张宪文主编《南京大屠杀史料集》之1《战前的南京与日机的空袭》，第264—265页。

近落下两枚炸弹,祥泰木公司屋内落下一枚炸弹,所幸没有造成人员伤亡。[1] 由于日机的行径,和记洋行正常的生产活动受到严重影响,几乎难以为继。由此可见,与日机轰炸仅"波及"外国使领馆不同,其对和记洋行的袭击极有可能是有意为之,起码也是日机飞行员的故意行为。也许是因为企业不享有外交豁免权,其国际敏感度和关注度也比外交机构要低一些,日军飞行员就大胆一些。这说明日军并没有真正遵守他们在轰炸时尽量避开非战斗人员和第三国权益的承诺。至少说明在空袭阶段,日军的军纪就很差,一些飞行员并不严格执行上级的命令。这也预示着一旦南京被日军攻占,这座城市将面临怎样的命运。由于日机的持续轰炸,留在南京城内的外国人虽然所幸没有伤亡,但他们的日常生活受到严重影响。"外国人(主要是英国人 30 名、美国人 50 名)的生活日趋不便,奶油缺乏。"[2]为了躲避空袭,外国人纷纷寻求相对安全的地点。例如,9 月 22 日大空袭时,留在南京的 11 名英国人就全部住进了英国大使馆。[3]

其实,日机轰炸对南京的外国使领馆和外资企业所造成的影响,只是日军在南京大屠杀过程中严重侵害第三国权益的前奏,是包括在这座城市中生活的外国人在内的所有和平居民噩梦的开始。随着中日战争规模的不断扩大和日军部队不断向南京推进,这些居民越来越领略到日军的厉害了。

二、欧美国家对日本的最初交涉

日军对南京的轰炸日甚一日,并逐步侵害到欧美国家的权益。这种

---

[1] 中央社 1937 年 9 月 25 日电,载张宪文主编《南京大屠杀史料集》之 1《战前的南京与日机的空袭》,第 266 页。

[2] 驻沪冈本总领事致驻北平森岛参事官电(1937 年 9 月 7 日 合第 596 号),载张宪文主编《南京大屠杀史料集》之 1《战前的南京与日机的空袭》,第 173 页。

[3] 驻北平森岛参事官致广田外务大臣电(1937 年 9 月 23 日 合 529 号),载张宪文主编《南京大屠杀史料集》之 1《战前的南京与日机的空袭》,第 175 页。

状况引起了这些国家的忧虑，他们担心局势会进一步恶化下去，自身的权益将受到更大的损害。不久，美、英、法、德、意五国的外交部门分别听取了本国驻南京大使馆的意见，并对局势进行了评估。五国随即就此进行了紧急磋商，并达成一致，决定联合向日本提出交涉，且此次交涉由美国出面代表五国。

1937 年 8 月 23 日夜，美国驻日大使格鲁(J. Crew)紧急约见日本外相广田弘毅，向日方提出了在南京划定非轰炸区域的建议，即"从南京的汉西门，经新街口周围，沿北极阁城墙，连接长江江岸铁路联络栈桥及自下关(含其前面的长江)、三叉河回至汉西门。在此区域内禁止轰炸。"①格鲁声明这是五国的共同要求。

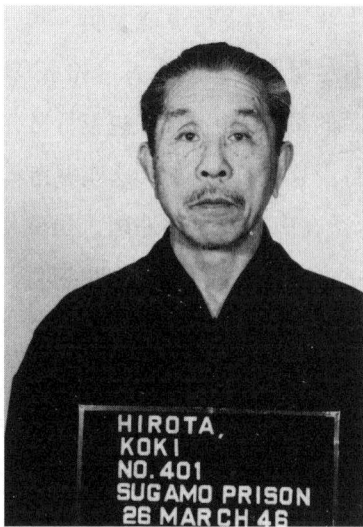

从这次交涉可以看出以下几个问题。首先，英、美、法、德、意这五

图 4 广田弘毅(战后受审时的照片)

国能够联合起来共同对日交涉，说明这五国在华有着共同利益。这主要是它们的在华投资和外交权益。其次，美、英、法和德、意其实分歧严重，特别是这时西班牙内战正酣，德、意已经深度介入，并与英法发生严重分歧，但仍然可以为共同的利益而采取联合外交行动。其实，在中日战争初期，德、意并非完全支持日本，而是取中立立场，甚至还进行了一定程度的调解活动。只是随着战争的进行，它们从全局利益考虑，才逐渐倒向日本一边。第三，从这五国联合划定的南京非轰炸区域可以看出，它

----

① [日]防卫厅防卫研修所战史室编：《中国方面海军作战》(1)朝云新闻社昭和四十九年(1974年)3月28日，载张宪文主编《南京大屠杀史料集》之1《战前的南京与日机的空袭》，第121页。

们还是非常看重自身的利益,而并不特别看重中国的利益。因为这片区域基本上是南京的城中到城北的区域,也是第三国权益的集中区域。这里不仅汇聚了各国的使领馆和外国人住宅,其城北下关地区更是外资企业的主要活动区域。此外,根据不平等条约,列强在中国有内河航行权,而长江又被称作"黄金水道",是外国在华经济利益的核心。所以这五国特别要求日本不要轰炸长江和江岸铁路。

这是中日战争爆发后欧美国家因日本侵害其权益而对日进行的首次交涉,日本外务省对此相当重视,但仅作为国家的外交主管部门,外务省不敢擅自对这一问题作出决定,因这是军事问题。于是,外务省迅速将五国的这一建议转交给正在负责轰炸南京的第三舰队。但该建议立即遭到军方的强烈反对。长谷川清指出:"有情报称南京政府现已动摇,将向内地转移,因此认为有对南京再实施以彻底空袭之必要,希将其兵工厂、宪兵司令部等也纳入攻击目标中。"[1]日本政府也持类似的看法:"攻击军事目标并非无防卫的其他目标没有违反国际法。据情报称,对南京的空袭和对中国主要道路进攻动摇了中国继续战斗的意志,这证明只有坚决作战才能早日解决事变。"[2]这实际上是断然拒绝了五国的建议。

这次交涉很快就以失败告终,日机对南京的空袭照旧进行,并愈演愈烈。但这是一个开端,预示着欧美国家因其在华权益受损而对日交涉的开始。此后,这些国家也开始分化,德、意与日本逐渐走近,而英、法、美则越来越加大对中国的支持力度。但日本似乎完全没有受到欧美外交压力的影响,侵华日军继续干着侵害第三国权益的事情。

---

① [日]防卫厅防卫研修所战史室编:《中国方面海军作战》(1)朝云新闻社昭和四十九年(1974年)3月28日,载张宪文主编《南京大屠杀史料集》之1《战前的南京与日机的空袭》,第121页。

② [日]防卫厅防卫研修所战史室编:《中国方面陆军航空作战》朝云新闻社昭和四十九年(1974年)7月25日,载张宪文主编《南京大屠杀史料集》之1《战前的南京与日机的空袭》,第148页。

## 第二节　欧美与日本的进一步交涉

### 一、日本军方对各国的"劝说"

虽然日本拒绝了欧美五国对在南京划定非轰炸区的建议,继续大肆轰炸南京,但日军的行动引起了这么多世界主要大国的不快,这还是引起了日本政府的高度重视。这时,日本出于对国家整体战略的考虑,特别是为了对苏备战,还不敢完全无视欧美国家的感受。广田弘毅外相认为:"必须限制轰炸所要达到的军事目的,要强调不是以非战斗员为对象的无差别轰炸行动。"①不久,为了安抚各国,日本驻华武官本田忠雄在上海会见了各国记者团,并发表谈话,称日军的轰炸仅限于军事目标,日本军方会仔细考虑和正确实施这一行动。

这时,日本面临着一个尴尬的处境。一方面,它为了达到迫使中国政府屈服的目的,不可能停止对南京的空袭。另一方面,它也要在一定程度上顾及欧美国家在那里的利益。但欧美的使馆、住宅、企业等利益分布又与中国的政治、军事目标相距甚近,轰炸时很难完全保证不被击中。这时,日军又在酝酿对南京发动新一轮更大规模的空袭。在仔细考虑之后,日本军方于 1937 年 9 月 19 日以第三舰队司令官长谷川清的名义向第三国驻华外交机构发出了一份通告:

> 日本海军航空队以南京系中国军事活动之主要根据地,兹为消除中国军队之敌对行动,早日结束目前之敌对状况起见,将于 1937 年 9 月 21 日正午 12 时以后,对南京城内及附近之中国军队,及一切属于华军军事工作及活动之建筑,采取轰炸及其他加害手段;在此

---

① [日]防卫厅防卫研修所战史室编:《中国方面海军作战》(1)朝云新闻社昭和四十九年(1974年)3 月 28 日,载张宪文主编《南京大屠杀史料集》之 1《战前的南京与日机的空袭》,第 127 页。

项袭击之中,友邦人士之生命和财产安全,自应严密注意。惟日本海军第三舰队司令长官为避免友邦人士遭受中日敌对行动中万一之危险计,不得不劝告各友邦现在居住南京城内或附近之官员及侨民,采取妥善步骤,自动撤入较为安全之地带。至于长江上之外国军舰及其他船舶,亦应停泊于下关上游,以免危险。

第三舰队司令长官长谷川清

昭和十二年 9 月 19 日①

在长谷川发出这份通告之后,日本驻上海总领事冈本季正也于同一天通知各国在上海的总领事,日军将对南京发起大规模空袭。② 此外,长谷川于 20 日还发出了所谓对中国一般非战斗人员的通告,也要求他们撤离南京。随后,日军于 21 日至 22 日对南京发起了一轮十分猛烈的空袭。前文所述的英、美大使馆受到波及以及和记洋行受到轰炸,造成人员伤亡和财产损失等,都发生在此次空袭中。

日军向各国发出的这份通告,在日方看来,是其尊重第三国权益的表现。正如当时一位日本海军军官所写的那样:"我第三舰队司令官对南京实施了越来越厉害的空袭。前对第三国侨民和中国一般非战斗人员发表希望避免造成危害的宣告,这在世界航空史上也是没有的。这是日本武士道精华的充分发挥。"③其实,这是一份十分无礼的声明。依照国际法,当一国未向另一国公开宣战之时,便无权要求第三国的外交使节和侨民从这个国家撤走,也没有权利要求第三国的外交机构和外交人员撤离该国首都。当时中日之间虽然已经爆发大规模军事冲突,但双方

---

① [日]海军中佐阿部信夫:《支那事变战记·海军航空战》摘录,载张宪文主编《南京大屠杀史料集》之 1《战前的南京与日机的空袭》,第 159 页。

② [日]防卫厅防卫研修所战史室编:《中国方面海军作战》(1)朝云新闻社昭和四十九年(1974年)3 月 28 日,载张宪文主编《南京大屠杀史料集》之 1《战前的南京与日机的空袭》,第 127 页。

③ [日]海军中佐阿部信夫:《支那事变战记·海军航空战》摘录,载张宪文主编《南京大屠杀史料集》之 1《战前的南京与日机的空袭》,第 160 页。

均未公开向对方宣战,日本也就无权提出这样的要求。依照国际惯例,这样涉及外交问题的声明,应该由一个国家的外交部门来发表。可日本的这份公告却以一位身处前线的战地指挥官的名义发布,则给人以武力威吓的感觉。这是由于当时的日本实行的是一种政府和军方都制定外交政策的十分奇怪的二元制外交决策体制。日本政府和军方虽然有沟通机制,但双方制定的外交政策有时候步调并不一致,往往造成政府不能驾驭军队。这也是日机在轰炸南京时,部分飞行员不严格执行上级的命令,野蛮轰炸造成第三国权益受损的原因之一。自从1936年日本发生"二二六"兵变事件以来,军方实际上主导了国家的外交大权。

## 二、各国对日本"劝说"的反应及进一步对日抗议交涉

长谷川清对各国的"劝说"公告可谓一石激起千层浪,欧美各国纷纷迅速对此作出了反应,但让日本始料不及的是,这种反应却是一致对日本表达了不满,没有任何一国表示赞同,而且也不向日本的威胁低头。

9月20日,英国驻华代办豪尔(R. Howe)和远东驻军司令就对长谷川的要求表示拒绝。① 21日,英国政府正式对这份公告作出了反应,向日方提出交涉,并提出三点内容:"1. 英国军舰决不驶离下关江面,至于英国大使馆,乃系英国驻友邦之外交机关,亦决不离开南京;2. 英国不承认日本在中国境内有向英国官厅提出此种要求或劝告之权力;3. 英国人生命倘有不测,英国人所置产业倘被损害,均当保留要求赔偿之权利。"② 在21日日本对南京实施大轰炸时,英国大使馆人员仍然留在南京。至28日,英国驻日大使克莱琪(R. Craigie)又奉本国政府指令,再次向日本

---

① 中央社1937年9月20日电,载张宪文主编《南京大屠杀史料集》之1《战前的南京与日机的空袭》,第404页。

② 中央社1937年9月21日电,载张宪文主编《南京大屠杀史料集》之1《战前的南京与日机的空袭》,第406页。

政府提出交涉,对日机轰炸南京时轰炸医院等民用机构表示异议,认为此举违反了日本自己作出的不袭击非军事目标的承诺。①

9月22日,美国驻日大使格鲁也向日本政府递交了一份美国政府的声明,称:"美国官员和平民不愿从南京退去。美国政府和人员如遭受损失将保留要求赔偿的权利。"②第二天,格鲁又向日本政府提出了第二份抗议照会:

> 日本飞机轰炸南京之举,足以危及美国侨民与一般非战斗人员安全,实非美国政府所能赞同。美国官民系在南京从事正常活动完全合法,原无予以撤退之理由,美国政府以为大举轰炸人烟稠密之广大区域,匪特毫无理由可言,抑亦违反国际公法与人道正义。且以本案而言,日本要求各国官民撤退之期限,殊嫌过于短促。又日本飞机轰炸范围,既若是广大,美国官民与一般非战斗人员即使撤退,亦绝无安全保障可言。日本政府前曾提供诺言,声明对于各友邦在华之生命财产,加以尊重。特按之,过去事实,凡在飞机轰炸区域内之人民生命财产,极难以有效办法加以保障。"查南京乃中国政府所在地,美国大使及其他官员系在该处执行职务,任何措置,凡足以使该大使与各馆员非放弃职守,即须躬冒严重危险,以致进退维谷者,皆非美国政府所能接受。"日本政府前曾声明,谓"该国飞机轰炸目标,系以中国各军事机关为限,对于普通人民与非战斗员之生命财产,各国领事馆与军舰之安全均当加以尊重"。然则以南京全市作为轰炸目标一事,若谓足以代表日本政府之意向所在,殊非美国政府所能置信。今后美国倘因日本方面在南京之军事行动而

---

① 《申报》1937年9月29日5版,载张宪文主编《南京大屠杀史料集》之1《战前的南京与日机的空袭》,第271页。

② [日]防卫厅防卫研修所战史室编:《中国方面陆军航空作战》朝云新闻社昭和四十九年(1974年)7月25日,载张宪文主编《南京大屠杀史料集》之1《战前的南京与日机的空袭》,第148页。

受有损害，美国政府自当保留要求赔偿之权利。同时仍切望日本当局对于轰炸南京及近郊一事，设法加以避免。①

相较于前一天的照会，这份照会的内容更加详细具体，而且措辞也更加强硬。这其中原因，除了美国自己对日本的野蛮轰炸行为深感不满之外，也与中国方面对美交涉有一定的关系。中日战争爆发后，国民政府把美国列为重点争取以获得外援的对象国。长谷川的公告发表后，中国驻美大使王正廷迅速奉本国政府之命约见美国国务卿赫尔（C. Hull），与其讨论了当前局势，指出日本此举的非正义性及对美国利益的损害。因此，就在美国政府 9 月 22 日发表第二份照会的当天，赫尔还就发表此照会的理由作出说明：“1. 轰炸非战斗人员，违反国际与人道公法；2. 轰炸将因危及美国驻南京之外交代表，致妨碍中美两国间寻常关系。”②此后，美国方面也确实表现出了一些硬气。25 日，日本又对南京发动大空袭，“美国大使署门窗均震动作声，美大使詹森（N. Johnson）与其职员则办公如故”。③

不过，细读美国政府的这两份照会可以看出，美国政府完全是在为保护本国在南京的人员和财产而与日方交涉，而对于日机轰炸导致的中国平民的生命财产损失却几乎没有提及。当然，从任何一国政府的职责范围来说，保护身在海外的本国公民是其重要的任务，美国政府的行为也无可厚非。但当时日本大规模轰炸南京的行为不仅大大超出军事目的，更是企图以轰炸非军事目标来达到一种震慑效果，从而起到削弱乃至摧垮中国民心士气的效果。如果国际社会对此不加以坚决制止的话，将会进一步助长日本的战争犯罪行为。特别是美国在第二份照会中甚

---

① 《申报》1937 年 9 月 24 日 2 版，载张宪文主编《南京大屠杀史料集》之 1《战前的南京与日机的空袭》，第 411 页。
② 《申报》1937 年 9 月 22 日临时夕刊 1 版，载张宪文主编《南京大屠杀史料集》之 1《战前的南京与日机的空袭》，第 407 页。
③ 中央社 1937 年 9 月 25 日电，载张宪文主编《南京大屠杀史料集》之 1《战前的南京与日机的空袭》，第 266 页。

至抱怨日方留给第三国公民撤退的时间过于仓促,似乎间接承认了日本行为的合法性,仅仅是对其中的技术性问题表示不满,这实际上助长了日本的气焰。而且在日本于9月21日和22日对南京实施大轰炸时,在英、法、苏等国的大使都拒绝离开南京的情况下,唯有美国大使詹森及一些馆员一度撤离南京,搬到长江上的美国军舰上临时办公。[①] 这是由于詹森已经得到美国国务院的授权,在情况紧急时可以便宜行事。詹森的行为是可以理解的。但这与英国等国的驻华使节即使面临危险仍然坚守岗位,与南京市民共度难关的勇气形成了鲜明对比。但可贵的是,在日军于9月25日再度空袭南京时,詹森留了下来。

　　除了英美之外,其他国家也对日本提出交涉,并声言不离开南京。长谷川的公告发出后,法国驻上海总领事于9月20日答复日方称:"法国在南京之大使馆,与在下关之军舰,不能撤退,所有法国在中国首都之权益,应请加以注意。"[②]随后,法国政府训令其驻日大使亨利向日本外务省发出抗议照会,并声明:"1. 法国反对此种轰炸,盖此种轰炸,断不能以仅以军事机关为限(此处似乎文字不通,但原文如此——作者);2. 不承认日本有权要求法国驻华大使及使馆官员暨侨民退出南京;3. 日本要求法国各军舰自南京下关撤退,亦不能加以接受;4. 南京法国侨民之生命财产,倘因此而受到损害,应由日本政府负其责任。"[③]苏联政府也公开发表声明,谴责日本的行径,并表示苏联使馆人员及侨民不离开南京。甚至连与日本关系密切的德国也对日本感到不满。9月22日,德国驻日大使赫柏特,奉命向日本外务省发出照会,对日军轰炸南京提出抗议。[④] 德

① 《申报》1937年9月21日2版,载张宪文主编《南京大屠杀史料集》之1《战前的南京与日机的空袭》,第403页。

② 《申报》1937年9月20日临时夕刊1版,载张宪文主编《南京大屠杀史料集》之1《战前的南京与日机的空袭》,第402页。

③ 中央社1937年9月22日电,载张宪文主编《南京大屠杀史料集》之1《战前的南京与日机的空袭》,第408页。

④ 《申报》1937年9月23日临时夕刊1版,载张宪文主编《南京大屠杀史料集》之1《战前的南京与日机的空袭》,第408页。

日于 1936 年签订《反共产国际协定》后,世界主要大国已经日益朝两个相互敌对的阵营分化,而德日关系则向军事同盟的方向发展。但是在如何处理中日冲突的问题上,德国却感到为难。在中日战争爆发的初期,德国基本上采取了中立的立场,而且还在依照先前与中国政府签订的协议,向中国运送武器。日本轰炸南京招致世界各国的强烈谴责,也危及了德国在那里的使馆和侨民的安全,所以德国也加入到了对日抗议的国家的行列中来。此外,意大利政府也对日本表达了不满。

除了各国政府之外,世界主要媒体和民众也发出了对日本的抗议之声。《纽约时报》评论道:"日本对于中国意图所在,各国务当加以注意。美国应允与国联大会中日问题咨询委员会合作,虽附以某种条件,究亦充分予以声援。"《纽约民声讲坛报》写道:"一俟天气良好,日本飞机即当实行摧毁南京,美国苟欲经由外交方面不以大炮予以阻击,深恐无济于事。"苏联塔斯社则对日本对华发动战争的前景作了研判:"日本帝国主义对军事冒险所遭极大困难,已使全世界报纸深感兴趣。此点不限于日方本身财政经济制度之危机,即其军事活动前途亦不可靠,虽于武力上及技术上占有优势。"英国《晨邮报》评论员则对中国军事抵抗的前景作了分析,认为:"华北之地形,使中国有进行游击战之极大可能,而中国在此方面势力甚强。"①除了媒体的声音之外,西方国家的普通民众也对日本发出了抗议之声。9 月 24 日夜,在伦敦,200 多名民众来到日本驻英大使吉田茂的住宅附近抗议示威,并高呼口号:"撤去中国境内之日本杀人犯""召回你们的轰炸机"②,一时间气氛紧张。

日本对南京的轰炸损害了世界主要大国的在华利益,招致了各国政府和民间的抗议,使日本在世界舆论面前处于十分被动的地位。长谷川

① 以上媒体评论均载于张宪文主编《南京大屠杀史料集》之 1《战前的南京与日机的空袭》,第 407—408 页。
②《申报》1937 年 9 月 24 日临时夕刊 1 版,载张宪文主编《南京大屠杀史料集》之 1《战前的南京与日机的空袭》,第 410 页。

所发表的公告不仅没有减轻日本的外交压力,反而起到了相反的效果。日本官方在一份内部报告中承认:"不幸的是,通告发出后收到相反效果。世界被刺激了,国际舆论对我国十分反感。中国方面强大的宣传促成国际联盟作出对日本轰炸指责的决议。①各国对日本的抗议络绎不绝。"②当然,由于在1937年时日本与英、美的关系尚未破裂,日本又对中国在综合国力和军事实力上占有巨大优势,日本可以在一定时期内无视这些舆论。但国民党中央政治委员会在8月26日致最高国防会议的一封信中对此说得很明白:"舆论上之同情在国际战争上,往往发生不可思议之助力。"③这些交涉抗议虽然无法收到立竿见影的效果,但世界各大国的政府和公众舆论开始同情中国的抗战,并给予道义上的支持,这必将对中国争取大规模国际援助的努力增加积极的因素。

## 第三节　英国驻华大使被炸事件

### 一、许阁森大使被炸

许阁森爵士(Sir H. Knatchbull-Hugessen)生于1886年,是20世纪上半期英国的一位外交官。1936年9月,他作为英国新一任驻华大使来到南京上任,接替于该年上半年离任回国并担任外交部负责远东事务的次官的前任大使贾德干(A. Cadagon)。许氏使华之时,正是中日关系日趋恶化、战争危险日益上升之际。1937年夏,中日战争全面爆发。8月,淞沪战役的开始使英国的在华经济利益和侨民的人身安全受到严重威

---

① 这里应该是指在1937年9月开幕的国联第18届大会通过的决议,该决议认为日本在中国采取的军事行动违反了日本自己签署的《九国公约》和《巴黎非战公约》,对日本作了道义上的谴责。
② [日]防卫厅防卫研修所战史室编:《中国方面海军作战》(1)朝云新闻社昭和四十九年(1974年)3月28日,载张宪文主编《南京大屠杀史料集》之1《战前的南京与日机的空袭》,第127页。
③ 台湾"中华民国外交问题研究会"编:《中日外交史料丛编》之第四编《卢沟桥事变前后的中日外交关系》,台北,1964年版,第348页。

图5　英国驻华大使许阁森爵士

胁。当时,上海是列强在华利益的中心,实际上也是远东的经济中心。其中英国在华投资又居列强首位。1936 年,英国的在华资本达 104590 万美元,而西方列强中位居第二的美国只有 34050 万美元。英国在华投资中,约 72% 都集中在上海。① 此外,上海还是在华外国人的聚居地。1937 年,上海居住的外国人有 5 万多人,其中英国人超过 9 千。② 发生在 1937 年 8 月 26 日的许阁森被炸事件,是抗战初期日军侵害第三国在华权益的一次重大事件,也是这一时期远东国际关系史上的一次大事件。这一事件的交涉过程及其结果,深刻影响了随后数年英日两国的关系,也反映出当时英日两国在远东地区的力量对比及该地区国际关系的新趋势。从严格意义上说,这一事件并不在南京大屠杀的时空范围之内,但由于实施这一事件的部队正是日本进攻上海的部队,也是不久之后进攻南京的部队。这支部队在占领南京前后实施了大量侵害第三国

① 吴承明:《帝国主义在旧中国的投资》,北京:人民出版社 1956 年版,第 45 页。

② Peter Lowe, *Great Britain and the Origins of the Pacific War: A Study of British Policy in East Asia 1937-1941*. Oxford University Press 1977, p. 20.

权益的事情。可以说,许阁森被炸事件是日军大规模实施此类暴行的先声,故笔者将这一典型事件加以叙述并分析。

淞沪战役爆发后,上海的英国居民社区和商业团体陷入空前的恐惧和混乱之中。一方面,他们无法预测事态的发展前景,不知如何应对;另一方面,他们又割舍不下在上海的巨大商业利益,因此陷入两难境地。8月17日,英国内阁就"八一三"事变发表声明,表示要尽力确保在沪英国人的生命和财产的安全。当时,有传闻说英国政府计划立即把上海英侨全部撤退。26日,有3千多英国妇女儿童及300多英国男子撤离了上海。①

但是,上海的英国侨民界对此并不认同。18日,当地英侨社区领袖通过在上海的英国驻华商务代表比尔(L. Beale)上书英国外交部,要求英国政府明确,撤退行动应该在当地英国人自愿的基础上进行。此外,比尔等人还特别强调:"在总撤退行动实施前,我们强烈敦促政府严肃地考虑这一行动对我们在上海及全中国的商业利益带来的影响。只有从军事角度考虑认为绝对必要时,才能下达总撤退令。"②这说明上海英侨对其经济利益多么地看重。

面对上海英侨的不稳定情绪,英国驻华使馆商务参赞赫伯枢(Hall-Patch)请求当时身在南京的许阁森亲自前去安慰。赫伯枢认为许阁森前往上海将会受到当地英国人的欢迎,并给予他们道德上的支持。许阁森接受了这一提议。在许阁森看来,他前往上海还有一种意义,即向世人表明英国政府有维护其在远东利益的意志,不会向任何武力威胁低头。此外,日本驻华参事日高信六郎不久前返回东京,但很快就将回到

---

① 李仕德:《英国与中国的外交关系(1929—1937)》,台北:"国史馆"2000年印行,第371页。

② British Embassy Office, Shanghai, to Viscount Halifax(No. 81)(Telegraphic), Shanghai, August 18, 1937. *British Documents on Foreign Affairs*(BDFA), University Publication of America, 1996, Part Ⅱ, Series E, Volume 45, p. 74, F5345/4880/10.

中国，许阁森也希望在上海与其会面，共同讨论如何调解当前的中日冲突。① 还有一种说法，即许阁森是应当时正在上海的日本驻华大使川越茂的邀请前往上海，目的是讨论中日两国在上海停战的议题。②

**图6　许阁森大使乘坐的汽车**

1937年8月26日上午，许阁森驱车从南京前往上海，主要随行者除了赫伯枢之外，还有英国驻华使馆武官弗雷泽少校（Major Lovat-Fraser）。一行人分乘两辆轿车前往。考虑到他们可能要通过中日两军进行战争的危险地带，每辆轿车除了悬挂英国国旗之外，还在车顶醒目位置画有英国国旗图案。

下午2时30分左右，许阁森一行到达太仓县以南6英里处，这里距上海的道路距离大约26英里。这时，两架日本军用飞机突然出现在许阁森一行上空。第一架飞机首先用机关枪对许阁森等乘坐的轿车俯冲扫射，第二架飞机便向其投掷了炸弹。两辆轿车都被击中，赫伯枢

---

① Sir H. Knatchbull-Hugessen to Viscount Halifax(No. 386)(Telegraphic)，Nanjing，August 24，1937. BDFA，Part Ⅱ，Series E，Volume 45，p. 80，F5761/9/10.
② ［日］松本重治著，曹振威等译：《上海时代》，上海：上海书店出版社2010年版，第574页。

和弗雷泽无恙,但许阁森却腹部受伤,被立即送到国立上海亨特利医院。经医学检查,他的脊柱部位受到影响,属重伤,但所幸没有引起瘫痪。①

## 二、英日的最初外交博弈及日本的"中期调查报告"

许阁森被炸开始了英日两国一场激烈的外交博弈。日本的第一反应就是"灭火"。27 日,日本外相广田弘毅派外务省次官崛内谦介到英国驻日大使馆会见英国驻日代办多兹(J. Dodds),②表达了"遗憾"和"关注"之意,但并没有承认轰炸是日机所为,还说:"日本飞行员故意对英国汽车开火是不可想象的。"③但崛内还是同意对此事作进一步调查,并答应提供军用飞机到北戴河接正在那里的许阁森夫人赴上海去探望她的丈夫。同一天,在伦敦,日本驻英大使吉田茂也受近卫文磨首相和广田外相委托约见英国外相艾登(A. Eden),表达了日本政府的"遗憾"及对许阁森的"慰问"。然而,艾登对此不以为然,他向吉田指出,日本表达的"遗憾"和"慰问"与官方的正式道歉是不一样的。④ 从艾登对许阁森被炸事件的第一反应来看,英国政府已经认定日军是肇事者,并以此为事实根据与日方进行交涉。

28 日,在东京的多兹奉艾登的指示与日本政府进行交涉。多兹向日本外务省递交了一份照会,叙述了许阁森被炸事件的经过,从国际法的角度论证了在战争中攻击非战斗人员,特别是外交人员的非法性。在该照会的最后,英国向日本政府提出了三项要求:

---

① Mr. Davidson to Viscount Halifax(No. 28)(Telegraphic), Shanghai, August 26, 1937. BDFA, Part Ⅱ, Series E, Volume 45, p. 80, F5728/5727/10.

② 当时,英国前任驻日大使克里夫(C. Clive)已经离任,但继任者尚未到任,由多兹代理。

③ Mr. Dodds to Mr. Eden(No. 320)(Telegraphic), Tokyo, August 27, 1937. BDFA, Part Ⅱ, Series E, Volume 45, p. 82, F5760/5727/10.

④ Mr. Eden to Mr. Dodds(No. 427), Foreign Office, August 27, 1937. BDFA, Part Ⅱ, Series E, Volume 45, p. 83, F5806/5727/10.

(1) 日本政府向英国政府正式道歉。

(2) 对攻击中负有责任的人员进行适当的惩罚。

(3) 日本当局保证采取必要的措施以防止类似事件的再次发生。①

无论从国际法角度还是从维护一个主权国家的尊严及利益角度,抑或从人道主义角度来考查,英国对日本提出的这三项要求都是合情合理的,甚至是最基本的,因为英国连赔偿要求都没有提。这与大英帝国一贯的高调作风相去甚远,说明英国政府在与日本打交道时十分谨慎,仅希望该事件得到妥善处理,保全英国政府的面子而已。

然而,即使对这样的要求,多兹也对日本是否会接受感到怀疑,因为日方尚未承认袭击事件是日机所为。一名日本官员告诉他,日本的军事部门曾得到情报,说蒋介石8月26日会在许阁森被炸的公路上出现,②言下之意是当时日本飞机是想攻击蒋介石。此外,日方还怀疑是中国飞机故意使用了日机的标志,冒充日机向许阁森及其随从乘坐的汽车发动了袭击。日方还责怪许阁森没有事先通知日本当局他这次行程。日本的这些说法很显然只是一种猜测,并没有可靠的证据。指责许阁森没有向他们通报行程更显得日本的骄横无理。为此,多兹在与日方据理力争的同时,也尽量通过第三方向日方施加影响。多兹认为,日本海军应对袭击事件负主要责任。他还一厢情愿地分析了日本应该采取的做法。多兹写道:"日本现在有一个在国际舆论界改善自己地位的极好的机会,只要它给英国一个漂亮的道歉,如果它拒绝我们的要求,全世界都会反对它,英国的舆论界也会受到强烈冲击。"③当时,英国新任驻日大使克莱

---

① Mr. Eden to Mr. Dodds(No. 256)(Telegraphic), Foreign Office, August 28, 1937. BDFA, Part Ⅱ, Series E, Volume 45, p. 83 - 84, F5838/5727/10.

② 李仕德:《英国与中国的外交关系(1929—1937)》,第371页。

③ Mr. Dodds to Mr. Eden(No. 331)(Telegraphic), Tokyo, August 31, 1937. BDFA, Part Ⅱ, Series E, Volume 45, p. 85, F5926/5727/10.

琪（R. Craigie）即将于 9 月 3 日抵日上任。按照惯例，克莱琪将会受到日本天皇的接见。多兹希望克莱琪借此机会向天皇提出此事，但他对结果也并不乐观。

日本政府的强硬态度使英国政府大感意外。艾登等人没有想到英国对日本提出的这三项并不苛刻的要求也得不到后者的积极回应。这时，英国国内，乃至整个大英帝国的公众舆论压力也不容英国政府向日本示弱。英国首相张伯伦（N. Chamberlain）与艾登外相经过商量后，于 31 日通过多兹向日本政府表明，英国方面不可能降低本已十分温和的要求。如果英国得不到满意的答复，将可能召回克莱琪。针对日本的消极态度，英国政府又向日本发出了一份外交照会，作出了三点说明及诘问：

（a）攻击与自己国家有外交关系的另一个国家的在任外交首脑是明显的违法行为。

（b）从目击者提供的证据及日本地方当局当时的陈述，可以毫无疑问地断定攻击武器来自日本。中国飞机在那条道路上攻击交通工具能有什么目的？

（c）英国政府已经得知，当时英国大使在其驻在国正在一个合法的地点行进，而那里并不存在得到承认的战争状态，[①]所以也就不存在所谓必须向一个外国当局报告其意图，否则就要冒受到非法侵害的危险的问题。[②]

英国提出的这三点表明英国政府对日本的态度感到极度失望，并且非常不满。但几天过去了，日方仍没有任何答复。对此，英国政府已经极不耐烦。9 月 2 日，艾登指示多兹，如果到 9 月 4 日日本政府仍未答复，多兹应该加以催促。艾登还要求多兹在克莱琪到达东京后与之加强

---

① 这里是指虽然中日两国已经爆发战争，但任何一方都没有公开向对方宣战，所以不存在国际法意义上的战争状态。因而任何一方都不能行使国际法规定的交战国权利。
② Mr. Eden to Mr. Dodds（No. 267）（Telegraphic），Foreign Office，August 31, 1937. BDFA, Part Ⅱ，Series E，Volume 45，p. 87.

协商,以找出应对日方的最佳方案。艾登认为应尽量让广田外相尽早与
克莱琪会晤。艾登的心情如此急切还有一个十分重要的原因,即英国内
阁将于9月8日开会。如果届时仍没有得到日方满意的答复,作为外交
大臣的艾登必将面临内阁其他阁员及议会议员的强大压力。为此,艾登
表明:"如果到那一天我们仍然没有得到日本的答复,或者答复不能令人
完全满意,国王陛下的政府可能将要召回克莱琪爵士。"①为了给日本施
加更大的压力,英国政府还与加拿大政府进行了沟通,希望一旦克莱琪
被召回,加拿大政府也采取类似的措施,召回其驻日公使。此外,艾登还
认为许阁森被炸事件必定会引起各国驻远东的外交使团的密切关注。
因此也决定加强与这些使团的磋商,以期待联合更多的人为英国说话。

英国方面虽然貌似态度十分强硬,但终究没有采取具体措施,也没
有召回克莱琪大使。克氏于9月3日到达东京,第二天便与崛内次官进
行了"非官方"会晤,专门讨论许阁森被炸事件。当克莱琪再次要求日本
政府为此道歉时,崛内则说日本政府已通过四个途径表达了对此事件的
"真诚遗憾(sincere regret)",即(1)日本驻英国大使向艾登外相;(2)崛
内外务次官对多兹代办;(3)日本在上海的海军部门对英国驻华舰队司
令;(4)日本驻华大使对许阁森本人。但崛内又认为这些接触都是"非正
式的",强调日本政府尚未承认此事为日机所为。接着,崛内解释了日本
迟迟未对英国的要求作出答复的原因,即经过日本在上海的海军部门的
初步调查,当时日本海军仅有三架飞机在事发点附近执行任务,而所有
有关人员都否认知道此事。因此,海军省认为有必要对此事作更加彻底
的调查。为此,崛内答应日方将在9月7日之前向英方提供一份有关调
查的"中期报告"。对此,克莱琪猜测了日本政府此时的心态:"他们对发
生这一事件感到深深遗憾,也承认日本飞机曾出现在事发地点上空,但

① Mr. Eden to Mr. Dodds(No. 272)(Telegraphic),Foreign Office,September 2,1937. BDFA,
Part Ⅱ,Series E,Volume 45,p. 89.

他们对从他们那一边调查的结果缺乏确凿证据也感到困惑,并不能完全排除另一方故意实施攻击后嫁祸日本的可能(他们曾举例说不久前中国飞机曾冒用日本标志,并展示日本国旗,然后去轰炸日本军舰)。"对此,克莱琪向艾登谈了他目前对此事的看法:"我当然无法保证他们的中期报告能让国王陛下的政府感到可以接受。但是我相信,给予一段必要的时间去处理此事,最终我们有可能从日本政府那里得到有关此事的令我们完全满意的结果。"①

因此,克莱琪对此事的交涉前景是持谨慎乐观的看法。这有两个原因,一是在初期的交涉中,日方并没有完全否认卷入此事的可能性,只是说尚未调查清楚。这实际上是为承认炸伤许阁森为日机所为埋下伏笔。二是英方的要求也并不高,仅仅要求道歉、惩罚责任者、保证不不再发生类似事件,这只是要求保全面子而已。从国际关系的一般常识来看,日本也不会完全漠视此类要求。果然,日本政府于9月6日晚向克莱琪递交了由广田外相签署的就日本的"中期调查报告"给英国政府的一份外交照会:

　　我荣幸地收到编号为25,在8月29日由英国大使馆多兹代办递交的有关许阁森爵士受伤的报告。

　　在得到有关事故的消息之后,日本政府极为重视,并迅速由我本人和我国驻英大使分别向英王陛下的政府和许阁森爵士表达了广泛的同情。同时,我们也向有关当局发出紧急指示,彻底调查这一事件。尽管迄今的调查结果未能提供此袭击事件由日本飞机所为的任何证据,日本政府仍在采取措施以做进一步调查,以便不遗余力地得到事实真相。

　　目前仍无法确定该事件是否应由日本负责。然而,考虑到日英

---

① Sir R Craigie to Mr. Eden(No. 351)(Telegraphic), Tokyo, September 5, 1937. BDFA, Part Ⅱ, Series E, Volume 45, p. 109, F6147/5727/10.

两国的传统友谊及纽带,日本政府对许阁森爵士遭受如此不幸的事故表达深切遗憾。事件发生的那一天,在太仓附近正在发生战争行为。

在此,我希望向阁下保证日军总是十分谨慎地避免造成非战斗人员的伤亡。日本政府决不希望由于自身的疏失而在将来造成类似事情的再次发生。最新的指示已经发给了当地的部门,在这方面采取更加严格的措施。考虑到预防此类事件的再次发生,我真诚地希望英国方面将要与日本当局友好合作,采取必要的措施,在进入危险地区之前,事先向日本有关方面通报。[①]

日本的这份照会所表达的含义与克莱琪的看法大体符合。首先,日本也希望妥善处理这一事件,不使它演变为影响英日关系的重大问题。因此,日本一再对事件的发生表达"遗憾"之意,而且保证"不希望由于自身的疏失在将来造成类似事情的再次发生"。这似乎间接承认了许阁森被炸事件是日机所为。其次,该照会又强调"迄今的调查结果未能提供此袭击事件由日本飞机所为的任何证据",则既是推卸责任的遁词,也是在试探英国的反应。这份照会有前后矛盾之处,显得欲盖弥彰。可以看出,此时日本政府其实已经知道了事实真相,但并没有立即承认。这实际上是故意用拖延战术以争取主动的一种外交手段。

## 三、事件的"最终解决"

英国政府迅速对日本的"中期调查报告"及给英国的照会作出了反应。9月7日,艾登指出,这份报告"不能令人满意",特别是对其中日本要求英国应该与其"合作(co-operate)"感到无法接受。日本虽然在照会中表达了"遗憾",但极力逃避责任,不愿作出道歉。鉴于这份报告只是

---

① Sir R Craigie to Mr. Eden(No. 356)(Telegraphic)，Tokyo, September 6, 1937. BDFA, Part Ⅱ, Series E, Volume 45，p. 110，F6182/5727/10.

日本政府的"中期调查报告",艾登要求克莱琪立即"非正式(unofficial)"地向日本政府表明,英国政府希望日本的"最终调查报告"不要迟于一周左右出台。艾登认为:"如果日方在表达遗憾的同时也承担责任,将有助于事态的解决。"①透过艾登在外交辞令上的强硬,人们还是可以看出其中的真实含义,如同过去一样,英国只是要求在面子上下台阶,并无意对日本采取真正的惩罚措施。

此后数日,日本以调查尚在进行之中为借口,回避英方的质询。直到9月13日,在克莱琪的一再催促下,崛内及海军省次官山本五十六才以"聊天"的名义约请克莱琪谈话。他们告诉克莱琪,日方的"最终调查报告"已经完成。并将在完成英译本后送交英国方面。崛内及山本告诉克莱琪,经过日本海军省和外务省联合缜密调查后得知,8月26日许阁森一行的座车被炸的时刻,确有日机袭击了被认为是中国军用车辆的车队,其中两辆汽车与许阁森等乘坐的汽车类似。对这两辆车的袭击过程是:在下午2点35分,第一架飞机从500—800米上空用机关枪向第一辆汽车开火,但没有看清射击效果。2点37分,第二架飞机从500米高空瞄准第二辆汽车投掷了一枚炸弹,其爆炸的效果也不确定。报告描述的袭击过程及被袭车辆的特征都与许阁森被袭事件十分相似,但日本飞行员所报告的袭击地点却与许阁森等的被袭地相差约10英里。崛内和山本对克莱琪说:"日本当局对飞行员熟练判定地点的技能是满意的,他们不会在这一点上犯错误。他们在上海以西某地发现了这两辆汽车,而这与被报告的许阁森大使被袭地点相差约10英里。"②这种说法好像承认日机有袭击许阁森车队的可能性,但有可能是在袭击中国军车时的"误炸",且还有一个袭击地点不符的技术性问题

---

① Mr. Eden to Mr. Dodds(No. 284)(Telegraphic),Foreign Office,September 7,1937. BDFA,Part Ⅱ,Series E,Volume 45,p. 111,F6193/5727/10.

② Sir R Craigie to Mr. Neville Chamberlain(No. 384. Confidential)(Telegraphic),Tokyo,September 14,1937. BDFA,Part Ⅱ,Series E,Volume 45,p. 118,F6510/5727/10.

需要解决。

克莱琪对日方的这种几乎是狡辩式的回答当然十分不满，他对崛内和山本说，无论日方所声称的他们的飞行员在定位方面有多么精确，对他来说，从大的政治观点出发，许阁森大使及随从在正常旅行时被炸是一个基本事实。其意思是说既然日本也承认发生过袭击事件，所谓袭击地点的偏差这样的技术性问题无法掩盖第三国外交官被日军袭击这样一个基本事实。为此，崛内以十分私下（speaking very privately）的口气对克莱琪说："如果袭击事件能够被定位在日本飞行员报告的地点，日本政府将能够给英国政府一个完全满意的答复。"崛内还进一步举例说，与许阁森一同被袭击的英国驻华大使馆武官弗雷泽少校已经修正了他最初认定的事发地点。崛内的言下之意是说由于英方在定位方面的差错导致了袭击事件的责任迟迟无法认定。为了不激怒克莱琪，崛内并不认为"定位错误"是英国方面的责任，而是为许阁森开车的中国司机弄错了地点。①

克莱琪对弗雷泽如何定位事发地点一无所知，所以只好同意此事以后再议。这时，不仅英国政府对日本回避主要的责任而一味地在枝节问题上兜圈子十分不满，一些日本驻西方的外交官也认为本国政府的做法不妥。9月中旬，日本驻法国大使杉村应驻英国大使吉田之邀来到伦敦，与后者讨论如何改善英日关系。16日，英国外交部次官贾德干会见了杉村。在会见中，杉村向贾德干坦率地表示，他认为尽快妥善解决许阁森遇袭事件是十分必要的。但他又感到由于军部的强硬势力对日本政府的重大影响，即使他与吉田联合向东京进言，其效果也将是十分有限的。贾德干则重复英国的立场，对日本既往的态度表示不满，认为仅表示"遗憾（regret）"，即使这种声音来自日本的最高层，也与承认承担责任（an

---

① Sir R Craigie to Mr. Neville Chamberlain（No. 385. Confidential）（Telegraphic），Tokyo，September 14，1937. BDFA，Part Ⅱ，Series E，Volume 45，p. 119，F6506/5727/10.

admission of responsibility)是不同的。但贾德干又说:"英王陛下的政府从来不认为对许阁森大使的袭击是有意为之。很明显,这是一次意外。"①这番话表达了两层意思:(1) 英国认定袭击事件确系日机所为,日本政府应该为此承担责任;(2) 袭击事件不是故意,是意外,因此日本政府无须承担道义责任,只要为自己的"疏忽"承担相应的责任即可。这实际上又是英国政府对日本的又一次让步,也是既给日本一个下台阶,又让英国保全面子的一种妥协。

在这种情况下,日本政府也心领神会,便于 9 月 21 日正式向克莱琪递交了其"最终调查报告"和由广田外相签署的对英国的照会。广田在照会中说:

> 对于英国驻华大使许阁森爵士受伤一事,我于 9 月 6 日向您提交了一份"中期答复"。现在我荣幸地告知阁下,对上海及周边地区日军有关部门的调查已经完成,日本政府愿意作出以下答复:

> 作为一份经过最仔细调查后的结论,现在可以确定,在 8 月 26 日下午 2 点 35 分,两架日本飞机用机枪和炸弹袭击了两辆汽车。我们以最大的真诚向您说明,这两辆车被认为是运载中国军队官兵的军用车辆。在离嘉定镇 3 公里处,那里也是中国军队的集结处,从 8 月 18 日开始,日机已经对那里的中国军队进行了反复攻击,并且中日双方已经发生了多次空战。

> 由于目前局势下在现场调查取证的困难,各种有关大使先生遇袭时间和地点的报告有细微差别。但是现已查明,没有日机在第一份调查报告所列举的大使先生受伤的地点发动袭击。然而,经过英日双方同时进行的仔细调查得出结论,事发地点可能在嘉定镇以南,而不是先前英国报告所说的在太仓以南 6 英里处。

---

① Mr. Neville Chamberlain to Sir R. Craigie(No. 321)(Telegraphic), Foreign Office, September 17, 1937. BDFA, Part Ⅱ, Series E, Volume 45, p. 122, F6609/5727/10.

考虑到这些情况，日本政府认为，事件的发生是日本飞机错把大使先生的座车当做军用车辆而导致的。大使先生受伤可能是这样的行动造成的。然而，这并不是日本飞行员愿意看到的。为此，日本政府愿意向英王陛下的政府正式表达深切的遗憾（a formal expression of their deep regret）。

至于惩处有关飞行员的问题。毫无疑问，无论何时发现日本飞行员故意或因疏忽导致第三国人士死亡或受伤，日本政府都会采取适当的措施。

就像我们在 9 月 6 日的中期报告中所说的那样，在华日军已经接到指示，要特别注意保护非战斗人员。日本政府的一贯愿望和政策是尽最大可能减少因目前在中国的所进行的战斗而可能对非战斗人员所造成的危险。①

这份照会表达的内容正与贾德干对日本的要求相符合，既承认袭击事件是日机所为，又强调飞行员没有故意袭击，从而最大限度地减轻在道义和外交上的被动局面。而对于英国先前提出的三条要求，即日本正式向英国道歉、惩罚相关责任者、采取措施保证不发生类似事件，日本却一条也没有做到。对于第一条，与其"中期报告"一样，日本仅正式表示深切遗憾，却没有使用"道歉（apology）"一词。而第二、三条则需要日本政府采取具体措施，但日方仅使用空泛的外交辞令加以应付，而没有任何具体措施。为了缓解英国的不满，崛内在向克莱琪递交这份官方照会的同时，又以其个人的名义向克莱琪递交了一封秘密和非官方（confidential and unofficial）的信件。崛内在信中说："我希望阁下确信日军总是尽最大努力避免导致伤害非战斗人员的事情发生。"崛内还使用了艾登本已十分反感的"合作"一词，对克莱琪说："所以，为了预防类

---

① Sir R Craigie to Mr. Neville Chamberlain(No. 419. )(Telegraphic)，Tokyo, September 21, 1937. BDFA, Part Ⅱ, Series E, Volume 45, p. 124, F6769/5727/10.

似事件的再次发生,我真诚地希望英国方面祛除对所谓政府合法地位的偏见,与日方认真合作,在进入危险地区之前,事先通知当地的日本当局。"①这实际上驳斥了英国先前的关于英国人在中国境内活动无须向日本当局通报的观点。从日本给英国的这份外交照会及崛内给克莱琪的所谓非官方信件来看,日本除了在多方狡辩的前提下承认袭击行为是日机所为这一点外,其他立场毫无改变。

然而,英国政府见日本承认了袭击许阁森的行为是日机所为,并表示了遗憾,立即如获至宝,认为是保全英国面子、顺势下台阶的极好契机。22日,克莱琪遵照艾登的指示,向广田递交了英国政府对21日日本致英国照会的答复:

> 我荣幸地通知阁下,在阁下于21日紧急向我递交了关于英王陛下驻华大使于上月26日在上海附近被两架飞机袭击事件的照会后,我及时与英王陛下的政府进行了沟通。现在我已从英王陛下的政府处得到指示,并声明,英王陛下的政府对日本政府的答复感到满意,并认为这起事件已经结束。②

对于崛内在给克莱琪的"非官方"信件中所提出的"合作要求",英国也给予了积极回应。克莱琪也以"非官方"信件的形式告知崛内说:"英国方面准备在有人有进入危险地区的意图时,以事先通知的做法来帮助日方。"但英国仍保留了一个附带条件:"如果在无法事先预警的情况下发生类似的事情,英王陛下的政府不会考虑免除日本当局的责任。"③

就这样,历时近一个月的英日两国关于英国驻华大使许阁森在上海

---

① Sir R Craigie to Mr. Neville Chamberlain(No. 420.)(Telegraphic),Tokyo,September 21,1937. BDFA,Part Ⅱ,Series E,Volume 45,p. 125,F6770/5727/10.
② Mr. Eden to Sir R. Craigie(No. 3334)(Telegraphic),Foreign Office,September 22,1937. BDFA,Part Ⅱ,Series E,Volume 45,p. 125,F6758/5727/10.
③ Mr. Eden to Sir R. Craigie(No. 3334)(Telegraphic),Foreign Office,September 22,1937. BDFA,Part Ⅱ,Series E,Volume 45,p. 125,F6758/5727/10.

附近遭到日本飞机袭击的事件"解决"了。从整个过程来看,虽然双方往来的外交文书所用的辞令都是温和的,但彬彬有礼的背后仍然难以掩盖日本的傲慢无礼及英国的无可奈何。自始至终,英国无论从国际法或国际道义角度看都占据着制高点,但在整个交涉过程中显得十分被动,其最起码的要求都难以得到满足,昔日大英帝国的威风已经荡然无存。这正是英国国力下降及在远东的力量不如日本的现状在外交上的反映。反之,本来应该是十分被动的日本却在交涉中显得游刃有余,在明显理亏的前提下只用一个象征性的"正式表达深切的遗憾"就了结了一桩非常棘手的外交官司。这在现代国际关系史上是罕见的。如果不是日本因惧怕苏联而不愿与西方搞僵关系的话,它的对英态度可能更加强硬。此外,英国新任驻日大使克莱琪为该事件的"解决"也发挥了无法替代的作用。克氏的指导思想就是在最低限度保住英国面子的前提下与日本妥协。为此,他赢得了日方的赞赏。日本著名的时事评论员松本重治后来写到:"幸运的是,9 月 3 日到任的克莱琪新大使,为解决事情尽心努力。"①

许阁森被炸事件的交涉是英日两国在中日战争爆发后第一次正面外交交锋。通过这次交锋,日本进一步看清了英国的虚弱,更加有恃无恐。后来的事态发展表明,日本并没有遵守向英国作出的尽量避免发生类似事件的承诺。仅几个月后,日军在进攻南京时,又发生了袭击英国在长江中的军舰"瓢虫"号并造成英军官兵伤亡的事件。随后,当英日两国就上海租界权益、日占区中国海关等问题上再次交锋时,日本每次都步步紧逼,而英国则处处被动,不得不以牺牲自身及中国的重大权益对日本作出让步。这正如后来的学者在总结英日两国就许阁森被炸事件的交涉时说的:"忍让未必可以换取和平。"②

---

① [日]松本重治著,曹振威等译:《上海时代》,第 579 页。
② 李仕德:《英国与中国的外交关系(1929—1937)》,第 372 页。

# 第三章　日军对长江中英美舰船的袭击

从维护中国主权的角度来说,列强在华的内河航行权是它们强加于中国的一项严重侵犯中国主权的特权,是中国自鸦片战争以来国家屈辱的一个象征。自从 19 世纪中叶这项不平等特权确立以来,到 1937 年,列强的舰船在中国的内河已经畅行了近 80 年。由于长江沿岸,特别是其中下游地区的经济比较发达,长江航道就成为列强行使这项特权的主要场所。然而,由于列强之间的在华利益并不完全相同,它们划分的在华势力范围也不一样,也会因此而发生矛盾。当日本军队从长江口向南京方向进攻时,就与航行在此江中的英美舰船发生了严重冲突。日军不加区分地袭击在长江中行驶的一切舰船的野蛮作法不仅严重侵害了中国的利益,也同样侵害了第三国的利益,最终导致了日本与英美两国的严重外交冲突。

## 第一节　日军攻占南京前夕长江上的形势

### 一、外国在华内河航行权的由来及演变

外国舰船在中国内河的航行权是西方列强强加给中国的不平等条

约的产物,最初始于 19 世纪中叶的第二次鸦片战争。1858 年 6 月,在英、法发动的第二次鸦片战争中,英、法分别强迫清政府签订了中英、中法《天津条约》,除了大幅增加了通商口岸的数量,而且把这些口岸的地域分布从沿海向长江流域内地扩展,像汉口、九江等长江中游的城市也变成通商口岸。为了便于在这些口岸的通商活动,中英《天津条约》规定:"许英商船驶入长江至长江沿岸各口经商;英国兵船亦得进入各通商口岸。"①中法《天津条约》也规定:"法国兵船得在通商各口地方停泊。"②从此,英、法获得了在长江上的自由航行权。根据第一次鸦片战争时期西方获得的片面最惠国待遇,美、俄等国也获得了这一权利。1876 年,中英又签订《烟台条约》,把重庆等长江上游城市也变成通商口岸,而外国的自由航行权的范围也随之扩大到长江上游。19 世纪末 20 世纪初,英国在华的经济利益主要集中在长江中下游地区,而武汉到上海之间的长江段则成为英国舰船在长江上航行最繁忙的区间。《辛丑条约》签订后,列强在华的驻军权扩大,英、美等国扩大了驻华海军的规模,有些国家还组建了长江舰队。其中就有美、英、日等国。这样,列强在长江流域既有互相合作,共同瓜分在华利益的一面,也有互相竞争、排斥的一面,因为谁都想多分一杯羹。中国则有可能借此实施"以夷制夷"的策略,在列强的夹缝中维护一点残存的国家利益。

民国以来,中国政府开始了逐步废除外国在华特权,修改乃至废除不平等条约的进程。欧美列强也开始改变原先的"炮舰政策"。但由于列强不愿意放弃在华的既得利益,这一进程进行得十分缓慢。经过艰难的谈判,到 20 世纪 30 年代,中国基本上收回了关税自主权,但其他特权仍然没有收回,如领事裁判权、内河航行权等。特别是内河航行权,事关列强在华的经济利益,更是英、法等国企图重点维持的特权之一。但这

---

① 全国人大常委会办公厅研究室编写:《中国近代不平等条约汇要》,北京:中国民主法制出版社 1996 年版,第 72 页。

② 全国人大常委会办公厅研究室编写:《中国近代不平等条约汇要》,第 82 页。

一特权却给中国带来了太多的国家屈辱,也激起了中国民众的反抗。即使是到了 20 世纪 20 年代,在广州国民政府北伐之时,仍然发生了 1926 年 9 月的万县事件和 1927 年 3 月的南京事件。这两次事件都是因内河航行权引起的。

1926 年下半年,北伐军逼近长江流域,英国担心其利益受损,意图加强对华干涉。8 月 29 日,英商太古公司"万流"号商船在四川江面上横冲直撞,撞沉川军杨森部运送饷银的船只 3 艘,造成中国方面 50 余人淹死,饷银重大损失。杨森对此作出反应,除通过正常渠道进行交涉外,还于 30 日在万县(今重庆市万州区)扣留了太古公司的两艘货轮。9 月 4 日,英国领事向杨森发出最后通牒,限 24 小时放还这两艘货轮。次日,两艘英国军舰迫近万县,企图强行劫夺被扣船只,并开枪打死打伤守船士兵,当杨部士兵还击后,英舰竟开炮轰击万县人口稠密的繁华县城,发射炮弹及燃烧弹 300 余发,造成中国方面千余军民死伤,民房商铺也被毁千余家,酿成"万县惨案"。

南京事件的起因则与万县事件有所不同。1927 年 3 月 24 日凌晨,北伐军一部攻入南京城。从上午开始,城内发生暴力排外事件,数名外国公民被杀,一些外国人的住宅、学校、教堂等建筑也遭到抢劫。下午,停泊在南京江面上的英、美军舰以"保护侨民"为借口,炮轰南京城约一小时,打死中国军民数十人。下午 5 时许,暴力排外和炮击都逐渐停止。

这两次事件的具体起因虽有所不同,但基本上可以归结为中外两方面的因素。从中国方面来说,当时确实有人怀有盲目排外的情绪,特别是在南京事件中。但是,欧美列强长期对像中国这样的东方国家实行蛮横的"炮舰政策",轻视中国人的生命财产,则是更加重要的原因。它们的舰船利用在华内河航行权,在长江中肆无忌惮地横冲直撞。其实,到 20 世纪 20 年代,欧洲列强的对华"炮舰政策"已经接近尾声,但仍然发生了这两次重大惨案,表明列强仍然希望维持它们通过不平等条约获得的特权。这自然与时代的潮流是不相适应的,也改变不了中国逐步收回权益,修改乃至废除不平等条约的进程。但这说明这一进程是复杂而又曲折的。只是在这两次事件中,英、美的欺侮的对象都是中国。但时间来到 1937 年,当"自由"航行在长江中的英、美舰船遇到从长江口向南京方向进攻的日军舰船和飞机的时候,则完全又是另外一番情形了。

中日战争全面爆发后,特别是淞沪会战开始后,外国在长江下游段的自由航行时代基本结束。这首先是由于中国利用长江水道向淞沪前线运送军队和作战物资,无法再让其他船只不受阻碍地航行。其次是因为日军对长江沿岸城市及江面进行了大规模轰炸,在长江上航行的安全已难以保证。其实,许阁森被炸事件以及随后发生的"帕奈"号事件、"瓢虫"号事件等都是因此而发生的。

长江航行受阻后,英国因在相应地区重大经济利益受到影响,所以对此极为焦虑。而其他欧美列强因在这一地区的经济利益有限,故对这一事态并不非常敏感。有意思的是,英国首次就长江航行权问题所进行的交涉,其对象并不是日本,而是中国。8 月 30 日,蒋介石在南京会见法国驻华大使那琪安(P. Naggiar)时表示,长江航道已经在技术上被关闭(Physical Closed),因为船只通过火力封锁线(barrage)是不可能的。英法等国的驻华外交代表经过商议后,向中国外交部发出一份联合说帖,指出外国在事先并没有得到中国将在长江上设立火力封锁线的警告;英法对其军舰和商船在长江上航行受阻,及由此而产生的其国民因无法撤离战区而陷入困境表示关注,认为即使在中国军队设置火力封锁线的情况下,仍然可以经过巧妙安排而打开一个航行通道,从而使外国船只能够接应其陷入困境的侨民。[1] 不久,随着淞沪前线战事的日益激烈及日机对沿长江地区轰炸的加强,此议不了了之。

---

[1] Mr. Gage to Mr. Eden (No. 407)(Telegraphic) R, Nanking, August 31, 1937. *British Documents on Foreign Affairs*—Reports And Papers From The Foreign Office Confidential Print, University Publication Of America, 1996 (BDFA), Part Ⅱ, Series E, Volume 45, p. 88, F6023/9/10.

## 二、日本海军第三舰队从长江口沿江西上

在 1937 年日军从上海向南京推进的过程中,除了由松井石根统领的从最初的"上海派遣军"到"华中方面军"的陆军部队之外,还有由长谷川清统领的日本海军第三舰队。只是由于主要战斗都发生在陆地上,长江上的这支日本海军舰队往往受到忽视。其实,这支舰队也并非日本海军的一支常备舰队,而是为了适应从长江口向上游进攻临时组建的,所以其实力并不很强,因为该舰队要进行的是"江战",而非"海战"。但在攻打南京的战役中,该舰队发挥了很大的作用。这主要表现在以下几点:第一,如前所述,日本当时没有独立建制的空军,所有空中军事力量都分别隶属于海军航空兵和陆军航空兵,而对中国主要目标的空袭,包括前述的对南京及其周边地区的大规模空袭,大多是由长谷川指挥的空中力量实施的。早在开战之初,日军大本营就对此作了明确规定:"摧毁华中、华南之敌的航空势力,主要由海军担任。陆军担任自卫的航空作战。"①这就确定了第三舰队及其航空部队的重大作用。第二,在实战方面,长谷川亲自指挥了航空兵炸沉中国海军的主要舰艇和打通长江上通往南京的最大障碍——江阴要塞——的军事行动。第三,在此基础上,第三舰队主力从下游西上,于 12 月 13 日,即日本陆军攻克南京的当天,也到达南京下关江面,并对正在渡江北撤的中国守军和无辜百姓进行扫射,造成重大伤亡。

其实,自从中国在甲午战争中失败、北洋舰队覆灭之后,中国海军就一蹶不振。其后,中国虽然也添置了一些舰船,但都吨位小、航程短、火力弱,根本不能称为像样的海军。几十年来,中国的海防极为薄弱,基本处于有海无防的状态。南京国民政府成立后,蒋介石还是比较重视海军

---

① [日]防卫厅防卫研修所战史室编:《中国方面海军作战》(1)朝云新闻社昭和四十九年(1974年)3月28日,载张宪文主编《南京大屠杀史料集》之 1《战前的南京与日机的空袭》,第103页。

建设的,也为此投入了大量国家资源,海军的建设有所加强,但因综合国力有限,海军实力仍然十分薄弱。而同一时期,日本海军却蓬勃发展,已经跨入世界先进海军的行列,与中国海军完全不在一个等级上。1937年中日战争爆发时,中国海军的总排水量为6.8万多吨。[①] 日本海军中型以上舰船就在115万吨以上。中国海军官兵总共2.5万人左右,[②]日本海军在1937年时的总人数为126891人。[③] 这就决定了在1937年爆发的中日全面战争中根本不会发生真正的海战。而事实也的确如此,当日军先后在天津白茆口和杭州湾登陆时,根本没有遇到来自中国方面的任何抵抗,无论在海上还是在岸防上都没有抵抗。后来日军在1938年10月登陆广州湾并占领广州的过程中,同样没有遇到任何抵抗。所以,在第三舰队向南京推进的进程中,也不会发生海战。但在这一过程中,还是发生了战斗。这主要是轰炸击沉中国海军为数不多的主力舰船,打通江阴要塞和疏浚长江航道的行动。日军对保持航空优势极为重视。"长谷川司令官还指出,最重要的是除期待开战伊始即以先发制人的空袭击破敌空军外,在以后仍要保持航空优势。"[④]

中国海军虽然实力薄弱,但仍然与日本海军进行了艰苦的战斗。中日战争全面爆发后,中国海军从8月11日起,分别在江阴段的长江和黄浦江设置了堵塞线,把废弃的旧舰和民用船只沉降在航道内,并把主力舰只置于江阴要塞的掩护下。这不仅可以对日军对南京的航空作战起到阻滞作用,其"平海""宁海"两艘巡洋舰还可以对长江中的日军中小舰

---

① 中国参谋本部第一厅五处调制表,中国第二历史档案馆藏。转引自高晓星:《中国海军的抗日作战》,《江苏社科界纪念抗日战争胜利七十周年学术研讨会论文集》,北京:中共党史出版社2016年版,第284页。

② 《中华民国重要史料初编·对日抗战时期》绪编第3辑,台北:"国民党中央委员会党史委员会"1981年编,第201—202页。

③ 〔日〕《日本防卫手册》1980年,第428页。

④ 〔日〕防卫厅防卫研修所战史室编:《中国方面海军作战》(1)朝云新闻社昭和四十九年(1974年)3月28日,载张宪文主编《南京大屠杀史料集》之1《战前的南京与日机的空袭》,第108页。

艇形成威胁。8月16日,中国雷电学校的快艇在黄浦江秘密袭击了驻泊在上海的日本海军第三舰队的旗舰"出云"号。因此,第三舰队司令部认为,无论是出于空中作战,还是出于封锁作战,都应迅速将江阴要塞的中国海军歼灭。

第三舰队从8月16日起就不断派飞机到江阴上空进行侦查和袭击,中国海军进行了英勇的抵抗,于8月22日首次击落日本轰炸机1架。① 随后,日本海军第三舰队制订了打通江阴要塞的作战计划。这一作战行动于1937年9月下旬实施,也就是在9月20日大规模空袭南京之后。日军的计划是"首先以舰战机压制上空,以舰攻之一部牵制陆上防空炮台,乘其间隙,以所余全部兵力强行低空袭击,一举击沉'平海''宁海'二舰,然后扫荡小舰艇"。② 根据长谷川的命令,日军于22日午前开始行动。

当日上午,18架日机冒着江阴炮台及舰对空炮火,对"平海"舰等中国海军舰艇发起水平攻击。"平海"舰直接中弹2枚。午后,7架日机再次对"平海"等2舰发起攻击,其中一艘被击中30公斤炸弹。当晚,9架日机又一次发起攻击。因在防空炮火中不能仔细辨认"宁海"舰,便攻击了另一艘中国军舰"应瑞"舰。23日,日军首先出动12架飞机压制江阴炮台的炮火。接着,26架日机蜂拥冲向"宁海"舰,不停地俯冲投弹。"宁海"舰被击中数弹,被迫弃锚向上游驶去。随后,"平海"舰也在驶向上游的途中被命中数弹,在江中搁浅并冒出黑烟。此后,另一艘中国舰艇"逸仙"舰也遭到日机投弹攻击而搁浅。就这样,江阴要塞的4艘中国海军主力舰只"平海""宁海""应瑞""逸仙"在日机的攻击下全部搁浅或重伤,失去了战斗力。日军方面对攻击效果十分满意:"经过数次攻击,江阴方

① 高晓星:《中国海军的抗日作战》,《江苏社科界纪念抗战胜利七十周年学术研讨会论文集》,第284页。
② [日]防卫厅防卫研修所战史室编:《中国方面海军作战》(1)朝云新闻社昭和四十九年(1974年)3月28日,载张宪文主编《南京大屠杀史料集》之1《战前的南京与日机的空袭》,第127页。

面的中国舰艇全部搁浅,或遭到严重破坏,失去了战斗力,丧失了作为海军兵力的机能。我方损失轻微。"[1]这也有些自吹之嫌,其实,日军也付出了9架轰炸机被击落的代价。[2]

日军对江阴要塞的轰炸基本上使中国海军陷于瘫痪,使第三舰队沿长江向南京进军的途中不会再遇到中国海军的阻拦了。虽然此时中国海军还没有被日军彻底消灭,但此役已经决定了这支海军在今后的对日作战中不会再有任何大的作为了。29 日,长谷川下令,打通江阴航道。该日午后,日军扫雷部队开始作业,至 30 日,基本完成。其间,受到来自中国两座江岸炮台的炮击,日舰还击,发射炮弹 100 余发,双方激战约一小时,其中一座炮台被日军击毁,另一炮台在日舰炮火射程之外,因而暂时退避。打通江阴航道后,第三舰队向上游进军实际上已经没有什么来自长江上的障碍了。但由于此时日军尚未占领上海,所以其并没有马上行动。这说明日本陆海军之间是处于协调作战的状态的。

日军于 11 月 12 日攻占上海,随后于 11 月中旬占领苏州,并于下旬又占无锡和常州。原先,日军在进攻上海时,并没有计划占领南京。但攻占上海之后,松井石根等日军前线将领的胃口大增,企图攻占中国首都南京,以实现建功立业的夙愿,于是开始向南京战略方向发起进攻。面对这种情况,日军大本营方面则顺水推舟,于 12 月 1 日正式下达了攻占南京的命令。

这时,日陆军第十三师团已经占领了江阴要塞的陆上阵地,第三舰队继续打通江阴江面的航道。由于中国方面在江中设置了许多障碍物,12 月 2 日,第三舰队"前路警戒队指挥官,午前用'八重山'的二艘小汽艇护卫'竹丸'(机枪武装),从南航道交叉口到段山上游约 2.5 海里处实施

① [日]防卫厅防卫研修所战史室编:《中国方面海军作战》(1)朝云新闻社昭和四十九年(1974年)3月28日,载张宪文主编《南京大屠杀史料集》之1《战前的南京与日机的空袭》,第128页。
② 高晓星:《中国海军的抗日作战》,《江苏社科界纪念抗战胜利七十周年学术研讨会论文集》,第285页。

探扫。午后,以扫雷队的 4 艘拖船清扫了该处,但没有发现水雷和水中障碍物。于是,主队开进了交叉口。这天,'神川丸'在第一警戒部队指挥官的指导下,进出许浦口。其水上机向江阴封锁线下游的预想布雷线投入炸弹,但没有引爆,以致不能确认有无布雷。"①

此后数天,第三舰队一直以搜索排雷的态势向南京方向前进,击毁了中国军队的几座江岸炮台,在途中还捕获了被日机炸伤而搁浅的"宁海"舰,②几乎与日军陆军部队同时到达南京江段,并对正在渡江北撤的中国军队进行了野蛮的屠杀。日军有关部门在一份内部战斗报告中作了叙述:

> 最近,众人期待的"称霸长江"计划已由江上舰艇默默地完成了。扬子江方面,处于策动中的我方□□舰队不断铲除栈桥及其他航路上的各种障碍,或扫荡西岸的敌军,或侦察两岸的要地,逆流而上,终于在 12 月 13 日凌晨,对位于南京下游 15 公里的南京最后的守卫线乌龙山炮台及江对岸的老监圩炮台发起了炮击。下午 2 时,我舰队威风凛凛地毅然从敌前溯江而上,下午 5 时以□□旗舰为中心,□□艘战舰首尾相连,昂然开进抗日首都南京的大门下关码头。
>
> 对因为受到我陆军进逼而企图渡过扬子江逃向北岸的败兵进行了猛烈的扫射,将其歼灭。另一方面,江北岸阵地的敌兵也被制服,最后,我军用了四个小时就控制住了南京的咽喉要道。突破江阴要塞以来,经过了十天的连续奋战,我军排除了水雷、障碍船、防守要塞等各种障碍,克服了一切困难,完成了称霸长江的重大任务。事变以来用了仅仅四个月的时间,下关江面上就飘扬起我军光芒四

---

① [日]防卫厅防卫研修所战史室编:《中国方面海军作战》(1)朝云新闻社昭和四十九年(1974年)3 月 28 日,载张宪文主编《南京大屠杀史料集》之 1《战前的南京与日机的空袭》,第 132 页。
② [日]防卫厅防卫研修所战史室编:《中国方面海军作战》(1)朝云新闻社昭和四十九年(1974年)3 月 28 日,载张宪文主编《南京大屠杀史料集》之 1《战前的南京与日机的空袭》,第 133 页。

射的军舰旗帜,完全切断了敌人的退路,在南京攻略战中取得了不朽的辉煌战果。[①]

然而,谁也没有想到的是,日军海军部队到达南京江面附近不仅给正在渡江中国军民带来了灭顶之灾,而且殃及了正在长江段中航行的英美舰艇,并造成了英美官兵的重大伤亡。

### 三、日军中反英美派的代表人物——桥本欣五郎大佐

在 1937 年 12 月日军袭击长江中的英美舰船的行动中,时任日军上海派遣军炮兵联队长的桥本欣五郎大佐是一个关键性人物。

桥本欣五郎生于 1890 年,日本福冈县人。1920 年,桥本毕业于日本陆军大学,随即进入军界。此时的桥本已深受军国主义思想影响,刚毕业就加入了一个名为"近幾会"的组织。该组织打着民间组织的旗号,但极力宣扬法西斯思想,而且其参加者多为当时日军中的年轻军官,尤其以来自参谋本部的军官居多。1922 年,桥本被派往中国哈尔滨从事特务工作。在哈期间,他学习到俄国革命史,并

图 7　桥本欣五郎

产生了浓厚的兴趣。1927 年,他又被派往土耳其担任陆军武官。这期间恰好是凯末尔(K. Ataturk)革命在土耳其兴起的年代,他目睹了土耳其的"激情燃烧的岁月",并留下了深刻的印象。此后,他又对当时欧洲意

---

[①] 海军省海军军事普及部编:《支那事变中帝国海军的行动》,东京:鹏和出版社,1985 年 12 月 20 日,载张宪文主编《南京大屠杀史料集》之 11《日本军方文件》,南京:江苏人民出版社、凤凰出版社 2006 年版,第 335—336 页。

大利的法西斯夺权和德国纳粹党的不断壮大进行了研究,并开始思考如何改造日本。[1] 1930 年,桥本回国,在参谋本部担任俄国班班长。不久,桥本发起成立了一个叫作"樱花会"的青年军官组织,致力于从事军事及国家的改革,但仅限于佐级以下的基层军官参加。该会发行的《樱花会趣意书》指出:"有感外有满洲危机。内则政治腐败,资本家之剥削,农村之疲敝,对军人之轻视,减俸,士气消沉,言论之堕落,文化之颓废,国家之危机如此,舍吾等青年军人之热血加以匡救外,更无他途。为此不惜挺身向'昭和维新'迈进。"[2]由此可见,这个所谓"樱花会"是一个日军中法西斯少壮派青年军人的团体。

1931 年初,桥本与该会的一些骨干成员密谋发动一场政变,并在成功后推举宇垣一成担任首相,但由于该计划得不到掌权人物的有力支持,再加上宇垣本人的消极,计划流产。这使桥本等人十分不满,更坚定了他们推翻日本仅存的宪政体制的决心,并把注意力转向对外军事扩张,其首要的目标就是当时被称为"满洲"的中国东北地区。

日本内部高层对是否要采取行动夺取"满洲"存在分歧。军方,特别是驻扎在"满洲"的关东军跃跃欲试,似乎已经急不可耐。而外务省则心存疑虑,不主张轻举妄动。1931 年 8、9 月间,日本政府和军方之间暗潮涌动。外相币原重喜郎觉察到关东军的行动已经箭在弦上,急忙与陆军大臣南次郎进行磋商,促使后者准备派遣特使前往关东军总部,对其可能的造次行为踩下紧急刹车。

正在参谋本部任职的桥本得知了这一事态,马上于 9 月 15 日拍发密电给时任关东军参谋长板垣征四郎,向他透露了此事,并引起了关东军领导层的极大震惊。因为板垣征四郎和关东军司令本庄繁都明白,如果特使持有天皇御令,他们精心策划的计划就要泡汤了。当时的日军中

---

① 杨凡逸:《美日"帕奈"号事件与中美关系(1937—1938)》,台湾政治大学历史系 2002 年版,第31 页。

② 转引自包沧澜《日本近百年史》,第 220—221 页。出版机构及时间不详。

有一种倾向,下级有时会抢在上级下达命令之前就采取行动,然后迫使上级追认下级的行动,但对于来自天皇的命令,大家都无条件服从。为了实现长久以来的夙愿,关东军决定迅速采取行动,于9月18日就在沈阳发动了事变,开始了夺取"满洲"的行动,也由此开启了与中国长达14年的战争进程。因此,桥本在九一八事变中至少扮演了通风报信的角色,起到了催化剂的作用,也因此对事变的发生负有责任。

桥本这样做绝不是偶然的。长久以来,除了前述的他坚定地认为日本应该夺取"满洲"的理念之外,他曾经在那里的日本特务机关工作过,也是促使他采取告密行动的重要原因。他的这段工作经历使他熟悉日本特务工作的一般规律,在外相与陆相进行会晤的时候,他就敏感地觉察到了一丝气息。

伪满洲国建立后,桥本于1932年发表了《对青年的演说》一文,系统地阐述了他所认为的日本应该走的道路。桥本鼓吹:由于英、美等国已经垄断了世界市场,日本无法通过正常途径实现长远的经济增长,因此除了领土扩张之外,别无他途去振兴国家。在这里,他毫不掩饰地表达了对英、美等国的厌恶。此外,他还对日本发动九一八事变进行辩护,称日本的行动并非出于自私的目的,伪满洲国正在日本的扶持下茁壮成长。桥本还追溯历史,声称是白人先派军队占领了南非、印度、澳大利亚,并野蛮地屠杀了那里的土著人。"桥本最后提到世界上仍有大量未被白人所开发的天然资源,日本人应为人类福祉去开发这些资源。"①

桥本也是发生在1936年的"二二六事件"的参与者。当年8月,他被列为预备役。10月,他组建了一个名为"大日本青年党"的新政党。这是由于他对纳粹党在德国夺取政权十分欣赏,认为一个国家就应该只有一个政党、一个主义、一个领袖去统一国民的意志。他为此解释说:"第一步是要在天皇之下统一世界,这也是'大日本青年党'顺势而生之因,

---

① 杨凡逸:《美日"帕奈"号事件与中美关系(1937—1938)》,第36—37页。

日本年轻人将成为新日本的骨干,且将以皇道及效忠天皇的精神统一整个士气及人力。"[1]

从桥本多年的事迹来看,他并不仅仅是一位职业军人,同时也是一位在政治上有野心的政客。这在当时的日本并不是什么异类。长期以来,军队深深卷入到日本的国家政治事务中,军人干政不仅屡见不鲜,甚至成为日本独有的一种制度。军队左右着政府的政策,有时连政府的人事安排都要服从军方的意志。例如,广田弘毅组阁后,曾有意邀请吉田茂入阁,但遭到军方反对,无奈只能任命他为驻英国大使,作为保全其面子的一种折中方案。而且日本还实行一种政府和军方都制定外交政策的奇怪的二元制外交决策体制。在这样的政治环境下,桥本的所作所为也就不难理解了。

1937年夏,中日战争全面爆发,桥本欣五郎大佐重新被征召服现役,在松井石根大将所指挥的"上海派遣军"中担任第18师团之野战重炮第13联队的联队长,指挥着一支炮兵部队。"上海派遣军"后扩编为"华中方面军",在攻克上海之后继续沿上海—南京的铁路线向西进军,进攻中国首都南京。桥本则在日军攻占南京前一天罔顾国际法,悍然下令对长江中的所有船只进行无差别轰炸,制造了袭击英美舰船的事件,酿成了日本与英美关系的一次重大危机。

## 第二节　"帕奈"号事件

### 一、"帕奈"号及其使命

在日军攻占南京前夕,其袭击长江中的英美舰船的行动中,美国军舰"帕奈"号的被袭是造成伤亡最重的一次事件。"帕奈"号是隶属于美国亚洲舰队的长江巡航舰队(Yangtze Patrol, Asiatic Fleet)的一艘炮舰。

---

[1] 杨凡逸:《美日"帕奈"号事件与中美关系(1937—1938)》,第37页。

所谓"长江巡航舰队",完全是中国半殖民地化的一个屈辱标志。列强在取得中国的内河航行权之后,又以保护通商口岸及其侨民为理由,陆续在若干沿海沿江的重要口岸城市派驻军舰,并逐渐形成了舰队规模,长江巡航舰队就是这样产生的。其实,长江巡航舰队,不仅美国有,英国、日本等国也有。日本海军的第三舰队就是在其长江巡航舰队的基础上扩编起来,并投入到侵华战争中去的。但各国的"长江巡航舰队"只是内河舰队,规模一般都较小,仅配备一些吨位小、技术水平并不先进的舰艇,在平时也只是起到巡航的作用。

"帕奈"号就是为适应在内河巡航而于1927年在上海建造的,排水量450吨,正常情况下可搭载67名舰员。一艘外国军舰,在中国的领土上建造,又被用来维护外国强加在中国头上的不平等条约所产生的权益,这也是中国近代国家屈辱的又一个例证。到1937年它被日军炸沉,其舰龄仅有短短10年。正是由于是内河军舰,所以"帕奈"号的船底是平的,可以直接开上长江中的沙丘而不损坏舰体。"帕奈"这一名称取自于菲律宾南部的一座岛屿,其最大航速可达每小时15节(knots),舰上配有两门可垂直瞄准天空、口径为3英寸的火炮,因此该舰具有防空功能。此外,舰身中央还装载了8门3厘米的防空机炮。[1] 自从"帕奈"号服役以来,就一直在长江中巡弋。1937年中日战争爆发时,其舰长是詹姆斯·休斯(J. Hughes)少校。

淞沪战役开始后,外国舰船无法在长江上正常航行了。日军对南京的大规模轰炸也使许多驻南京的外国使领馆及其他机构难以正常运转,长江上的外国舰船就成为一些避难之地。在9月21日和22日前后日军对南京的大轰炸中,美国驻华大使詹森就临时撤退到长江中的美国军舰上办公。"帕奈"号与其他美英舰船一样,为美国及其他在南京外国人扮演了避风港的角色。

---

[1] 杨凡逸:《美日"帕奈"号事件与中美关系(1937—1938)》,第50页。

上海被日军攻占之后,战火日益向南京逼近,长江中的英美舰船所面临的形势和任务都十分严峻。一方面,这些舰船自身要躲避战火;另一方面,它们还要承担掩护、撤退本国及其他第三国侨民的工作。11月22日,美国驻华大使詹森应中国外交部的请求,登上了美国军舰"吕宋"(Luzon)号,准备随同中国外交部机关前往汉口。但仍有部分美国公民留在南京城内,"帕奈"号则留在南京段江面上准备接应这些人。12月1日,日军向长江中的外国舰船发出警告,敦促它们向上游驶去,因南京以下的江面已被封锁。这时,美国意识到了危险性,并采取了外交行动。就在12月1日,美国驻日大使格鲁要求日本外相广田弘毅停止轰炸南京的军事行动,并警告说如果有美国侨民受到误炸将有严重后果。[①] 但这对于已经下决心要攻占南京的日军来说,显然没有起到任何作用。

到12月7日,日军已经推进到南京城东大约20英里的汤山附近,情况已经万分紧急,美、英、德等国使馆剩余的人员登上了"帕奈"号准备撤退,意大利大使已经率先登上了"帕奈"号。美国大使馆还在"帕奈"号上设立了临时办公处。[②] 此时,"帕奈"号不仅担负着撤退使馆工作人员和侨民的任务,还承担着沟通中日之间联系的任务。日军向蒋介石提出的和谈条件就是通过"帕奈"号上的无线电传输给蒋的。同时,其他还在城内的美国公民也被要求立即登船。然而,有18名勇敢的美籍人士决定留在即将被日军占领的南京从事人道救援工作。12月9日,美国驻上海总领事高斯(C. Gauss)将此事告知日方,并要求后者采取措施保护这些人士的人身安全,并保护美国在南京的财产。到11日,日军的轰炸已经波及了江北的浦口,炸弹的落点距离"帕奈"号不远。休斯舰长下令"帕奈"号略微向上游驶去。

总之,在日军攻占南京前夕,"帕奈"号是最后留在南京段江面的美

---

① 杨凡逸:《美日"帕奈"号事件与中美关系(1937—1938)》,第51页。
② 张宪文主编:《南京大屠杀史料集》之63《美国外交文件》,南京:江苏人民出版社2010年版,第190页。

国军舰,而且承担着保护美国和其他国家在南京的公民以及中日之间通讯联络的任务。12 月 12 日,也就是它遭到日军袭击前,舰上共有本舰官兵 59 人,美国大使馆官员 4 人,以及英、美、意等国新闻记者和公司职员10 余人,舰上悬挂着多面星条旗。① 此时,日军已经兵临南京城下,"帕奈"号自身也已经处在随时可能受到日军火力攻击的危险中。

## 二、日军对"帕奈"号的空袭

在战火日益逼近南京之际,"帕奈"号的成员和美国的外交人员都对其安全表现出极大的关注,也十分注意与日方沟通,以避免发生误判误击。12 月 11 日,炸弹开始落在"帕奈"号前面的江中和江对岸,但"帕奈"号迟迟不愿移动,因为它可能要与仍然留在城内的美国公民进行联系。在詹森大使的一再电报催促下,休斯舰长才于下午 2 时 45 分下令"帕奈"号向上游行驶了 12 英里。詹森立即把情况报告美国国务院,并要求国务院以美国政府和美国驻华大使馆的名义向日本军方通报。② 12 日上午 9 时,"帕奈"号又行驶到上游距离南京 27 英里、吴淞口 221 英里的地方(今安徽省马鞍山市境内)下锚停泊。此时,美孚石油公司(Standard-Vacuum Oil Company)的汽船油轮"美平"(Meiping)号、"美峡"(Meihsia)号和"美安"(Meian)号也停泊在"帕奈"号附近。这些船从外表看好像大型远洋油轮,但实际上只是长江油轮。"美平"号吨位 1118吨,"美峡"号 1048 吨,"美安"号 934 吨。由于这三艘油轮都是非武装船只,所以"每艘油轮的烟囱上都漆有大型的 S 字样,悬挂美国国旗,并在船篷上漆有美国国旗,它们靠在'帕奈'号旁以期得到更充分的保护"。③

詹森大使也同样立即向国务院报告并提出要求:"请以本使馆的名

---

① 张宪文主编:《南京大屠杀全史》,南京:南京大学出版社 2012 年版,第 187 页。
②《美国驻华大使(约翰逊,即詹森,"詹森"是旧译,以下提到美国驻华大使时同)致国务卿》(1937 年 12 月 11 日),载张宪文主编《南京大屠杀史料集》之 63《美国外交文件》,第 191 页。
③ 杨凡逸:《美日"帕奈"号事件与中美关系(1937—1938)》,第 50 页。

义通知日本大使馆'帕奈'号和前面提到的美国商船的位置,并要求向日本部队和飞机发出适当指示,并告知情况的变化可能再次迫使'帕奈'号向上游或下游行驶,以及一旦情况允许,'帕奈'号将返回南京江面以便与留在南京的美国人重新建立联系,以便本使馆尽可能快地在岸上恢复功能。请告知,美国大使馆希望有关当局采取适当的措施以帮助这一计划的实现。"①可见,直到"帕奈"号被袭的前一刻,它仍然在努力履行自身的职责,并尽力避免与日军发生冲突。

12日上午10时左右,"帕奈"号遭遇日军的射击,进而被登船检查和骚扰。詹森大使事后在给时任美国国务卿赫尔的电报中是这样描述的:

> 有关日本军队是否被告知"帕奈"号和其护航船队在轰炸地方的问题,我被告知,大约在12月12日上午10时09分,大约在吴淞口上游216英里处,在其被炸地点5英里处,"帕奈"号受到日本军队密集的射击。载有30名武装士兵的汽艇在与村中佐的指挥下驶来。4名刺刀上枪的日本士兵登船,在交谈中,他们询问了"帕奈"号此行的目的和目的地,还询问了中国(南京)防线的现状。他们还问"帕奈"号船长是否愿意上岸,船长有礼貌地拒绝了这一邀请。②

经过此次登船,"帕奈"号上的人更加感到他们处境危险,但他们依然坚守职责。11时,"帕奈"号和三艘油轮还停泊在南京上游43公里,大约距离吴淞口221英里的地方,地处当时安徽和县境内。这是"帕奈"号最后一次向詹森大使报告其所处的位置。③

---

① 《美国驻华大使(约翰逊)致国务卿》(1937年12月11日),载张宪文主编《南京大屠杀史料集》之63《美国外交文件》,第193页。

② 《美国驻华大使(约翰逊)致国务卿》(1937年12月18日),载张宪文主编《南京大屠杀史料集》之63《美国外交文件》,第223页。

③ 美国驻华大使(约翰逊)致国务卿》(1937年12月12日),载张宪文主编《南京大屠杀史料集》之63《美国外交文件》,第194页。

下午1时38分，"帕奈"号和其他三艘美孚油轮突遭日军飞机的轰炸。当时，正在甲板上的美国使馆武官罗伯茨上尉（Captain F. Roberts）首先发现数架日机呼啸而来。随即，大约20枚炸弹如雨点般地落下，其中4—5枚击中了"帕奈"号。第一枚击中舰首正中，击毁了3英寸舰炮。其余炸弹落在左船舷处。轰炸造成舰身严重颠簸，并倾斜到右侧。除了"帕奈"号之外，"美平"号也被炸弹击中。执行轰炸行动的日本飞行员奥宫正武上尉后来表示："这次行动出动了6架九四式舰载轰炸机（Type - 94 dive bomber）、9架九五式舰载战斗机（Type - 95 fighter）、6架九六式舰载轰炸机（Type - 96 dive bomber），以及3架九六式舰载攻击机。"[1]轰炸行动是由第12和第13航空队联合实施的。

事后美国方面对事件进行了全面调查，并出具了调查报告，事件的亲历者、美国驻华大使馆二等秘书艾奇逊比较详细地描述了事发时的情况：

> 12月12日，"帕奈"号和美孚石油公司的商船在下午1时30分刚过就遭到日本飞机的轰炸。那天天气晴朗无风，阳光明媚。这次轰炸至少有6架飞机参与，据信它们是轻型轰炸机，使用的炸弹估计为100磅。在轰炸之前和第一次听到了飞机靠近的时候，罗伯茨上尉登上甲板去观察它们。他通过望远镜观察它们，并通过飞机上的标识认定它们是日本人的。马尔科姆·麦克唐纳（M. MacDonald）先生（英国人，伦敦《泰晤士报》记者）从船上医务室也看到了这些飞机……船上全体人员的普遍共识是有6架飞机，轰炸机依次冲向"帕奈"号。根据罗伯茨上尉和其他目击者的说法，炸弹是从不超过1000英尺的空中丢下的。大约有20枚炸弹扔向"帕奈"号，有四五颗直接击中了"帕奈"号，两到三颗击中了"美平"号。大部分炸弹落在"帕奈"号左舷前部，至少有一颗落到了右舷。第一颗

---

① 杨凡逸：《美日"帕奈"号事件与中美关系(1937—1938)》，第50页。

炸弹击中了船的左舷,毁坏了位于船前部的 3 英寸口径的舰炮,使得船剧烈地震动了一下,并开始向右舷倾斜。一颗炸弹落到了船的中部的左舷……当轰炸开始时,帕克斯顿秘书和加西(Gassie)办事员正在左舷下面的办公室里工作。帕克斯顿先生说,船的左舷发生了剧烈的爆炸……轰炸期间,日本飞机俯冲时,用机枪对船进行扫射。在舰桥上的休斯少校发出准备战斗的命令,甲板上的三门(也可能是四门)机关炮进入战斗状态。海军上尉、"帕奈"号的副舰长安德斯(A. F. Anders)来到船的甲板上亲自操作一门机关炮,在此过程中,他双手受伤了。在船尾部的 3 英寸口径机关炮上覆盖的雨布没有被打开,或是没人操作。由于无法操作机关炮,安德斯上尉去了舰桥。在那里他发现休斯少校有一条腿受伤了……飞机每一次俯冲时我们就躲在过道的中央,挤在一块,直到轰炸后……接着又看到休斯少校在厨房里,听到他发布命令弃船。这大约是 2 时 5 分……"帕奈"号被弃船,船的右舷沉入水中后,两艘日本武装巡逻船沿江而下,同时用机枪点射"帕奈"号,然后绕过船尾,数名日本兵从左舷登上了"帕奈"号,大约过了 5 分钟就离开了。此刻"帕奈"号上的旗帜醒目地飘扬在船上,之前也一直都是如此,直至沉没……当"美平"号到达南岸时,出现了大约 100 名日本士兵,命令船上的非船员上岸……在询问之后,他们就命令船上的人员再次上船。这些人刚刚到船上,6 架飞机就出现在长江上空,并从低空再次轰炸"美平"号和"美霞"号。两艘船上都发生了大火,"美平"号上的汽油桶的爆炸声在随后的数小时里都能听到……"帕奈"号沉没在 180 英尺的水下。"美平"号和"美霞"号连同它们所载货都损失了。①

①《美国驻华大使馆二等秘书(艾奇逊)致国务卿》(1937 年 12 月 21 日),载张宪文主编《南京大屠杀史料集》之 63《美国外交文件》,第 236—241 页。

**图8 "帕奈"号沉没时的情景**

这就是"帕奈"号及其美孚公司火油轮"美平"号和"美霞"号遭日军空袭并沉没的大致情况。这一事件被称为"帕奈"号事件。此次事件是日军在攻占南京前夕袭击长江上的英美舰船造成伤亡最惨重的一次事件。在这一事件中，被袭方共4人死亡，3人重伤，12人轻伤。死亡的4人是：意大利记者桑德罗·桑德利(S. Sandri)、"美霞"号船长卡尔森(Carlson)、上士查尔斯·L. 恩斯明格(C. L. Ensminger)、舵手埃德加·C. 郝尔斯布斯(E. C. Hulsebus)。①

在船只沉没于水中之前，幸存的船员分批次乘坐救生艇逃生。他们在长江北岸的和县境内登岸。"在人员陆续上岸的过程中，日机仍不停扫射，机械师哥扎克(A. Kozak)中弹受伤。"②上岸之后，惊魂未定的船员们躲避在江滩的芦苇中。这时，日本军机还在附近上空盘旋，幸存者们极度恐惧，害怕会遭到扫射轰炸。它们担心日军意图将他们杀人灭口。幸运的是，日机没有再对他们发动攻击。此时，由于休斯舰长和安德斯

---

① 张宪文主编：《南京大屠杀全史》，第188页。
② 杨凡逸：《美日"帕奈"号事件与中美关系(1937—1938)》，第56页。

副舰长均已受伤,休斯再与艾奇逊商议之后,决定由罗伯茨上尉负责指挥大家迅速脱离险境。罗伯茨有指挥地面作战的经验。一行人在罗伯茨的指挥下,担惊受怕地躲藏到天黑才开始动身前往和县县城。他们用从舰上拆下的舱门做成 13 副临时担架,抬上因受伤而行动不便的同伴,赶了 10 多英里的夜路,于晚上 9 时终于到达县城,并很快找到了县长王殿之。王县长曾在美国留学,会讲英语。他迅速将一行人安排在一所简陋的医院中。疲惫不

之談記公環美,艦納之受
影話者司球國與長號巴偶

图 9　受伤的"帕奈"号舰长与美国环球公司记者谈话

堪的幸存者们才稍稍得到安定。直到 13 日上午 8 时 30 分,艾奇逊才用电话与在安庆及合肥的美国人取得联系,并请他们马上与身在汉口的詹森大使联系,说明情况。

## 三、美日的正面外交交锋

在美国的历史上,由于某一外国袭击本国舰船而与该国发生战争是有先例的。这其中最典型的事例就是"缅因"(Maine)号事件。19 世纪末,日益强大的美国觊觎老牌殖民帝国西班牙在美洲最后的殖民地古巴、波多黎各和东南亚的菲律宾。而此时古巴内部也爆发了要求独立的运动。美国则伺机干涉。1898 年 1 月 24 日,美国巡洋舰"缅因"号以"友好访问"的名义到古巴哈瓦那港停泊。2 月 15 日晚,"缅因"号突然发生爆炸,造成 260 人死亡的重大事件。事后,美国方面进行了调查,并发布结论,认为是西班牙人用水雷炸沉了"缅因"号。美国国内舆论沸腾,要求对西班牙开战。3 月 28 日,美国向西班牙发出最后通牒,要求古巴独

立,被西班牙拒绝。4月22日,美国海军封锁古巴港口。24日,西班牙对美宣战,次日,美国对西宣战,美西战争爆发。

另一个例子是发生在第一次世界大战中的"露西塔尼亚"(Lusitania)号事件。1915年5月7日,一艘德国潜艇在爱尔兰外海击沉了英国邮轮"露西塔尼亚"号,造成包括128名美国公民在内的1198人死亡。该邮轮虽不是美国船只,但造成了美国公民的重大伤亡,在美国国内产生了强烈反响。美国政府虽然没有立即对德开战,但该事件严重恶化了美德关系,是两年后美国对德宣战的重要前奏。

时间来到1937年,美国又一次遇到了本国军舰"帕奈"号及邮轮"美平"号等被日军击沉的事件。然而,由于国内国际局势已经发生重大变化,美国政府在处理此次事件时,很难参照昔日的做法了。

自从1937年12月12日中午与"帕奈"号失去联系之后,詹森等人就十分忧虑。不久,日军袭击英国舰船并造成人员伤亡的消息传来,①詹森更有了不详的预感。他还得到报告,称日本陆军已奉命向江面上的所有船只开火。詹森立即向华盛顿报告,并请求国务院迅速会同美国驻东京大使馆与日本外务省联系,查证"帕奈"号的下落。② 不久,詹森得到了"帕奈"号遇袭的确切情报。他极为震惊和愤怒,立即向国务院报告并提出了自己的想法:"这也许不是日军蓄意向美船开火,而是不问国籍为何,向航行在江面上的所有船舰开火。他认为美方应采取坚定立场以求事件的适当解决,否则日后可能发生更为麻烦的事件。"③

这时,赫尔国务卿也得到了有关报告。他在华盛顿时间12月12日临近午夜时刻的11点45分指示在东京的格鲁大使,要他"立即通知广田外相,要求提供相关信息,并要求日本政府立即采取适当行动,让他意

---

① 这是指日军袭击英国军舰"瓢虫"号和其他舰船的事件。该事件也发生在1937年12月12日,早于"帕奈"号数小时,并造成英日间的重大外交冲突。本书后文将有论及。

② 《美驻华大使(约翰逊)致国务卿》(1937年12月12日),载张宪文主编《南京大屠杀史料集》之63《美国外交文件》,第194—195页。

③ 杨凡逸:《美日"帕奈"号事件与中美关系(1937—1938)》,第70页。

识到情况的严重性和采取一切预防措施以防止对美国船只及人员进一步攻击的紧迫性。"①在这一时间给驻外使节发出紧急指示，可见这位国务卿当时心情之急迫。

其实，对于这一突发事态，身在东京的格鲁大使也是高度重视，并立即采取了行动。他于当地时间 13 日上午得到报告，便立即于中午 11 点紧急约见了广田弘毅外相。从时间上看，此时的格鲁尚未收到赫尔国务卿的指示。在会见中，格鲁首先要求广田立即采取行动，停止进一步在这些船只附近投掷炸弹，以避免美国人的生命财产遭到进一步损失。格鲁指出：如果这些炸弹落在轮船附近造成美国人的伤亡，必将在美国引起糟糕和严重的后果。格鲁还向广田提交了一份非正式的备忘录，陈述了"帕奈"号等美国舰船遭日军袭击的事实。这份备忘录之所以是"非正式"显然是因为此时的格鲁大使尚未收到本国政府的正式指示。广田外相显然也是刚刚得到有关消息，他对格鲁在第一时间约见他并提出尖锐质询感到有些措手不及。格鲁在给赫尔的报告中这样描述广田的反应："外相唯一的评论是，日本军事当局已警告外国人撤出南京周围的交战区。"②

日本政府也感到事态严重，于是采取了措施。当地时间 13 日下午 1 时，美国驻上海总领事高斯向国务院报告说，日本总领事告诉他，日本海陆军已经下令，立即停止对和县的军事行动，类似的指示正在由专门飞机传递给和县前线。③ 不久，日军又派遣了一架运载医务人员和医疗用品的飞机前往和县。日本军方在经过短暂的沉默之后，也对袭击事件作出了说明。当地时间 13 日下午，美国亚洲舰队司令向美海军作战部长

①《美国国务卿致美国驻日大使（格鲁）》（1937 年 12 月 12 日），载张宪文主编《南京大屠杀史料集》之 63《美国外交文件》，第 195 页。

②《美驻日大使（格鲁）致国务卿》（1937 年 12 月 13 日），载张宪文主编《南京大屠杀史料集》之 63《美国外交文件》，第 195—196 页。

③《美驻上海总领事（高斯）致国务卿》（1937 年 12 月 13 日），载张宪文主编《南京大屠杀史料集》之 63《美国外交文件》，第 198 页。

报告了相关事项：

> 日本参谋长在 11 时打来电话，就 12 日下午在距吴淞口上游 221 英里处轰炸"帕奈"号和美孚石油公司的 3 艘轮船一事做了下面的报告：

> 4 艘轮船溯江而上，速度为 4 节。一架日本飞机努力确定其国籍，在 300 米高度飞行，但无法确定其国旗。13 时 25 分，3 架飞机攻击了船队，使其中 1 艘起火。在 13 时 30 分，6 架战斗机攻击，并击沉 1 艘。在 13 时 40 分，6 架轰炸机进攻，击沉 2 艘船只。无法确定"帕奈"号被击中和沉没的具体时间。副舰队司令长谷川①承认日本海军对这一事件负责，表示道歉和遗憾，说日本准备进行适当的赔偿，向幸存者提供帮助，并派遣水上飞机试图帮助幸存者。英国"蜜蜂"号和"瓦胡"号现正在前往幸存者所在的和县附近。有关这一事件的详细信息，如伤亡人员的名单还无法得到。在从"瓦胡"号得到消息后将发给你。8 月份，所有船只接到指示将美国国旗水平方向展示在上层甲板，毫无疑问，"帕奈"号遵守了这一命令。②

这封电文揭示出两个问题。首先，日本军方承认袭击"帕奈"号是其所为，并没有掩饰的意图。其次，日方仍然想找理由推脱自己的责任，如强调没能识别被袭船只的国籍等。但是，正如该电文所述的，"帕奈"号等是在上层甲板的醒目位置放置了美国国旗的，而美国方面又一再向日方通报"帕奈"号的具体位置，况且那一天天气良好，日机也仅在 300 米的上空飞行，竟未能辨识出美国舰船。这实在难以令人信服。

在日本军方紧急向美方作出解释不久，日本政府外交部门也启动应

---

① 原文如此。
② 《美国亚洲舰队司令（内亚尔）致海军作战部长（莱希）》（1937 年 12 月 13 日），载张宪文主编《南京大屠杀史料集》之 63《美国外交文件》，第 201 页。

急机制,对事态作出澄清。当时身在上海的日本驻华大使川越茂①致电詹森大使,对事件的发生表示深切的遗憾。② 13 日下午,也就是格鲁大使约见广田弘毅外相仅几个小时之后,广田就亲自来到美国驻日大使馆拜访格鲁,对袭击事件表达了日本政府的"深刻遗憾和道歉"。广田对格鲁说:"我无法表达我们的感觉是多么的糟糕。"广田还表示,日本的陆军大臣和海军大臣也通过日本驻华盛顿的陆军武官和海军武官向美国海军部和陆军部表达了类似的遗憾。③ 格鲁则对有关日本陆军向在长江中行驶的船只进行无差别轰炸的消息表示关切。同时,在华盛顿的日本驻美大使斋藤博奉命于当地时间 13 日上午约见了赫尔国务卿,向他表达了类似的道歉。美国总统罗斯福(F. Roosevelt)则指令赫尔向斋藤博当面宣读一份声明:

> 1. 总统对航行于长江上的美国及其他非中国籍船舰被无差别轰炸的消息深感震惊,总统要求天皇要被告知此事;
>
> 2. 所有事实正在收集中,近日内将向日方告知调查结果;
>
> 3. 同时希望日本政府一定要考虑向美国政府:(1)充分表达道歉并提供赔偿。(2)保证日后不再发生类似事件。④

其实,对于这一点,日本政府是考虑到的。就在广田外相拜访格鲁的时候,外务省的官员就"非正式"地告诉格鲁,日方第二天将可能发出一个照会,表达遗憾和提出善后事宜。

从日本政府和军方在事件发生后第一时间的反应来看,日方没有像

---

① 中日战争爆发后,由于双方都未正式向对方宣战,所以双方也没有立即断交,部分外交人员仍在对方国内。日本驻华大使川越茂当时就在上海。

② 《美驻华大使(约翰逊)致国务卿》(1937 年 12 月 13 日),载张宪文主编《南京大屠杀史料集》之 63《美国外交文件》,第 203 页。

③ 《美驻日大使(格鲁)致国务卿》(1937 年 12 月 13 日),载张宪文主编《南京大屠杀史料集》之 63《美国外交文件》,第 208 页。

④ *FRUS*, Japan, 1931—1941, Vol. 1, Memorandum by the secetary of State(December 13, 1937), pp. 522 - 523.

8月发生的袭击英国驻华大使许阁森的事件之后那样试图掩盖甚至抵赖应付之责任,而是迅速承认了袭击事实,并表达道歉,还承诺进行赔偿。这显然是吸取了以往不当处理类似事件的教训,同时也反映出日本此时还不敢得罪美国,所以不敢过分造次。此外,还有一个原因,日军在袭击"帕奈"号等美国舰船的同时,也袭击了英国舰船。日本深怕英美两国联合起来共同对付它,所以也就急于迅速解决事件,避免在外交上陷入更大的被动。

但是,如前所述,日方也极力辩解,强调是客观原因和"误会"才导致袭击事件的发生。就在斋藤博大使约见赫尔国务卿的时候,这位大使也发布了一项声明,大意是说,日军得到了中国军队正在乘船向长江上游撤退的报告,海军飞机被派去攻击他们。由于错误,"帕奈"号遭到轰炸并沉没。①

以上这些接触是美日双方在事件发生后的几次初步交涉。直到华盛顿时间13日晚上8点,在美国政府内部进行了讨论之后,赫尔国务卿发给格鲁大使发来了一份指示,内附美国政府就"帕奈"号事件致日本政府的正式照会:

> 美国政府及美国人民对日本飞机炸沉"帕奈"号及炸沉和烧毁美国轮船"美平"号、"美安"号及"美霞"号的事件感到十分震惊。
>
> 基本事实是,这些美国船只在长江上航行具有无可争辩和毋庸置疑的权利;它们都悬挂美国国旗;它们正在从事合法和正当的工作;当时它们正在运送美国官员和民间人士离开已经产生危险的地点;为了躲避危险,它们曾数次改变它们的位置,向上游行驶;它们受到日本轰炸机的攻击。有关这次攻击,上海的一位可靠的日本海军军官告诉美国亚洲舰队司令说,4艘船正在溯江而上,一

---

① 《美国国务卿致驻日大使格鲁》(1937年12月13日),载张宪文主编《南京大屠杀史料集》之63《美国外交文件》,第206页。

架日本飞机努力确认其国籍,在300米低空飞行,但无法识别其旗帜;3架日本轰炸机,6架日本战斗机,6架日本轰炸机和2架日本轰炸机挨次进行了攻击,重创一艘商船,炸沉"帕奈"号及其他2艘轮船。

自目前中日两国不幸的敌对行动开始以来,日本政府及各级日本当局在不同时间反复地向美国政府及有关部门保证,完全尊重各国之权益是日本政府和日本军队的意图和决心。然而,在许多场合,日本军队的行动侵犯了美国的权益,严重危害了美国公民的生命,毁坏了美国的财产。不只一次,日本政府承认这些事实,表示遗憾,并保证采取一切措施避免此类事件的发生。在目前的案例中,日本军队的行为是在完全无视美国权益的情况下发生的,他们夺取美国人的生命,摧毁美国的公私财产。

在这种情况下,美国政府要求并期待日本政府作出正式道歉,进行完整、全面的赔偿,并保证采取明确、具体的措施,确保今后美国公民,在中国的利益和财产不再受到日本武装力量的攻击或其他任何日本当局或军队的非法侵扰。①

这是美国政府在"帕奈"号事件发生后,在美日双方已经就此进行了若干接触,并在经过反复讨论之后的正式态度。在该照会中,美方的立场是鲜明的,其要求也是合理的。其实,如前所述,日本政府也是急于尽快解决当前的危机,避免陷入更大的被动。在东京时间14日下午,当美国政府的这份照会还没有正式递交到日本政府之时,日本外务省美洲司司长芳泽谦吉奉广田外相之命来到美国驻日大使馆,向格鲁大使递交了一份有广田外相签名、以广田外相的名义发出,但表明日本政府态度的正式照会:

---

① 《美国国务卿致驻日大使格鲁》(1937年12月13日),载张宪文主编《南京大屠杀史料集》之63《美国外交文件》,第210—211页。

大使先生：

有关 12 月 12 日美国炮艇"帕奈"号和 3 艘属于美孚石油公司的汽船被日本海军飞机在长江南京上游约 26 英里处被击沉一事，一得知这一事件的非正式消息，我荣幸要求阁下将日本政府的道歉转达给美国政府。后来从我们在中国代表那里收到的报告已经确认，根据逃离南京的中国军队乘坐汽船向长江上游撤退的情报，日本海军航空队飞机起飞并进行追击，并在上述提到的地点发现了这样的汽船。然而，由于能见度差，尽管飞机降至很低的高度，但无法看清这些船只上有任何显示其属于美国的标记，或看清其中有军舰。结果，由于被当作是运送逃跑的中国军队的船只，美国炮艇"帕奈"号和美孚石油公司的船只遭到轰炸并被炸沉。

考虑到上述的情况，尽管很明显目前的事件完全是由于失误所造成的，但日本政府就美国军舰和民船所遭受损害以及船上人员的伤亡深表遗憾，并希望在此致以真诚的道歉。日本政府将对所有损失进行赔偿，并对事件的相关责任人进行相应的处理。另外，我们已经向当地的当局发出严格的命令，为的是防止类似事件的发生。

由于强烈地希望美国和日本之间的友好关系将不会由于这个不幸事件而受到影响，日本政府如前所显示的那样，坦率地表明他们真诚的态度。我请求阁下向贵国政府阐明这一态度。①

这份照会承认袭击事件是日军所为，但强调袭击者没有主观故意，而是客观原因——如能见度低——以及一些失误造成的。这与几个月前日军飞机炸伤英国驻华大使许阁森时日本政府对英国的答复如出一辙。可正如前文所述，当时"帕奈"号是在其上层甲板上的醒目位置显示了美国国旗，而且那天天气不差，日机在 300 米的高度竟然未能识别，令

---

① 《美驻日大使（格鲁）致国务卿》（1937 年 12 月 14 日），载张宪文主编《南京大屠杀史料集》之 63《美国外交文件》，第 214 页。

人疑惑。但日本政府此次对"帕奈"号事件的处理又明显有别于许阁森事件。主要是日本政府答应进行全面赔偿，而且没有要求美方与日方进行所谓"合作"。细看日本的照会，其已经满足了美国在对日照会中提出的道歉、赔偿和采取措施防止类似事件再次发生等要求。这说明日本政府对美国还是十分忌惮的。这一点在这份照会的这一句可以明显地看出来：强烈地希望美国和日本之间的友好关系将不会由于这个不幸事件而受到影响。

芳泽在向格鲁递交日本政府的照会的同时，也递交了一份日本海军的官方报告。该报告与日本政府的报告基本相同，即承认日军飞机实施了轰炸，但又强调非主观故意，而是由于飞行员未能识别被炸船只的国籍造成的。格鲁则向芳泽指出，他的解释未能说明这样的事实，即尽管日本人手中有外国船只在南京附近的情报，但日本海军和陆军仍然进行了轰炸和炮击行动，[①]而没有采取任何避免袭击外国舰船的措施。格鲁还指出，轰炸和炮击是在日方多次保证将采取措施，确保不会攻击美国公民和财产的情况下发生的。此外，格鲁还借芳泽到访之机顺便把美国政府的对日照会交给了后者，并强调，尽管日方已经正式就轰炸事件照会了美方，但他仍要执行美国政府的指示，并要求会见广田。[②]

可以看出，美方这次并不想轻易放过日方，而是要日方采取切实行动以消除影响，避免此类事件的再次发生。这与英国在处理几个月前的许阁森事件时的态度形成了鲜明对比。英方是仅在得到日方的口头道歉，却并没有采取实质行动的情况下就草草结束了对日交涉。

鉴于格鲁的不妥协态度，日本政府与军方都高度重视。15 日下午 2 时 15 分，日本海军大臣高级助理近藤奉海军大臣之命拜访了美国驻日

---

① 这里的"炮击行动"显然是指日军岸炮部队袭击英国舰船并造成人员伤亡和财产损失的事件，后文将进行论述。

② 《美驻日大使(格鲁)致国务卿》(1937 年 12 月 14 日)，载张宪文主编《南京大屠杀史料集》之 63《美国外交文件》，第 215 页。

大使馆海军武官,并向其通报了这样的信息:"由于对该不幸事件深表遗憾,我们海军暂时采取了下列措施。(1)已向中国地区的指挥官发出了严格和明确的命令,大意为,在有英国和美国军舰及汽轮的地区绝对避免再发生类似的错误,即使这意味着错过攻击中国军队的机会。(2)上海附近的日本海军航空队的指挥官以及对该事件负有责任的军官,12月15日调回国内水域的岗位。指挥官对其手下军官所犯的错误承担全部责任是日本海军的传统。"①从这两条来看,日本海军是采取了实际措施的,这也说明,无论日本政府还是军方,都是高度重视这一事件的。

随着调查的深入,美国政府得到的信息逐渐增加。起初,美方只是得知日机炸沉了"帕奈"号等美国舰船,后来,"帕奈"号在下沉过程中遭到日军袭击以及幸存者上岸后的一些状况也陆续传来。美国政府感到事态比原先想象的更加严重,先前的对日照会还不足以表明美方的立场。华盛顿时间12月16日下午1时,赫尔国务卿再次电令格鲁大使,让他向广田外相发出如下声明:

> 美国政府现已收到有关攻击"帕奈"号事件的正式报告,这些报告所描述的这一事件的性质比美国政府12月14日给日本政府信函所依据的报告严重得多。这些正式报告称,幸存者在离开正在下沉的"帕奈"号逃生时,日本飞机俯冲,并用机枪低空扫射载有幸存者的救生船;在"帕奈"号沉没之前,有2艘日本陆军汽艇驶向该船,虽然桅杆斜杆上悬挂的美国国旗是显而易见的,但日本人先用机枪扫射,然后登上该船,并在船上停留约5分钟;这些报告还说,上岸以后,幸存者把伤者藏起来,并分散躲避,因为日本飞机反复在头顶盘旋,显然是在搜索他们,以便消灭所有人。这些报告明确显示,日本武装部队是蓄意攻击"帕奈"号和其他美国商船的。美国政府仍

---

① 《美驻日大使(格鲁)致国务卿》(1937年12月15日),载张宪文主编《南京大屠杀史料集》之63《美国外交文件》,第218页。

在等待接收更多更详细的报告。与此同时,美国政府提请日本政府注意美国政府正在收到的这些情报以及这些情报的严重性质。

美国政府提请注意 12 月 14 日日本外务省递交给驻东京美国大使馆的照会中所包含的日本政府"将适当地处理对事件负有责任的人",并认为目前所获得的情报使这一问题变得更加紧迫。这些情报也使得为了"确保在中国的美国公民、利益和财产今后不再受到日本武装力量的攻击,或任何日本当局或军队的非法侵扰",日本方面将采取的具体措施的性质正变得更为紧迫。①

这份声明反映出美国政府在得知轰炸事件发生后幸存者的遭遇之后的愤怒心情和要求惩办责任者的强烈要求,同时也驳斥了日方所谓的"帕奈"号遭袭是由于日军人员未能辨识被袭船只的国籍的说法。东京时间 17 日中午,格鲁约见了广田,向他递交了这份声明,并严肃地向后者指出,根据这些证据可以判断,日军是故意攻击了"帕奈"号和其他舰只,从袭击地点可以得出结论,所谓看不清国旗的说法是不能成立的。广田无言以答,只是说他对这些事实一无所知,将向军方了解情况。②

此时,日本也意识到事情的严重,也开始采取具体措施。17 日,近藤通知美国使馆海军武官,日军上海海军航空队(即日军第三舰队航空队)司令三井少将已被召回日本,并被解除了职务。但日方否认所谓一艘日本陆军汽艇逼近正在沉没的"帕奈"号并实施扫射的报道,说在"帕奈"号遭到轰炸的时候,日本陆军尚未到达南京,编造这样的谎言在于蛊惑人心。为此,斋藤博大使还于华盛顿时间 17 日主动约见赫尔,说明情况,但遭到赫尔的反驳。赫尔指出,美方掌握确凿证据,证明确有 2 艘日本陆军摩托艇曾向"帕奈"号射击,一些日军人员还曾登上了该舰。此外,

①《美国国务卿致驻日大使格鲁》(1937 年 12 月 16 日),载张宪文主编《南京大屠杀史料集》之 63《美国外交文件》,第 218—219 页。

②《美驻日大使(格鲁)致国务卿》(1937 年 12 月 7 日),载张宪文主编《南京大屠杀史料集》之 63《美国外交文件》,第 221 页。

赫尔还严厉地向斋藤指出,如果有美国陆军和海军军官像日本人那样在南京行事的话,美国政府早就对他们军法从事,判处死刑了。[1] 这里,赫尔很可能已经不仅仅指日军袭击英美舰船的行为,而是指日军正在进行的南京大屠杀暴行。这也说明,至迟在1937年12月17日,美国政府已经知晓了日军在南京的暴行。随即,双方再次把话题转到了"帕奈"号事件上。斋藤说,日本海军已经修改了前几天的声明,大意是说"美国曾预先通知日本陆军和海军军官'帕奈'号所在位置;但就事实而言,后者(日本海军)没有接到'帕奈'号向上游航行的通知"。[2] 这时,日本军方显然修改了几天前的声明,不再提袭击"帕奈"号等舰船是由于未能识别其国籍而"误炸",而是承认美方曾事先通知日方"帕奈"号的位置,只是说日军没有接到"帕奈"号移动的信息。同时,日本军方也决定派遣参谋本部美国局局长赴上海调查"帕奈"号事件。这显然是美方对日本施加强大的外交压力的结果,但这种说辞完全是苍白无力的,就普通常识而言,不知道位置绝不能构成袭击中立国船只的正当理由。赫尔也立即向斋藤指出,日本官员不知道"帕奈"号所移动的位置是不可想象的,要是没有报道中的日军向长江中所有船只开火的命令的话,这一点是不重要的。最后,赫尔再次要求惩处那些"狂野、失控和近乎精神错乱"的日本陆军和海军军官。

从这一阶段美日交涉的情况来看,美国政府对"帕奈"号事件的发生是非常愤怒的,对日交涉是积极的,向日本施加了强大的外交压力,逐条批驳了日方的辩解,坚持要求道歉、赔偿及惩办责任人,并没有所谓的对日软弱。但美方的交涉也是有理、有利、有节的,即交涉只限于"帕奈"号事件本身,而不牵涉到其他事项,如正在激烈进行的中日战争。这从当

---

[1]《美国国务卿备忘录》(1937年12月17日),载张宪文主编《南京大屠杀史料集》之63《美国外交文件》,第222页。

[2]《美国国务卿备忘录》(1937年12月17日),载张宪文主编《南京大屠杀史料集》之63《美国外交文件》,第222页。

时的情况来看,美方的行为还是可以理解的。因为在 1937 年的时候,日本与欧美列强的关系虽然已经开始恶化,但还没有到破裂的边缘,美国也还不想立即与日本兵戎相见。此外,美国军方也有人对惩处日军相关责任人员的要求有所顾忌,例如对日本海军第三舰队司令长谷川清。美国海军部转给国务院的一封来自美国亚洲舰队司令的备忘录就写道:"在过去的事件中,长谷川海军司令容易打交道,并愿意考虑对方的希望。由于他曾作为驻华盛顿的海军武官,他对美国友好。我认为他有意识地尽其所能防止上海的战争爆发。他不支持目前其政府的极端军国主义政策。如果他被另一名军官所取代,我们的困难可能会极大地增加。"[1]这说明美国政府和军方在具体应对措施方面还是有分歧的。事实上,长谷川在 12 月 19 日专门拜访了美国亚洲舰队司令,并作了三点说明:(一)这些飞机是根据陆军的命令行事的。(二)尽管先前否认,但一位飞行员承认,他使用了机枪。(三)由于与推进的部队的通信联系很差的事实,他在得到陆军军官报告方面遇到了困难。[2] 长谷川的这番解释明显有急于救火及推卸责任的成份,但也透露出重要的信息,即袭击长江中一切舰船的命令是来自日本陆军的。这从同一份报告的另一部分内容也可以看出来。美国海军部从可靠的情报来源得知,日军陆军命令海军飞行员轰炸长江南京至芜湖段上的所有舰船,而海军军官曾抗议这一命令,但在陆军的坚持下,命令被执行。这从一个侧面证实日本陆军比海军更加积极地袭击中立国船只,也间接说明日本陆军乘坐巡逻艇登上已经遭到空袭的"帕奈"号实施骚扰是完全有可能的,而这一点则是日本政府迄今所否认的。

　　在美方的强大压力下,日方不得不对这一问题进行调查,并对美方

---

[1]《美国海军部致国务院》(1937 年 12 月 20 日),载张宪文主编《南京大屠杀史料集》之 63《美国外交文件》,第 226 页。

[2]《美国海军部致国务院》(无日期,估计为 1937 年 12 月 19 日,因为文中注明该文来自 12 月 19 日的亚洲舰队),载张宪文主编《南京大屠杀史料集》之 63《美国外交文件》,第 227 页。

作出答复。12 月 19 日晚 9 时 30 分,近藤高级助理来到美国驻日大使馆海军武官办公室,向后者出示了日本长江巡航舰队司令近藤英次朗海军少将就海军轰炸和陆军巡逻艇用机枪扫射"帕奈"号所作的调查报告。

　　日本武装部队于 12 月 12 日占领长江南岸芜湖至太平一带地区。而南京是到 13 日才由陆军完全控制。12 月 13 日 3 时 30 分,日本海军到达南京江面。11 日及 12 日执行轰炸行动的海军飞机是从南京与上海中间的基地起飞的。12 日上午接到情报说,中国军队正从南京渡江到浦口。南京上游太平的陆军部队也报告说,发现有 10 只满载中国军队的汽船正在往上游逃走。这一报告用无线电发给了海军航空队。南京上游的陆军部队接到命令,渡过长江,并切断中国军队在浦口的退路,所有日军都接到命令以最猛烈的攻击全力歼灭敌人。这个命令也发到了海军航空部队。大约在上午 9 时,一个大队日军自长江南岸的太平乘汽艇顺流而下,太平位于 Mayqueen 岛上游几英里处,而"帕奈"号及 3 艘美孚石油船只停泊在该岛的附近。该大队副官登上"帕奈"号,并与指挥官交换了名片,后者要求日军不要攻击,说"帕奈"号正向上游驶离交战区。这些汽艇接着往长江下游航行,估计在几英里处的北岸登陆。下午 2 时 10 分,另一艘载有军士及士兵的日本汽艇沿江而下。(他们)见到"帕奈"号遭日本飞机轰炸,并进行反击。该汽艇后退,把多余士兵送上岸,并再次出发"调查局势"。一架日军飞机意外轰炸了这些上岸的日本士兵,并炸死一人。该汽艇在到达"帕奈"号附近时,发现子弹落在附近,认为这是一艘中国人的汽船,便开始用机枪向"帕奈"号开火。射击持续的时间"很短",且在很远的距离,很明显子弹没有击中目标。接着该汽艇靠近"检查"这艘船。①

────────────────

① 《美驻日大使(格鲁)致国务卿》(1937 年 12 月 20 日),载张宪文主编《南京大屠杀史料集》之 63《美国外交文件》,第 231 页。

这份调查报告终于明确承认了日本陆军曾向已经遭到轰炸的"帕奈"号射击,虽然没有明确承认曾登船骚扰,但使用了"检查"一词,似乎也间接承认了这一事实。这样就揭穿了日方对日本陆军没有派汽艇靠近"帕奈"号的辩解。但如同以往日方处理类似问题的手法一样,这份报告还是强调这是一次失误,是因为错把"帕奈"号当成中国船只。此外,近藤高级助理在与美国驻日使馆武官交谈时还强调,12日日本陆军和海军进行了多次未经协调的军事行动,而且南京上游地区存在混乱状况。言下之意还是说这是一次在混乱状态下的失误行动。无论这种说法是否符合事实,日方屡次使用如此手法不仅显得苍白无力,而且说明日方在此次与美方的外交交涉中已经黔驴技穷,显得十分被动。

经过这一段密集的调查和美日双方的交涉,事实已经基本清晰了。赫尔国务卿于12月22日向格鲁大使发出指示,就前一段的对日交涉进行总结,并就今后的行动方针作出说明,赫尔指出:

> 很明显,日本当局在其调查的过程中发现基本事实与本政府向日本政府所声明的是一样的;在某些具体细节方面,他们遇到他们自己人的证词的多样性的问题。由于对日本陆军汽艇是否用机枪扫射"帕奈"号存在争议,他们的注意力被从主要问题上分散。他们自己也有辩论,特别是考虑到他们应该采取的惩罚措施和保证问题上的争议,但是本国政府有关我们要求的声明已经发表,并将坚持,而不理会有关机枪扫射的问题。该声明是基于关键的事实。在此之前,他们和我们都没有后来的细节,日本政府承认错误并许诺采取适当的行动。

> 对我们来说,我们已经有了下面的结论性的证据:在轰炸结束前,其中一些轰炸机应该知道他们是在轰炸美国的船只;至少一艘,也许有两艘,靠近了"帕奈"号并从事了某种射击活动;至少一艘日本陆军汽艇上的人员在"帕奈"号船员弃船后登上了"帕奈"号;飞机用机关枪扫射幸存者。我们相信,尽管他们自己人之间有相冲突的

证言和辩论，但日本当局必然完全了解这些事实。

我们根据不与日本政府就细节争议原则行事。这些细节只会混淆主要的问题，有关这些主要问题的事实是清楚且没有争议的。这些事实是：我们的船只在长江的右岸；日本军事当局知道这些船只在那里，并知道他们大概的位置；这些船只清楚地绘有并悬挂美国国旗；日本海军飞机在低空轰炸了这些船只；日本水面船只靠近它们，向某个东西开火，登上"帕奈"号，并发现它被放弃；日本飞机用机枪扫射了幸存者。在整个事件和细节方面，日本武装力量犯下了违法行为，这些行为使得我们有正当的理由进行抗议，我们也这么做了，并要求日本政府进行迅速的赔偿。①

这就清楚地表明了美国政府的基本立场及今后继续对日交涉的鲜明态度。这种立场和态度是基于清楚的事实和国际法，因而具有完全的正义性。

在美方如此毫不退让的交涉之下，日本政府和军方开始意识到无法像几个月前对英交涉许阁森大使被炸那样敷衍过关。12月23日晚，日本海军和陆军的官员来到美国驻日大使馆，与格鲁大使等美方人员谈了近3个小时。日本海军副大臣②先向美方作了一个总的陈述，然后说，日本军队陷入麻烦完全是海军最初的错误造成的，因此海军接受任何附带陆军部队的责备，并希望彻底改正，包括道歉、赔偿和保证未来不再发生类似的事件。接着被派往南京调查"帕奈"号事件的官员向美方人员递交了调查的详细报告。这些日本官员的目的很明显，就是向美方展示证据，证明日军轰炸"帕奈"号及用机枪向幸存者扫射是失误而非故意。但格鲁大使也指出："这些官员的事实调查报告和我们所掌握的美国方面

———————————

① 《美国国务卿致驻日大使格鲁》（1937年12月22日），载张宪文主编《南京大屠杀史料集》之63《美国外交文件》，第243—244页。

② 原档中使用了"海军副大臣"这一称谓，但据笔者根据前后文档分析，这位"海军副大臣"就是前文提到的日本海军大臣高级助理近藤。

的信息的差别似乎并非很大。尽管详细地描述了导致误解的客观环境，但日本方面不加掩饰地承认了一系列的误解和随后的错误。包括在场的大使馆参赞，海军和陆军武官在内，我们对日本陆军和海军明显真正地希望得到不受歪曲的事实和努力留下了深刻的印象。"然而，格鲁还是对日方人员强调："（日方）所提供的证据仍然无法确定对'帕奈'号的轰炸是否是故意的不计后果，或者是某个负责人玩忽职守的结果。"①格鲁还敦促日方尽快回复美方在 14 日和 17 日的两次对日抗议照会，原因是日本外务省 14 日的对美照会并没有对美国政府提出的所有要点进行回复。最后，格鲁强调，如果"帕奈"号事件重演或发生类似事件，可能导致严重的后果。这是迄今美方向日方发出的最严厉的警告，也表明美方坚持自己的立场，毫不妥协的态度，尽管格鲁没有说明所谓"严重的后果"具体是指什么。这与数月前英国在处理许阁森大使被炸时对日见好就收的软弱立场形成了鲜明的对比，也由此折射出英美两国的实力差距。因为任何外交交涉都是以国家实力为后盾的。美国的实力明显比英国要强大许多，所以才敢对日如此强硬。

　　由于格鲁大使代表美国政府的强力敦促，以及发出了最严厉的警告，日本政府及时作出了回应。24 日晚，广田弘毅外相亲自来到美国大使馆，向格鲁递交一份日本政府的正式照会，以作为对美国政府 14 日及17 日对日照会的回答：

　　　　有关 12 日发生在长江南京上游 26 英里处的不幸事件，在这一事件中日本海军飞机错误地攻击了美国军舰"帕奈"号和 3 艘属于美孚石油公司的商船，并导致它们沉没或燃烧，并造成船上人员的伤亡，我先前荣幸地有机会向阁下提交了我的 12 月 14 日的照会。然而几乎在同一时间，我收到了阁下的编号为 838 的照会，该照会

---

①《美驻日大使（格鲁）致国务卿》（1937 年 12 月 23 日），载张宪文主编《南京大屠杀史料集》之 63《美国外交文件》，第 252—253 页。

是根据美国政府的指示提交的,该照会在描述了该事件发生前的情况后,得出结论是,日本武装部队的进攻行为是对美国权利的完全漠视,夺取了美国人的生命,并摧毁了美国的公私财产;该照会还说,在这种情况下,美国政府要求并期待日本政府作出正式的书面道歉,进行完整和全面的赔偿,并保证采取明确、具体的措施,确保今后美国公民,在中国的利益和财产不再受到日本武装力量的攻击或其他任何日本当局或军队的非法侵扰。

有关此次不幸事件的详情,我希望说明,尽管在阁下的照会中结论是该事件是由于日本武装部队对美国权利的漠视,但是实际上完全是由错误造成的,在我前面提到的照会中我已经阐明了这一点。自事件发生后调查就一直在进行,从各个可能方面找出真正的原因,作为彻底调查的结果,现在已完全确定这一进攻完全是非故意的。我相信通过我国海军和陆军当局 23 日向阁下的详细的解释,已经向阁下清楚地表明了这一点。

有关阁下照会中提到的前两项要求,即一个书面道歉和赔偿,已无需对我前面提到的照会中所表明的态度进行进一步的补充。至于对未来的保证,我希望通知阁下,日本海军已经迅速发出严格命令:"在所有美国军舰和其他船只或任何第三国船只所在地区,行使最大限度的谨慎以避免再发生类似的错误,即便这意味着牺牲攻击中国军队的战略优势。"另外,已经向陆军、海军和外交当局发出严格命令,鉴于目前不幸的事件,要更加注意遵守过去三令五申的防止侵害,或是不当地干涉美国和其他第三国的权益的指令。日本政府正在仔细研究一切可能使上述目标得以实现的有效方式;与此同时,他们已经采取了措施,与在中国的美国当局进行更多的联系,以确认美国利益和公民的所在位置,并改进将情报迅速、有效地传递到现地当局的方法。

尽管正如前面所说,对美国军舰和其他船只的攻击是由于错误而造成的,但是相关的航空部队指挥官被立即解除了职务,并被召回,理由是未能采取充分的预防措施。另外,(第三)舰队的参谋人员和飞行队的指挥官和其他负有责任的人,已经依法适时地进行了处理。因此,日本政府正在努力绝对地排除再次发生类似事件的可能性。无需强调,在上述所有日本政府所采取的措施中,召回日本飞行部队的司令有着特别重要的意义。我热切地希望美国政府将赞赏这一事实,采取这一严厉的步骤,完全是因为日本政府真诚地希望确保美国和其他第三国的权益。①

在递交这份照会时,广田还特地向格鲁说明,日本政府正在采取一切步骤以满足美国政府的希望。广田还说,召回三井少将是极严厉的处罚,因为这意味着屈辱和他不再有能力在战场上指挥。广田还交给格鲁一份受到惩罚的 11 名日本海军军官名单。格鲁对日本海军和陆军军官 23 日晚向他作的直接报告表示赞赏。这是美日双方就"帕奈"号事件开始交涉以来,美方第一次当面对日方的作为表示肯定,预示着美日间的主要问题已经基本得到解决,其后续的交涉也可能会顺利一些。日方唯一还在坚持的立场就是事件的发生完全是由于错误和误会,而没有任何主观故意。实际上,无论这是否是事实,从日本政府的角度来看,这都是日方必须坚守的底线。如果承认攻击是日军中有人故意而为,将把日方推向国际道义的深渊,使其无法再与美方平等交涉,而且会对日军士气造成巨大负面影响。

的确,在这份照会中,日方已不仅仅是在口头上表示要满足美方的要求,而是在采取具体措施,如对三井少将等责任人进行处罚,命令在华日军和外交当局采取具体步骤与美方沟通以确定美国利益的位置,即使牺牲攻击中国军队的战略主动性也要特别谨慎以避免发生类似"帕奈"

---

① 《美驻日大使(格鲁)致国务卿》(1937 年 12 月 24 日),载张宪文主编《南京大屠杀史料集》之 63《美国外交文件》,第 254—255 页。

号事件的事情等。这是由于美国政府在对日交涉中以实力为后盾,采取了不妥协的态度。格鲁也认为广田真诚地希望目前的照会能起到解决这一事件的作用。但日本政府历来是言行不一的,虽然其在美方的强大压力下进行了妥协,但后续行动仍然是值得怀疑的。

美国政府在收到日本政府的这份照会后也迅速作出了正面回应。12月25日,赫尔国务卿授权格鲁大使向广田外相递交了这样的照会:

> 有关日本武装部队攻击美舰"帕奈"号及其他3艘美国商船事件,请参阅12月14日美国政府给日本政府的照会,日本政府12月14日的照会和日本政府12月24日的照会。

> 在我国政府12月14日的照会中,"美国政府要求并期待日本政府作出正式书面道歉,进行完整和全面的赔偿,并保证采取具体有效措施,使美国人在中国的权益及财产今后不再受到日本武装部队的攻击和非法侵扰"。

> 对美国政府照会中头两条要求,日本政府在12月24日的照会中重申了其12月14日的声明:"日本政府对造成美国军舰和船只受损和船上人员伤亡的本次事件深表遗憾并由衷道歉。日本政府将赔偿全部损失,并将适当地处理对事件负有责任的人。"关于美国政府的第三项要求,日本政府12月24日的照会详细阐述了其已采取的某些明确和具体的步骤,用照会的话说,"防止侵害和不当地干涉美国和其他第三国的权益",并声称:"因此,日本政府正在努力绝对地排除再次发生类似性质事件的可能性。"

> 美国政府满意地看到,日本在12月14日的复照中迅速地承认责任,表示遗憾并提出赔偿。

> 美国政府将日本政府12月24日照会中所说明的已采取的措施当作是对美国12月14日照会要求的回应。

> 关于该事件的起源、原因及细节,日本政府12月24日照会中简述了日本政府经过调查所得出的结论。关于这些问题,美国政府

则依靠美国海军调查法庭的判决报告,这份报告已经正式提交给了日本政府。①

　　美国政府诚挚地希望日本政府所采取的措施将在防止再发生日本当局或军队攻击,或非法侵扰在华美国公民、利益或财产方面被证明是有效的。②

在这份照会中,美方基本肯定了日方12月24日照会的内容,对日方为妥善解决"帕奈"号事件所作的努力表示满意。这标志着美日双方就该事件的正面外交交锋已经接近达成一致。双方唯一不一致的地方就是日军攻击"帕奈"号是否是出于主观故意。但从美国12月25日的对日照会内容来看,美方并无意就此事一直揪住不放,而是在日方满足了美方道歉、赔偿及采取具体措施以保证不再发生类似事件等条件后将尽快结束该事件。而这也正符合日方的期待。当东京时间12月26日格鲁约见广田,并向后者宣读了这份照会之后,广田如释重负,对格鲁说:"我衷心地感谢贵国政府和你所作出的这一决定,我非常非常的高兴,你给我带来了一个极好的圣诞礼物。"③广田还向格鲁保证,日本政府已经,并将继续采取所有可能的措施以防止类似事件再次发生。

至此,美日双方就"帕奈"号事件进行的外交交锋,就原则问题达成了一致。美国政府在处理此事件中,在坚持原则的前提下保持了冷静和克制,没有把此事件扩大。日本也因不想与美国关系恶化而愿意作出一些让步,满足了美方的大部分要求。随后,双方又就具体事务进行了技

---

① "帕奈"号事件发生后,美国海军调查法庭对该事件进行了调查,并在1937年12月23日作出判决,认定美方人员没有任何过错,而日方在明知长江中有中立船只的情况下仍实施轰炸,是违法的,应负全部责任。该判决已经由美国驻日大使格鲁转交日方。参见张宪文主编《南京大屠杀史料集》之63《美国外交文件》,第251—252页。

②《美国国务卿致驻日大使(格鲁)》(1937年12月25日),载张宪文主编《南京大屠杀史料集》之63《美国外交文件》,第256—257页。

③《美驻日大使(格鲁)致国务卿》(1937年12月26日),载张宪文主编《南京大屠杀史料集》之63《美国外交文件》,第258页。

术性谈判。1938 年 3 月 22 日,日本海军大臣高级助理近藤通知美国驻日大使馆海军武官,所有对"帕奈"号事件负有责任的日海军人员都已受到处罚,但由于纪律及士气,处罚的性质不能公开。[①] 4 月 22 日,日方向格鲁递交了一张面值 2214007.36 美元的赔偿支票。[②] 这个数额肯定是双方在多次讨价还价之后达成的。但在那个时代,这确实是一笔巨款。至此,"帕奈"号事件终于彻底结束。

从总体上说,直到 1941 年太平洋战争爆发前,日本的确没有再袭击美国的舰船,但日本并没有真正遵守采取一切必要措施保护美国在华公民和利益的承诺。就在美日双方就解决"帕奈"号事件达成原则协议时,在南京城内,日军在大肆屠戮中国人的同时,也在干着大规模侵害第三国权益的事情,其中就包括美国利益。这对双方达成的解决"帕奈"号事件的协议,是一种绝妙的讽刺。

## 第三节 "瓢虫"号事件及英美联合对日交涉的尝试

### 一、"瓢虫"号等遭袭及霍尔特与桥本的首次会晤

1937 年 12 月 12 日这一天,即南京被日军攻占的前一天,在长江中遭到日军袭击的第三国舰船并非只有美国舰船,英国的舰船同样遭到日军袭击,且英国遭袭的舰船数量更多,袭击持续的时间和空间的跨度更大。只是英国的伤亡和损失比"帕奈"号事件中美国的损失略少。

其实,在平时,航行在长江中的英国舰船的数量要远远大于美舰的数量。这是由于英国的在华投资要比美国大得多,而且长江中下游地区又是英国在华经济利益的主要分布地区,长江也就自然成为商业航行的

---

① 《美驻日大使(格鲁)致国务卿》(1938 年 3 月 22 日),载张宪文主编《南京大屠杀史料集》之 63 《美国外交文件》,第 259—260 页。

② *FRUS*, Japan, 1931—1941, Vol. 1, The Ambassador in Japan(Grew) to the Secretary of State(April 22, 1938), p. 563.

一条黄金水道。英国的许多投资者十分看重他们的在华产业，如前所述，当日军进攻上海的时候，他们中的许多人甚至不愿离开，因为他们割舍不下自己的产业。此外，英国在华也有"长江巡航舰队"，一些英国炮舰往来穿梭于长江之上。淞沪会战打响后，在长江上航行已经成为一件比较危险的事情，第三国船只的活动范围从长江口附近不断向西推移。上海被日军占领后，这些船只就只能在南京及其以西的江面上活动，而且即使如此，航行的安全性也难以完全保证。当战火日益临近南京之时，各国在长江上的船只也都担负起撤退侨民的任务。

1937年12月，日军水陆两军自东向西逼近南京。与他国一样，英国舰船也担负起撤离本国及其他国家侨民的任务。12日上午7时50分，英国木材公司的拖船"常德"号（Tsingtsh）从南京上游的下三山附近驶抵芜湖，船上有英国驻南京的领事、武官等人。很显然，"常德"号刚刚从南京撤出了这批人。抵达芜湖之后，领事等一干人立即换乘英国炮舰"瓢虫"号（Ladybird）。这也许是出于安全因素的考虑，因为"常德"号毕竟只是一艘非武装的民用船只，而"瓢虫"号则是军舰。日本陆军在进攻南京时采用的是迂回包抄的战术，所以上游的芜湖先于南京被日军攻占。此时，"常德"号及"瓢虫"号的活动区域已经是日军控制区了。日军之所以攻占芜湖，其目的在于防止守卫南京的中国军队沿江向上游撤退。为了封锁长江江面，日军将第十军直属的野战重炮第十三联队（联队长桥本欣五郎大佐）配属给攻占芜湖的日军第十八师团。大约8时10分，岸上的日军突然用机枪向"常德"号开火。"瓢虫"号立即鸣响汽笛，以便靠岸向日军说明这是中立国船只，并进行抗议。这时，附近的另一艘英国炮艇"蜜蜂"号（Bee）于8时55分开始起锚。岸上日军的一门排炮清晰可见。它正在向亚细亚火油公司码头上游集中的船只开火，"常德"号在河流下方射程之外，但"瓢虫"号未能幸免。9时10分，日军岸炮击中了"瓢虫"号，舰身4处被炮火直接命中，1名水兵丧生，1名受重伤，包括舰长在内的另外几名船员受轻伤。停在"瓢虫"号船尾的怡和公司轮船"瑞和"号也被击中。"蜜蜂"号于 9 时 10 分抵岸，但令人意想不到的是，日军岸炮同样向其开炮，有一炮是在该舰 400 码处发射的，所幸没有命中。上岸抗议的英国海军军官制止了进一步袭击。① 事后查明，身亡的是"瓢虫"号的水兵朗厄干(S. Longergan)。

事后，英国长江舰队向英国海军部报告了"瓢虫"号的具体损失情况："一颗炮弹打在左舷吃水线 31 位置处。3 号燃油箱所连接的 2 号燃油箱被打了个洞。水和油混在一起，淹没了 31 位置和 32 位置之间的空间。卷扬机蒸汽管破裂，前甲板四处受到撞击，6 英寸机关炮碎裂残骸损坏的后膛。军官寝室和浴室遭损坏。一颗炮弹损毁了船舱甲板上的司炉机，左舷 88 至 89 位置处，朗厄干遇害。各种细小的洞散布在船上各处。无线天线被击毁。"②

这一波攻击并不是当天日军攻击英国舰船的全部。12 日 13 时 30 分，长江芜湖段的英国舰船又遭到 3 架日本飞机的俯冲轰炸。日机共投掷了 8 枚炸弹，但没有命中任何目标。英国军舰"蟋蟀"号(Cricket)和"圣甲虫"号(Scarab)用机枪还击。16 时 15 分，3 架日本中型轰炸机再次发动袭击，投掷了 4 枚炸弹，"蟋蟀"号与"圣甲虫"号则用 3 英寸口径的机关炮还击。以上这些袭击和还击都没有命中目标。③ 在这一系列袭击中，"瓢虫"号受损最重，造成了舰体损伤和人员伤亡。因此，当天的这些袭击也就被统称为"瓢虫"号事件。与"帕奈"号受到的袭击相比，"瓢虫"号事件与之没有本质上的区别，唯一有所不同的是，"瓢虫"号事件中，英方的损失相对较小，没有舰船被击沉，只有"瓢虫"号 1 舰舰体受伤，且人员伤亡也没有"帕奈"号事件中美方的伤亡大。

①《蜜蜂号电报》，编号：1050/12，发自"蜜蜂"号参谋长，1937 年 12 月 13 日，载张宪文主编《南京大屠杀史料集》之 31《英国使领馆文书》，南京：江苏人民出版社 2007 年版，第 7 页。
②《长江海军少将第 2340/12 号电报》，编号 1906，发自长江海军少将，1937 年 12 月 12 日，载张宪文主编《南京大屠杀史料集》之 31《英国使领馆文书》，第 21—22 页。
③《豪尔转发蜜蜂号的电报》，编号：718(12)，上海，1937 年 12 月 12 日，载张宪文主编《南京大屠杀史料集》之 31《英国使领馆文书》，第 2 页。

事件发生后,英国驻中国舰队司令①于 12 月 13 日向英国政府和军方作了汇报,以下是这位司令的汇报电文:

> 早上 8 时 10 分,在芜湖附近日军机关枪向英国拖船"常德"号开火,皇家军舰"瓢虫"号靠岸抗议。8 时 35 分,日本炮兵连向在亚细亚火油公司码头前面的船只开火,4 次击中"瓢虫"号,造成 1 名海军士兵死亡,数人受伤。
>
> 早上 9 时 30 分,"蜜蜂"号抵达,日本炮兵部队向其开了 1 炮,但未击中。
>
> 皇家海军少将霍尔特登陆,向日本高级军事长官桥本大佐表示抗议,后者承认向军舰开火是个错误,但是又说接到日本的命令向江上所有船只开火。他同意日军派代表出席死亡士兵的葬礼。
>
> 我指示英国驻上海海军高级军官向日本海军中将长谷川提交抗议书。
>
> 13 时 30 分,皇家海军"蟋蟀"号和"圣甲虫"号受到 3 架飞机的袭击。军舰和商船停泊在南京上游 12 英里的下三山附近。日机投掷的 8 颗炸弹均未击中目标。皇家军舰以机关炮回击。
>
> 16 时 15 分,日机再次俯冲轰炸英国舰船,3 架飞机投了 4 枚炸弹,均未击中。军舰以 3 英寸机关炮和多管自动高射机关炮回击。②

正如这份电文指出的那样,"瓢虫"号遇袭后,正在"蜜蜂"号上的英国海军少将霍尔特(Holt)立即登陆,向芜湖日军的指挥官桥本欣五郎大佐提出抗议。这是英国方面对"瓢虫"号事件所做的第一个反应,是由军方作出的,但却是在自身舰船受到袭击并造成人员伤亡和财产损失的紧急状况下作的,所以这还不是英国对此事件的正式反应。而此时中午的

---

① 原档中未提这位司令姓名。
② 《驻中国总司令发给海军部的第 2125/12 号电文》,1937 年 12 月 13 日,载张宪文主编《南京大屠杀史料集》之 31《英国使领馆文书》,南京:江苏人民出版社 2007 年版,第 38—39 页。

袭击尚未发生。桥本承认袭击是一个错误，但又称日军接到命令，可以向长江中的任何船只开火。霍尔特在会晤中向桥本递交了一份芜湖地区船只情况的书面说明。这份说明也列出了当天上午在下三山附近遭袭的 2 艘英国船只的停靠处。会晤后，霍尔特向英国方面报告说："目前重要的是让日方高层将领了解在芜湖及其下游地区还有英国及其他国家的商船和军舰，因为芜湖地区的日军好像根本不知道这个状况。"①这种说法令人疑惑，因为外国舰船在中国有内河航行权，这本身是尽人皆知的事实，而且在中日战争爆发前，日本舰船也享有这一特权。此外，日本政府和军方不可能不知道，即使到了日军逼近南京的时候，长江中仍有许多外国舰船航行。而且如前文所述，"帕奈"号在 12 月 12 日这一天还不断向日方通报其位置。从这里也可以看出，当时日军的情报和指挥是何等地混乱。

从电文中还可以看出，日军对英国舰船的袭击从 12 月 12 日的上午时断时续地持续到下午 16 时许，共 3 波次，持续达约 8 小时之久；袭击武器既有陆军的炮火，也有当时隶属于海军的飞机；袭击方式既有地面开炮，也有飞机凌空轰炸。这样的袭击既涉及海军航空兵，也涉及陆军的炮兵部队，而且是在不同时段多波次的袭击。因而这绝不可能是执行袭击的部队失误导致的。

此外，英国驻中国舰队司令还指出，这些军舰和商船的停泊地点事先已经由英国驻上海的海军高级军官向长谷川中将照会过了，而且得到后者的保证将把这些地点通知日本海军和陆军的相关单位，但仍然发生了如此重大的袭击事件。从任何一个角度来说，英国方面都是难以接受的。

为表歉意，桥本答应派人参加朗厄干的葬礼。此后，该葬礼于 12 月

---

① 《豪尔转发蜜蜂号的电报》，发自豪尔先生（上海），1937 年 12 月 13 日，载张宪文主编《南京大屠杀史料集》之 31《英国使领馆文书》，第 3 页。

15 日举行。仪式由中国内地传教团代主教克雷吉尔（Craighill）主持，日本高级军事长官的代表、日警备队 2 名军官及 12 名士兵出席了葬礼。①这可以看作是日方对"瓢虫"号事件作出的第一个表达歉意的实际举动，也是由军方作出的。但这还不是从国家层面表达的歉意，然而从中可以看出，今后英日两国围绕"瓢虫"号事件进行的交涉将是英国占据道义的制高点，而日本则忙于向英国解释这一事件发生的原因，以及如何开展善后。

毫无疑问，时任日本华中派遣军十八师团之野战重炮第十三联队联队长的桥本欣五郎大佐和日本海军第三舰队司令官长谷川清中将应该对"瓢虫"号事件负直接责任。尤其是桥本，因为是他的下属部队在他的防地直接用重炮袭击了"瓢虫"号。虽然这位芜湖日军的最高指挥官声称日军中有向长江中一切舰船开火的命令，但他没有提供任何有力的证据证明这一点。如前文所述，日本政府和军方不可能不知道长江中仍有许多外国舰船。如果桥本的上级真的下达过这样的命令，只能说明当时的日军是一支多么野蛮的军队。且作为当地日军的最高指挥官，以及曾经在外国供职多年的高级军官，桥本不可能对有关国际法一无所知。但桥本大佐罔顾中立国的利益，违反国际法，对下属部队无差别袭击长江中的中立国船只的野蛮行为视而不见（甚至有可能就是他下令袭击），很难仅仅用执行上级的命令这种站不住脚的说辞来解释。其本质原因是他一向的敌视欧美的思想在作祟。而这种思想在当时的日军中普遍存在，特别是在高级军官中。其实，这也是日军在这场战争中一再做出违反国际法和国际道义，侵害第三国权益行为的思想基础。因为自从中日战争爆发以来，日军上海派遣军及华中方面军在从上海向南京的进攻过程中，这种行为屡次发生，无法仅仅用"误炸"之类的理由解释，也不能用"执行上级命令"之类说辞搪塞，而是当时的日本军队本身的宗旨、制度、

_____

① 《英国皇家军舰瓢虫号死亡士兵的葬礼》，登记号 F11052/10616/10，发自海军部 1937 年 12 月 15 日，载张宪文主编《南京大屠杀史料集》之 31《英国使领馆文书》，第 39 页。

纪律等方面存在重大问题。这也预示着，这支军队不仅侵华，而且迟早要与欧美列强发生难以调和的矛盾，进而走向全面战争。而这必将改变现有的国际秩序，并给世界千百万人民带来深重的灾难。

## 二、霍尔特与桥本的再次会晤及豪尔的初步反应

在 12 月 12 日日军袭击英国舰船的过程中，霍尔特与桥本进行了两次会晤。如前文所述，第一次会晤是在当天上午日军岸炮袭击了"瓢虫"号等英国舰船后英方所采取的临时应急措施。中午 12 时 25 分，霍尔特又一次会晤了桥本。这次会晤是英方主动要求进行的，明显是为了防止再次发生袭击事件。这说明当地英国军方已经意识到他们处在极其危险的位置，也说明他们对当地日军仍然抱有一些幻想。因为从他们的角度来看，发生这样的袭击是不可想象的。霍尔特在会晤后向英国海军部及英国驻华海军部门报告了这次会晤的情况。

> 12 时 25 分我再次会晤桥本，向他询问保证下三山上游停泊地安全的最好方法。他绝对肯定地表示，今后几天船只必须停在原处，如果离开就会遭到火力袭击。他承认目前与总部失去了联系。与他争论这一点是没有用处的，因为他既不清楚作为中立方该有哪些权利，也不了解日方可能已作出哪些承诺。他表示他的手下辨别不出英国国旗，我也同意他的说法。"蟋蟀"号目前正负责停泊地各项事宜，该舰已收到相应的指示。这些船只目前正向指明的抛锚处驶去。今晚船上将关闭所有照明。17 时，在芜湖的太古洋行拖船"朱亭"号经过亚细亚火油公司码头向"蜜蜂"号和太古公司平底船靠拢停泊。虽然堤岸上所有的枪炮都对准了该船，但没有开火。桥本要求 1 小时内不要开火，利用这段时间，他让上级下达士兵不得开枪的命令，使"朱亭"号得以返航。根据他的安排，"朱亭"号于 18 时挂着用泛光照明的白旗离开这里，没有受到骚扰。该船向亚细亚火油公司码头一带及下游地区的船只转达这一命令：在任何情况下

都不要离开原地。堤岸上的枪炮曾经整天不加区分地向江上任何移动的目标开火。"蜜蜂"号与"瓢虫"号及停泊在一起的太古公司平底船处于日军近距离射程之内，尽管我已经对此提出了抗议。舰队司令官、英国领事和武官留在蜜蜂号上。[①]

从这份电文中可以看出，在袭击"瓢虫"号等英国舰船之后，桥本的态度依旧十分强硬。他明确要求一切第三国船只必须留在原地，否则就会受到日军的火力袭击。这是完全忽视第三国权益的霸道作法，并违反国际法的。即使从军事角度上说，当时中国军队从南京的撤退路线是渡江向北，然后转向从陆路撤退，而不是乘船从长江上向西撤退。因为一来中国当时并没有那么多船只运载大批军队，二来从水路逆水西上速度很慢，极易受到袭击。这些都是显而易见的，但桥本却无视这些，以阻止中国军队撤退为由，命令所有第三国船只停在原地不动，只能暴露出他仇视英美的心理。此外，霍尔特认为桥本既不清楚作为中立方该有哪些权利，也不清楚日本可能已经作了哪些承诺。这完全是不可能的。从桥本的经历来看，他绝不可能不了解这些。他只是在霍尔特面前佯装不知，就像他还声称他的部下无法辨识英国国旗一样，都是不难戳破的谎言。而且即使有个别士兵无法辨认，只要稍加指导，也不难解决。而霍尔特也许不了解他的经历及思想状况，也就真的相信了他。此外，这次会晤是在 12 日的中午进行的，桥本答应向他的上级报告，以便安排士兵停火。然而，下午很快又发生了日军飞机空袭英国舰船的事件，这使人怀疑桥本是否真的向他的上级报告了，抑或日军中的互相联系确实十分混乱，即使报告也没有引起高层日军军官的重视。或许桥本只是安排他的防区的日军炮兵在第三国舰船停泊原地的前提下不再开火，所以日军岸炮部队没有进一步袭击第三国舰船。总之，霍尔特与桥本的这次会晤

---

① 《蜜蜂号电报 1815》，编号 1552，发自"蜜蜂"号参谋长，1937 年 12 月 12 日，载张宪文主编《南京大屠杀史料集》之 31《英国使领馆文书》，第 5—6 页。

不能说徒劳无用,但作用极其有限。

除了现场的军方之外,英国方面对"瓢虫"号事件作出迅速反应的当属驻华外交人员,这其中最主要的当属驻华代办豪尔。日军大规模轰炸南京之后,特别是日军逼近南京之际,各国驻南京的外交使节纷纷离开了这座即将陷落的城市,许多外交人员去了上海,其中包括英国和日本的外交人员。中日两国虽然已经爆发了大规模战争,但两国间并未正式宣战,也没有正式断交,两国驻对方国家的外交人员也没有马上回国。日本驻华大使川越茂在中日开战之初到了上海。不久,大使馆的其他外交人员也到了上海,还有已在那里的日本驻沪总领事冈本季正。许阁森大使被炸伤之后,在上海经过短暂治疗,已被英国政府接回国内休养,由豪尔代理其职务。其实,这已经是豪尔第二次代理驻华大使的职务了。1936年春天,当前任大使贾德干离任时,他就曾经代理过一次。这次,贾氏的继任者许阁森大使意外受伤,豪尔又担当起了这一职责。撤出南京之后,豪尔与英国驻华使馆的外交人员也来到上海。由于此时上海已经被日军攻占,当地战火已经停息,待在上海反而是比较安全的。而且上海是沿海城市,经济发达,生活条件好,又遍布外国租界,即使想要撤退,也是比较方便的。

豪尔得知"瓢虫"号事件是在13日,感到十分震惊。他不忘自己的外交官职责,在还没有等本国政府发来指令的情况下,当天就立即开始与当地的日本外交人员接触,试图通过后者向日军传递信息,并制止日军的野蛮行径。事后,豪尔也向英国政府汇报了与在沪日本外交人员会晤的情况及感受。

　　　　日本驻上海有关官员获知今天①发生在南京及芜湖的事件。他

---

① 此电报发出的日期是1937年12月13日,因此,这里的"今天"就应该是12月13日,但日军袭击英美舰船发生在前一天,即12月12日。原文如此。如果这里还指12月13日日军攻入南京并开始大规模暴行的话,却又不像,因为日军刚刚开始暴行,外界,包括当时身在上海的豪尔还不可能完全知晓。

们均已采取必要的行动警告前线的日军。这些官员之间明显缺乏
协调，这太糟了。因此无法确定必要的信息与指示能否被传达、贯
彻，尤其是日方武官联系的松井大将①现在去了这里与南京之间的
某个战场。12时25分从芜湖发来的电报声明：日军收到命令向长
江上所有的船只开火。因此急切需要将立场明确的命令下达给所
有日本参战队伍，要求他们尊重长江上的外国船只。我真切地信任
日本政府会立即采取措施来做到这点，尤其是考虑到在这些聚集在
南京上游的船只上有妇女和孩子。②

　　客观地说，当时日本驻华外交官群体与日本军方还是有所区别的。
从本质上说，日本外交官与日军都是为日本侵华的总目标服务的，都是
当时日本军国主义对外侵略扩张的国家机器的组成部分，但外交人员和
军方在实现其目标的手段方面有所不同。军方的行事风格相当鲁莽，往
往有不顾自身形象和国际影响的倾向，经常犯下战争暴行，甚至对上抗
命。但日本外交人员群体则有所不同，由于其工作性质，他们经常与外
国打交道，对世界事务比较了解，更加注重日本的国家形象，懂得外交沟
通的重要性，所以在沪日本外交人员得知日军袭击了长江中的美英舰船
之后十分焦急，深怕日本与英美的关系急剧恶化，从而危害日本的国家
利益，所以他们才会"采取必要的行动警告前线日军"。但由于当时日军
内部及日军与外交人员之间沟通联系渠道很糟糕，"无法确定必要的信
息与指示能否被传达"，而且他们之间"明显缺乏协调"，这一切都使这种
沟通的效果无法确定。此外，豪尔也得到日军中有关于向长江中所有舰
船开火的命令，可见当时确实有这个命令。

　　英国外交部在接到豪尔的这份电报后，一位主管官员在电文后面作
了批注："重要的一点是：谁在下达命令让日军向江上所有船只开火？调

---

① 松井石根大将，时任日本陆军华中派遣军司令官，也是进攻南京的日军最高指挥官。
② 《英国船只在中立区遭受袭击》，登记号F10680/10816/20，编号718A（R），发自豪尔先生（上海），1937年12月13日，载张宪文主编《南京大屠杀史料集》之31《英国使领馆文书》，第7—8页。

查此事应该是明智之举。"这表明英方希望追究造成其舰船被袭的元凶的责任。对于因日军内部缺乏协调而造成英美舰船被袭的说法,该官员的批注写道:"日方内部缺乏协调可能是英国船只遭到袭击的原因。但这个借口有些牵强,因为任何一名日军大佐都该清楚地知道轰炸中立方的舰船有违国际原则。"①这说明英国外交部对事物的是非曲直有非常清醒的判断,并预示着英方将就"瓢虫"号事件与日方进行全面而又具体的交涉,尽力维护自身的合法权益。

霍尔特及豪尔的行动是"瓢虫"号事件发生后英国军方和外交人员所作出的最初反应,而且都是在没有接到本国政府指令的情况下的自发行动。虽然这只是初步的行动,却是英日就"瓢虫"号事件交涉的开端。不久,英国驻日外交机构就奉本国政府之命与日方开展了认真的交涉。

### 三、英日交涉及日本对事件的处理

"瓢虫"号事件发生后,英国也迅速从国家层面与日本开始交涉,要向日本讨一个"说法",以挽回面子。与日本交涉的主角自然就是身在东京的克莱琪大使。就在不久之前,克氏还有就许阁森大使被炸事件交涉的经历。不过,从那次事件就可以看出来,克氏是一个极力不想扩大事态的人。在这次就"瓢虫"号事件的交涉中,这一点同样表现出来。

在接到英国政府要他立即与日方就"瓢虫"号事件进行紧急交涉之后,克莱琪的第一个反应竟然是询问本国政府:"要求尽快了解,袭击发生的时候是否有运送中国军队的帆船在附近滞留或驶向上游?"②对此,英国政府也感到难以理解,外交部一位官员在克氏的电报上批注:"无论有多少运送中国军队的帆船滞留在附近,或是驶向上游,我看不出这与

---

① 《英国船只在中立区遭受袭击》,登记号 F10680/10816/20,编号 718A(R),发自豪尔先生(上海),1937 年 12 月 13 日,载张宪文主编《南京大屠杀史料集》之 31《英国使领馆文书》,第 8 页。
② 《下三山上游及南京地区英国船只受袭》,登记号 F10821/10816/10,发自克莱琪爵士(东京),1937 年 12 月 13 日,载张宪文主编《南京大屠杀史料集》之 31《英国使领馆文书》,第 9 页。

日军从岸上向两艘英国军舰发射炮弹有什么关系。"但是克莱琪大使仍然坚持他自己的认知。他很快又向英国军方和豪尔发出要求:"请详细告知英国船只的具体位置、袭击发生的时间。询问战船附近是否有运送中国军队的帆船。要求告知任何关于英国船只停泊地方面细节,以便与日方进行谈判。"对此,英国外交部认为:"实施俯冲轰炸的轰炸机肯定对他们轰炸的目标有所了解,假如不能区分中国帆船与英国战舰的话,他们就不适合做飞行员。如果他们是像前天那样从 6000 英尺高度轰炸的话,这或许还能成其理由,但对于俯冲轰炸,这种理由是说不通的。"①当然,从另一个角度来考察,由于面临即将与日方就此事件进行交涉的任务,作为谈判一方,尽可能多地掌握情况,也是有利于争取主动、避免被动的作法。经过豪尔与霍尔特的核实,确认:"在'瓢虫'和'蜜蜂'号受到攻击期间,周围或在视野范围内没有其他舰船或中国军队。"②这样就打消了克莱琪与日方交涉的一丝顾虑,也就消除了日方把中国船只与英国舰船混在一起难以辨认作为借口的可能性,为谈判争取到一点主动。

　　在本国政府的指令之下,克莱琪也不得不迅速采取行动。12 月 13 日,他紧急约见广田弘毅外相,开始了英日之间从国家层面就"瓢虫"号事件进行的交涉。克莱琪首先向广田简要说明了事件发生的过程,并提出强烈抗议。克莱琪特别指出,芜湖日军指挥官收到了向长江上所有船只开火的命令。这只能作两种解释,要么是人们不能相信日本政府关于非参战方的安全保证,要么是在中国前线日军将领对本国政府的命令不予理会。而无论是哪一种情况,英国政府和民众都会对此次事件持谴责的态度。克莱琪要求日方应该尽快向英方表示应有的歉意。广田则说他对此事并不知情,并对事件的发生表示遗憾,还答应会尽快与军方联

①《下三山上游及南京地区英国船只受袭》,登记号 F10335/10816/10,发自克莱琪爵士(东京),1937 年 12 月 13 日,载张宪文主编《南京大屠杀史料集》之 31《英国使领馆文书》,第 10—11 页。

②《日军对英国船只的攻击》,登记号 F11024/10816/10,发自豪尔先生(上海),1937 年 12 月 14 日,载张宪文主编《南京大屠杀史料集》之 31《英国使领馆文书》,第 28—29 页。

系。克莱琪认为广田"充分意识到立即采取行动的重要性"。①

　　克莱琪虽然表明了英国的立场，并提出了抗议，但他仅仅要求日方"尽快向英方表示应有的歉意"，而没有提出调查、赔偿、惩处责任者及采取必要的措施预防再次发生类似事件这些最基本的要求。这与他数月前与广田交涉许阁森被炸事件时如出一辙，只是想在最低限度保全英国面子的前提下尽快结束这样的外交交涉。这与同一时间美国与日本就"帕奈"号事件进行交涉时所持的强硬态度形成了鲜明对照。对此，英国外交部的官员都认为不妥，在克莱琪的电报上批注："毫无疑问，他们该向我们道歉，现在抱歉已经毫无价值，且对于这件事件抱歉一点用处也没有。"而广田说他对事件不知情，则非常令人怀疑，因为此时距事发已经过去了一天，对于这么大的事情，身为外相的广田居然还不知道，实在是有悖常理。广田声称他不知道，很可能是一种遁词。此外，广田仅仅表示遗憾，承诺尽快与军方沟通，克莱琪就认为"他充分意识到立即采取行动的重要性"，说明克氏在外交交涉中的幼稚。但无论如何，这次约见是英日间就"瓢虫"号事件从国家层面进行交涉的开端。

　　日本政府迅速意识到这件事的严重性，希望将其影响降到最低，并尽量在不给日本的外交和军事带来重大困扰的情况下尽快结束此事。就在克莱琪约见广田的当天下午，广田就主动来到英国驻东京大使馆，代表日本政府就"瓢虫"号及其他英国船只遇袭事件深表遗憾，为造成的人员伤亡表示歉意。广田告诉克莱琪，日本政府还未收到关于事件的详细报告，并已要求有关部门尽快拿出报告，而一旦收到报告后就会通知他。对于广田的及时道歉，克莱琪表示感谢，并指出："事件的持续肯定会让日本政府和英国政府都感到不安。"对此，广田表示赞同。克莱琪认

---

① 《下三山上游及南京地区英国船只受袭》，登记号 F10822/10816/10，发自克莱琪爵士（东京），1937 年 12 月 13 日，载张宪文主编《南京大屠杀史料集》之 31《英国使领馆文书》，第 9—10 页。

为广田的态度是真诚的。① 这次会晤使双方的气氛有所缓和，有利于将来交涉的继续进行。在会晤中，双方谈到袭击事件，广田无法作出令人信服的解释，只是说听说中国军队乘坐帆船沿江逃离南京，这些帆船尽可能地靠近挂着外国旗帜的船只。但广田并不认为日军的相关攻击行动就合理化了。克莱琪立即抓住话题，向广田表示，除非日本政府对这种难辞其咎的行为采取杀一儆百的措施，否则这种行为还会继续下去。②

在英日政府间开始交涉的同时，英方也开始与日本军方进行交涉。13 日上午 11 时、下午 3 时，英国驻日使馆武官③两次来到日本陆军省，就"瓢虫"号事件与那里的日本军方官员进行沟通。日本军方的 3 名武官接待了该武官，当听到有关消息后，这 3 位官员都表示万分遗憾，并说在得到详细报告前，他们不会作进一步说明。此外，他们还对桥本大佐所谓日军中有向长江中所有船只开火的命令的准确性表示怀疑。到了下午 4 时 30 分，日本陆军大臣杉山元大将派代表来到英国驻日武官官邸，除了表达"深切遗憾"之外，还向英方通报说他正在亲自调查此事，并已要求有关部门彻查并惩处对此事负责的官员，又一次保证说在收到详细调查报告后会与英方进一步沟通。下午 5 时，日本军情处的官员再一次来到武官官邸，向英方通报说桥本大佐及其手下已经被撤职。

从日本政府和军方的最初反应来看，日方对事件的发生有点措手不及，日方迅速把桥本撤职，明显是想尽快平息事态。克莱琪由此认为："就此看来，东京的日本军方领导对此次事件深感不安。根据我的情报，

---

① 《下三山上游及南京地区英国船只受袭》，登记号 F10950/10816/10，发自克莱琪爵士（东京），1937 年 12 月 13 日，载张宪文主编《南京大屠杀史料集》之 31《英国使领馆文书》，第 11—12 页。

② 《下三山上游及南京地区英国船只受袭》，登记号 F10953/10816/10，发自克莱琪爵士（东京），1937 年 12 月 13 日，载张宪文主编《南京大屠杀史料集》之 31《英国使领馆文书》，第 12—13 页。

③ 原档中未提该武官姓名。

这次事件看起来像一个应受惩罚的事故而不是蓄意挑衅。"①而日本军方官员表示对日军中有向长江中的所有船只开火的命令的准确性感到怀疑，这一表示让整个事件的责任者到底是谁变得扑朔迷离。如果这样的命令不是出自日本最高军事当局（从一般逻辑推测，当时的日本最高军事当局也不大可能发出这样的命令，这从桥本的迅速被撤职也可以看出来），就有可能发自日军的华中派遣军指挥机构，而这一命令正好符合桥本大佐的思想，他就不折不扣地贯彻了这一命令。除此之外，还有可能是桥本自己向下属部队下达了这一命令。但这一可能性不是很大，因为那一天袭击英美舰船的除了桥本指挥下的日军炮兵部队外，还有不属于桥本指挥的日军海军航空兵部队。桥本不可能向不归他指挥的部队发布命令。

在日本陆军省与英方沟通交涉之后，日本海军当局也开始与英方沟通。12 月 14 日，日本海军大臣米内光政派遣海军省次官来到英国大使馆，表达对"蟋蟀"号和"圣甲虫"号遇袭的歉意。米内还否认日本政府企图逃避责任，并对袭击事件作了如下解释："在华的海军负责人接到陆军通知，说中国部队正乘坐汽船从南京撤退，他们要求派遣战机，于是分 3 队派出了 20 架海军飞机，其中 1 队飞机在 2000 米的高空错把英国军舰当作了两艘缓慢驶向上游的并且周围有舢板及小艇的汽船，他们俯冲到 700 米，然后'欣然'丢下炸弹，他们试图第二次进攻时意识到了目标错误，于是没有再次投弹。"②这种说法明显是站不住脚的，因为"蟋蟀"号和"圣甲虫"号在 12 月 12 日 13 时 30 分和 16 时 15 分分别遭到两次袭击。但这份解释也说明日方想迅速了结此事的心态。与数月前英日就许阁森被炸事件的交涉相比，日本的态度有一个明显的不同，即日方很快承

①《芜湖地区英国船只受到袭击》，登记号 F10954/10816/10，发自克莱琪爵士（东京），1937 年 12 月 13 日，载张宪文主编《南京大屠杀史料集》之 31《英国使领馆文书》，第 13—14 页。
②《克莱琪爵士致外交部第 807 号电报》，东京，编号 807（挂号），1937 年 12 月 14 日，载张宪文主编《南京大屠杀史料集》之 31《英国使领馆文书》，第 23—24 页。

认了"瓢虫"号事件是日军所为,并表示将承担责任。而许阁森被炸事件发生后,英日开始交涉时,日方迟迟不愿承认是日军所为。这很可能是由于发生"瓢虫"号事件的同时,也发生了"帕奈"号事件,日本极为害怕英美两大国会联合起来对付日本,所以希望通过服软来尽快结束由此带来的危机。

与此同时,日本陆军省也承诺将尽快查明真相,并"向桥本部队发出关于未来行动的确切指令,这自然会包括下令停止瞄准英国政府的船只(或疑为英国政府的船只)"。① 英方对日方的所谓"误炸"的解释持高度保留态度。14 日,英国驻日大使馆武官来到日本陆军省,并向日方指出:桥本大佐的大炮是在近距离瞄准了"蜜蜂"号和"瓢虫"号。其含义是说这么近的距离瞄准是很难用"误炸"来解释的。日方表示,日本最高军事当局还没有收到该部队关于该事件的详细消息,但已派原田少将飞往前线调查。日方还承认桥本大佐的部队当时完全可能已经与其顶头上司失去了联系。

日本军方的这一说法又是一个无法自圆其说的解释。桥本大佐一再声称"瓢虫"号和"蜜蜂"号遇袭是由于日军中有向长江中的一切船只开火的命令。但既然桥本的部队已经与其顶头上司失去了联系,又是怎么获知这一命令的?而且在 12 日上午的袭击发生后,当霍尔特上岸与桥本交涉时,后者还要求所有英国舰船在指定地点驻留,以便他向上级汇报,要求停火,从而保护第三国舰船免遭袭击。如果他与上级已经失去联系,又如何向上级汇报?对此,克莱琪这样形容当时的日本军方:"日军当局真的感到很沮丧,不仅仅是因为这一不幸事件,也因为通讯和参谋工作的瘫痪,在取得联系方面的迟滞可以揭示这一点。他们进一步承认,向南京前进的速度已经超出了所有合理预测,下属指挥官有必要自行行使其权力。"②这确实揭示了当时日军的混乱状况。但从中可以推

---

① 《克莱琪爵士致外交部第 808 号电报》,东京,编号 808(挂号),1937 年 12 月 14 日,载张宪文主编《南京大屠杀史料集》之 31《英国使领馆文书》,第 25 页。
② 同上。

测，如果真的是"下属指挥官自行行使其权力"，则日军华中方面军总部极有可能并未下达向长江中一切船只开火的命令，而是桥本大佐向其下属下达了这一命令。至于前文推测的海军航空兵也袭击了第三国舰船，则有可能是海军或其航空兵的指挥机构也下达过类似的命令。总之，真相扑朔迷离，无法找到答案。

但是，日本海军省还是作出了一个和解的具体姿态。14 日，广田外相向英方转达了海军省的表态：如果在南京附近的英国舰船想尽快顺流而下脱离危险区，日军舰队将乐意指示其扫雷舰进行配合，以确保其安全。①

14 日晚上，广田代表日本政府向克莱琪正式发出了一封信函，全文如下：

> 尊敬的阁下，大日本帝国政府对于英国海军军舰"瓢虫"号、"蜜蜂"号、"蟋蟀"号和"圣甲虫"号 12 月 12 日在芜湖和南京附近被误炸感到遗憾，我特代表我国政府对此表示最深刻的歉意。我很恭敬地告知阁下，帝国政府立即采取了必要的措施以防止此类事件再度发生。此外，日本帝国政府还将在完成调查以后恰当地处理有关肇事者，并准备对贵国的损失提供必要的赔偿。
>
> 帝国政府真诚地希望这些不幸的事件不会破坏我们两国之间业已存在的传统友谊。
>
> 我期待外交大臣的答复。②

15 日，英国方面就对广田的这封信作出了积极反应，克莱琪草拟了一份给广田外相的答复：

---

① 《日本政府对长江上英国船只航行安全的表态》，登记号 F10987/10816/10，发自克莱琪爵士（东京），1937 年 12 月 14 日，载张宪文主编《南京大屠杀史料集》之 31《英国使领馆文书》，第 25 页。
② 《克莱琪爵士致外交部第 813 号电报》，东京，1937 年 12 月 15 日，载张宪文主编《南京大屠杀史料集》之 31《英国使领馆文书》，第 26—27 页。

我很荣幸代表国王殿下①向阁下您就日本飞机和地面部队于12月12日在芜湖和南京附近袭击英国军舰和商船一事进行交涉。这些事件显而易见是非常严重的。

在芜湖，一艘运送从南京撤出的英国领事、英国军事专员和驻长江大英帝国海军少将的英国轮船，在将上述官员转移到英国皇家军舰"瓢虫"号上后，遭到了日本机枪的扫射。当"瓢虫"号发现一组日本军队的机枪向集中在亚细亚火油公司码头旁的商船射击时，它便继续前行到拖轮旁试图保护它。日军继续射击而且直接针对英国军舰"瓢虫"号。有4发炮弹直接击中这艘军舰：一名海军士兵被打死，另一名身受重伤，还有几人受轻伤，其中包括舰长。人们还看见英国商船"瑞和"号也被1发炮弹直接击中。随后英国海军舰只"蜜蜂"号到达现场，它也遭到岸上火力的攻击。"蜜蜂"号舰长上岸向日军提出抗议，但日军驻芜湖地区高级指挥官桥本大佐告诉他向英国战船开火是个错误，但他确实下令向长江上所有船只开火。在此后的一次会面中，这位军官明确地说，如果船在长江上航行，那么它就会成为日军的目标，即使抗议也没用。在英国军舰"蜜蜂"号、"瓢虫"号停泊后，它们依然处于日军近距离射程内。

在南京上游的下三山，英国商船集中在长江中一块被日军总司令划作安全区的水域，但是它们遭到了日军飞机3次炸弹轰炸。"圣甲虫"号和"蟋蟀"号便在其中。

英帝国政府已经收到阁下代表大日本帝国于12月14日就攻击英国船只表达深刻歉意的信函。信中声明日本政府已经及时采取了必要的措施以防止此类事件再度发生。此外，日本政府还将恰当地处理有关肇事者并准备对我方的损失提供必要的赔偿。

---

① 这里明显应称"陛下"，但原文是"殿下"。

……(原文不可辨认，未译——译者)①

在这份答复中，克莱琪首先犯了几个技术性错误。首先，袭击"瓢虫"号的是日军岸炮，而不是机枪。其次，上岸向桥本提出抗议的霍尔特是皇家海军少将，而不是舰长。第三，当日午后日军飞机空袭英国舰船是2次，而不是3次。这说明英国在通过外交渠道传送信息方面存在漏洞，或者是克莱琪本人没有掌握十分确切的情报。此外，克氏在这份答复中大篇幅叙述事件发生的经过，没有提出己方的明确要求，而是重复了日本业已作出的如惩凶、赔偿的承诺，似乎已经认可了日方对事件的处理。但是，克氏重点强调了桥本自己下令向长江中的一切舰船开火的命令，或者日军中有这样的命令，有助于英方在谈判中占据道义的制高点。

英国政府在收到克莱琪草拟的这份对日本政府的答复后，十分重视，外交部立即开会研究，很快决定了致日方的正式照会文本，并指令克莱琪迅速把它交给日本政府。这份答复照会的全文如下：

受英国国王政府的指示，我很荣幸通知阁下，英政府已经接到关于日军飞机和陆军12月12日在芜湖和南京附近袭击英国战舰和商船的报告，这些报告涉及的问题非常严重。

在芜湖一艘英国拖船从南京运回……(后面的字迹模糊，未译——译者)

长江海军少将之下属海军上尉(由于上页不清楚，这句意思不明——译者)在把这些军官送上"瓢虫"号后受到日本机关枪的袭击。"瓢虫"号前进靠近拖船以保护拖船，这时"瓢虫"号注意到日本的一个野战炮炮兵连正向聚集在亚细亚火油公司码头前的商船开火。炮火一直持续，并且指向"瓢虫"号。"瓢虫"号4次被直接击

---

① 《克莱琪爵士给日本外相的回复(草稿)》，编号570，转发至华盛顿605，1937年12月15日，载张宪文主编《南京大屠杀史料集》之31《英国使领馆文书》，第27—28页。

中:1名海军士兵死亡,1名伤势严重,几名轻微受伤。英国商船"瑞和"号也被直接击中1次。蜜蜂号抵达现场后也受到岸上炮火的攻击。"蜜蜂"号舰长登陆抗议,当时驻芜湖的日本高级军官桥本大佐告诉他说对战舰开火是个错误,但是他接到命令向江上的所有船只开火。

在后来的会谈中,桥本大佐明确地说任何在江上过往的船只都会受到攻击。尽管提出了抗议,"蜜蜂"号和"瓢虫"号仍停泊在处于日军枪炮近距离平射的射程范围内。

在南京上游的下三山附近,英国商船集中在日军总司令指定的安全区里。日军飞机对它们进行了3次轰炸,还袭击了当时与商船停泊在一起的蟋蟀号和圣甲虫号。

英王政府已经获悉阁下代表日本政府传达给我方的歉意。英国政府收到这些信息,并对以 Yama(原文不清楚,未译——译者)将军名义发出的说明尤为注意,即有关的军官将收到惩处。

鉴于这些事件的严重性,英国政府毫不怀疑日本政府将会以官方照会的形式表达歉意和提出保证,同时作为实质性补偿,日本政府将支付赔偿金,并向英国政府保证将采取一切措施确保在华的英国公民、船只和财产今后不受任何日本部队或当局的攻击或非法干涉。前面提到的袭击事件的有关责任人应受到应有的惩处。英国政府认为只有这样才能阻止此类暴行的再次发生。英国政府回想起在先前的事件中,日本政府对袭击英国国民和财产表示遗憾并保证要采取必要措施防止事情再次发生。英国政府还想起英国驻华大使由陆路从南京到上海时遭到日本的袭击,运送英国军官的机动车在类似的旅途中遭到袭击,在上海防御阵地周边的英国平民和军事驻地受袭等及其他事件,日本政府一再表示在目前与中国的冲突中他们完全尊重第三国的利益。很显然日本政府现在所采取的制止事件再次发生的措施是完全无效的,英国政府现在要求日本政府寻找并实施有力的措施,完全停止损害英国利益的这类事件。①

　　这份照会是英国政府对"瓢虫"号事件的正式官方立场,由克莱琪在12月16日交给广田。这里明显也是参考了克莱琪所草拟的照会原稿。这里除了重复了克氏草案中几个技术性错误之外,立场是非常鲜明和强硬的。这一次,英国方面的态度明显要比许阁森被炸事件中强硬得多。因为在许阁森事件中,英方并没有提出明确的赔偿要求,只是要求道歉、惩罚责任者及采取措施保证不再发生类似事件。这次英方在语气缓和的外交照会中提出了道歉、赔偿、惩罚责任者及采取措施保证不再发生类似的事件,而且在措辞上使用了"事件的严重性""英国政府毫不怀疑"等词句,暗示英国政府绝不会在这些要求上作丝毫让步。英方采取这样强硬的立场主要有这样几个原因。首先是日方一再食言,不断侵害英国权益,已经使英国感到极为愤怒,也使英国政府难以再采取软弱的立场面对英国国内舆论和民众。第二是日本政府已经在第一时间承认了"瓢虫"号事件是日军所为,这就为英国政府提供了"靶子",英方可以提出在道义上看上去合理的任何要求。第三是发生"瓢虫"号事件的同时,也发生了"帕奈"号事件,这让英国政府感到有联合美国共同对付日本的可能性,从而增加了交涉到底的决心。

　　在向日方递交这份关于"瓢虫"号事件的照会的同时,英方还向日方递交了一份列举自中日战争爆发以来日军侵害英国利益事件的照会。

备忘录
(日本对英国船只及财产的袭击)

　　(1) 8月26日袭击南京的英国大使。日本政府在9月21日深表遗憾,表示如果是飞行员出于疏忽的话,将受到惩罚,并承诺日本在华部队尽力保护非交战方。

①《外交部发给日本的照会》,电报发给 R. 克莱琪爵士(东京),转发给华盛顿,第 599 号,1937年 12 月 14 日,载张宪文主编《南京大屠杀史料集》之 31《英国使领馆文书》,第 30—32 页。

（2）10月12日袭击英国大使馆汽车。日本政府在10月27日致歉并承诺将"处理该事件的有关人员"；后来（11月15日）他们告知说有关的高级官员"由于未能采取有力措施已经受到严厉的训斥"。

（3）10月24日日军飞机用机关枪射击上海周边的英国平民和士兵。日本政府第二天承诺"恰当处理与该事件有关的人员"，并"愿意就英国公民所受的损失进行赔偿"。

（4）10月27日日军飞机以炮弹和机关枪袭击上海周边的英国军事阵地。英国政府要求日本政府采取"严格有效的措施以停止这类袭击"。

（5）10月29日日本炮轰造成周边的英国士兵伤亡。日本政府在11月1日声明已经采取预防措施避免事件的再次发生，承诺将严肃处理有关人员并进行赔偿。

（6）10月14日空袭在无锡的亚细亚火油公司油船；一周后英国政府指出，这是日本下级军官对日本政府已经发出命令的公然违抗；对此日本政府12月3日回应说，任何一个日本飞行员都不会故意轰炸插有英国国旗的船只，只是为了避免高射炮的袭击，他们不得不飞高一点。对此，英王陛下政府于12月8日反驳道，如果受制于飞行条件使飞行员无法确认目标的话，他们应遵守国际法，不应该攻击该目标。

（7）12月5日轰炸位于芜湖的英国驳船、平底船。英国政府于12月8日提出抗议并保留提出赔偿的权利。①

从这份照会中可以看出，自中日战争爆发以来，日军武装侵害英国在华利益，袭击英国船只、人员和其他财产已经成为一种常态。日方屡

---

① 《致日本政府关于袭击英国船只的照会》，登记号F11038/10816/10，来自外交部会议记录，1937年12月14日载张宪文主编《南京大屠杀史料集》之31《英国使领馆文书》，第29—30页。

次实施侵害，英方屡次提出抗议，日方屡次道歉，并承诺采取措施避免再次发生类似事件。这几乎已经成为一种恶性循环。而许阁森大使被炸事件和"瓢虫"号事件是这一系列事件中最严重的两次，酿成了英日两国之间的重大外交危机。英方在与日方交涉"瓢虫"号事件的时候，同时向日方递交这份照会，再一次清楚表明英方已经对日方的行为极为愤怒，并且非常不耐烦了。毫无疑问，英国政府是想借此事件把日军侵害英国利益的问题作一个总清算。

事件发生后，英方的反应是非常迅速的，态度也是鲜明的。但日方却反应迟钝，似乎是穷于应付。正像克莱琪约见广田时后者所表现出的不知所措一样，广田只是说日本政府还没有接到详细报告，然后口头表达了歉意。直到12月14日，日本驻英大使吉田茂才接到本国政府的指令，要他立即约见英国外相艾登，向英国政府正式表达歉意。吉田立即依令行事，与艾登见了面，并代表日本政府正式向英方表达歉意，但仍然表示日本政府还没有得到关于此事的详细报告，所以他也无法获得任何信息。"艾登先生表示了英国政府对此类事件的严肃态度，此次事件已经不是第一次了。大使阁下询问是否还有信息要转达给日本政府时，英国政府敦促日本政府全面满足英国照会中提到的要求。"此外，艾登还要求日本媒体在报道相关事件时，要改善语气。艾登指出："诚然，英国的舆论是同情中国人民的。而事实上也是德国军官在组织中国人抵抗（日本）。这一事实之前从未被提及。如果我们两国之间的关系想要有真正的改善，很重要的一点就是日本媒体的语气要有所改善。"①

这次会晤表明英国政府在总体上对当时的英日关系是十分不满的。艾登对吉田不仅表达了"瓢虫"号事件本身的立场，还对日本媒体对英国

---

① 以上两段引文均出自《日本大使和英国船只受到攻击事件》，登记号 F11084/10816/10，来自日本大使（会谈），1937年12月14日，载张宪文主编《南京大屠杀史料集》之31《英国使领馆文书》，第33—34页。

的不友好报道提出质疑和不满。这次会晤已经超出了交涉"瓢虫"号事件本身,而已经提高到英日关系总体的高度。

　　在英日两国政府在国家层面进行交涉的同时,日本军方也在现地表达歉意。12月14日,日本外交官冈村与第三舰队司令长谷川乘飞机抵达上海,海军少将今田则乘坐军舰到达,三人向当地的英国军事当局表示正式道歉。[①]"长谷川表达了最诚挚的歉意,他承认日本海军飞机的行为违背了规定。他说日本必须承担全部责任,并且致电东京建议赔偿。他答应回复书面的抗议。长谷川一开始不愿相信桥本大佐的行为,他称派遣飞机向该部队投掷了相关命令。"[②]

　　从长谷川的这一番表态来看,所谓日军中有向长江中一切船只开火的命令很可能是华中方面军这一华中地区日军最高军事当局下达的。在英美在华的军事将领们看来,长谷川是一位比较理性、对英美相对温和的将领。尽管他的目的也是维护日本的利益,但他不像其他日军将领那样鲁莽,不太可能下令不分青红皂白地攻击长江中的任何船只。事件发生后,长谷川十分关注,并希望该事件得到妥善解决。英国军方也承认:"他的深切关注和担忧很明显是真诚的。"[③]而桥本则对英美充满敌意。但"瓢虫"号事件中,不仅桥本麾下的炮兵对英国舰船实施了攻击,日军的飞机也实施了攻击。这些飞机应该是隶属于长谷川的第三舰队。但攻击令到底由谁下达,的确是一个难解之谜。此外,当英国军官向长谷川提出,要尽快允许"瓢虫"号及其他英国舰船在长江上航行时,长谷川回答说现在的情形仍十分危险,但也许一周后可以。这与桥本的态度是一致的。如前所述,桥本要求第三国舰船必须待在指定的驻锚地。

---

[①]《日军袭击英美船只事件》,登记号 F11103/10816/10,发自海军部,1937 年 12 月 14 日,载张宪文主编《南京大屠杀史料集》之 31《英国使领馆文书》,第 35—36 页。

[②]《日军对英国船只的攻击》,登记号 F11030/10816/10,发自海军部,1937 年 12 月 14 日,载张宪文主编《南京大屠杀史料集》之 31《英国使领馆文书》,第 36 页。

[③]《上海海军高级军官的第 1525/13 号电报》,发自驻上海海军高级军官,编号 1503。1937 年 12 月 13 日,载张宪文主编《南京大屠杀史料集》之 31《英国使领馆文书》,第 37 页。

正是鉴于发生"瓢虫"号事件及英日两国已经开始交涉，且日方已承认错误后，长江上的英国舰船仍处于危险状态，克莱琪在向日本政府递交正式照会之后，又于 12 月 15 日以私人名义给广田外相递交了一封信件：

尊敬的外相阁下：

我今天上午给您紧急送去我所收到的关于英国战舰本月 12 日在芜湖受袭地点的电报抄本。从这些电报中，我得出两点：

1. 尽管本月 12 日发生了令人遗憾的事件，但是对长江上往来的所有船只实施开火的命令似乎仍然有效。

2. 日本炮兵的枪炮仍然近距离直接对准"瓢虫"号和"蜜蜂"号。

针对第 1 点我只能说这显示了日军驻华的责任部门对其在本月 12 日的行为所引起的后果毫不重视，令人遗憾。

关于第 2 点，我希望能发出有力的抗议，要求日方给其驻芜湖的指挥官下达停止这种威胁的命令。

阁下是否注意到聚集在南京上游的船上有妇女和儿童，因此给所有日本战斗部队发出最明确的指令，要求他们尊重在长江上的外国船只是迫在眉睫的事情。

此事究竟如何解决，请尽快通知我，不胜感激。①

这是英国在向日本发出正式外交照会之后进一步对日施压的体现，实际上是进一步要求日方满足英国的要求。对此，英国外交部对克莱琪此举感到满意，认为："克莱琪爵士的信很及时。"②

---

① 《克莱琪爵士致英国外交部的 816 号电报》，发自 R. 克莱琪爵士（东京），收到时间 1937 年 12 月 15 日下午 1 时 45 分，载张宪文主编《南京大屠杀史料集》之 31《英国使领馆文书》，第 40—41 页。

② 《致日本外相关于英国船只遭袭的信文》，登记号 F11036/10816/10，发自 R. 克莱琪爵士（东京），1937 年 12 月 15 日，载张宪文主编《南京大屠杀史料集》之 31《英国使领馆文书》，第 40 页。

在英方的强大外交压力之下,也因为"帕奈"号事件和"瓢虫"号事件几乎同时发生,日本政府的外交和军事当局也不得不作出回应。除了在中国的现地军事当局之外,东京的日军总部也开始有所动作。15日,海军省新闻局发表了一篇声明,简要叙述了日军袭击英美舰船的经过,"并称一得知这些船的国籍,日军总司令即命令暂停对长江上船只的空袭"。该声明还说:"不必说,轰炸美国和英国的战舰和商船并不是故意的,只是不幸的意外,是错误的结果。有关部门已决心妥善处理这些事件。"①同日,米内光政海军大臣亲自拜访了英国驻日海军武官,"告知严格及明确的指示已下达给海军中将长谷川,即在英国和美国兵舰和汽船所在之地,类似的错误绝对不可以再犯,并说为事件负责的驻上海海军航空队指挥官已于12月15日被调往台湾。他还补充说,上级军官为其下属军官的错误负全责是日本海军的传统之一"。② 这是日方迄今所作的对英国最大的示好之举。海军大臣主动去拜访英国驻日海军武官是不同寻常的,说明日本政府急于修复因"瓢虫"号而被严重损害的英日关系。此外,日方还采取了实际行动来满足英方的要求。除了把桥本欣五郎大佐撤职之外,还把驻上海海军航空队指挥官调走。该指挥官其实就是第三舰队的航空兵首脑。对此,英方是感到满意的。外交部官员在克莱琪的电报上批示说:"我们认为日本很早就下达了严格明确的指示。问题在于这些指示没有得到遵守。"针对航空队指挥官被调离一事,外交部的批注说:"调动,即使没有降级也显然是个严厉的处罚。"

在米内海军大臣亲自造访英国驻日武官的前后,12月15日,广田外相也向克莱琪大使递交了一份日本政府对"瓢虫"号事件的正式外交照会:

---

① 《克莱琪爵士致英国外交部的818号电报》,发自R.克莱琪爵士(东京),收到时间1937年12月15日下午4时45分,载张宪文主编《南京大屠杀史料集》之31《英国使领馆文书》,第42—43页。

② 《日本袭击英国舰船后的行动》,登记号F11054/10816/10,发自R.克莱琪爵士(东京),1937年12月15日,载张宪文主编《南京大屠杀史料集》之31《英国使领馆文书》,第43页。

尊敬的阁下,日本帝国政府对近来所发生的事件深感不安,在芜湖和南京地区,"瓢虫"号、"蜜蜂"号、"蟋蟀"号及"圣甲虫"号等军舰于 12 月 12 日遭到误炸,我谨代表我国政府表示深深的歉意。我荣幸地告知阁下,日本帝国政府已果断采取必要措施,以防止类似事情的再次发生,并将尽快结束调查,惩治责任人。同时政府也预备对贵国的损失支付必要的赔偿。

帝国政府衷心地希望这些不幸事件的发生不会损害我们两国之间的传统友谊。①

这份照会与 14 日晚上广田给克莱琪信函中的内容基本相同,只是把文件的形式由信函改成了正式外交照会,这也更加正式地表明这是日本政府的立场,满足了克莱琪代表英国政府要求日方以官方照会形式表达歉意的要求。这份照会中日本政府所作出的承诺,也满足了英方照会中提出的赔偿、惩罚责任人、采取措施预防再次发生类似事件这些具体要求。再加上日方已经把桥本大佐等责任人撤职和调离等,表明日方对此次事件是非常重视的,也急于尽快了结此事,避免让日本陷入更大的被动。

英国政府于 16 日向日方发出确认收到照会的信息,并再次重申现在局面的严重性以及要求日方采取具体措施防止发生类似事件。这一次,英国的态度确实明显不同于许阁森被炸事件发生时。上一次,日方刚一承认是日军袭击了许阁森的车队,并表达了遗憾,英方立即见好就收,马上对日方表示满意,并声明事件已经结束。

12 月 16 日,克莱琪继续就"瓢虫"号事件与广田进行沟通。克莱琪强调采取明确措施以保证在南京的英国人及在长江上航行的英国舰船安全的重要性。广田说日本外务省正在就相关事宜与海军大臣商议,并

---

① 《英国炮舰受到日军攻击》,登记号 F11128/10816/10,发自议会询问,1937 年 12 月 15 日,载张宪文主编《南京大屠杀史料集》之 31《英国使领馆文书》,第 49 页。

答应将就"瓢虫"号事件向英方出具详细报告。此外,广田还告知克莱琪,长谷川中将已经提出辞职,但克莱琪认为他的辞职不会被接受。克莱琪还明确对广田指出:"眼下重要的是弄清是谁应该为向所有船只开火这一命令负责,并采取相应的纪律措施。外相称他们正在调查此事。"克莱琪对这次沟通感到满意,他向英国外交部报告说:"(日本)外相对这些应受谴责的行为表示由衷的悲痛并密切关注人员伤亡情况。我确定这一次他们会采取充分的措施来加强指挥官的责任感。"①

在对待日军指挥官应负的责任这一问题上,英方也有自己的看法。尽管长谷川于 16 日给在华英国军事当局发出了一封信,语气十分缓和,表示将承担责任。但英方认为:"我们的主要问题来自上海地区的日本军方,他们是侵略者,残暴地对待任何事物。在我看来,指挥官松井石根在目前事态的发展上应承担责任,只要其在任,问题就依然存在。"②这直指日本在华中地区的最高军事当局和其最高指挥官松井石根,说明部分英国在华军官把日军在南京的暴行和他们袭击英美舰船的事件联系在一起看待。随后,日军派 1 艘鱼雷舰艇护送"瓢虫"号和另一艘英舰"奥胡"号(Oahu)到上海。18 日,广田再次向克莱琪发出一份照会,重申日本政府已采取必要措施保证此类事件不再发生,相关责任人将会受到处罚,并将对英方的损失作出相应赔偿。③ 英国外交部则于 12 月 20 日向日方发出一份回应照会,"要求日方确认已采取切实措施以防类似意外再次发生。日本政府发出的致歉照会似乎可以理解为已经给出了相应

① 以上两段引文引自《克莱琪爵士致英国外交部的 829 号电报》,发自 R. 克莱琪爵士(东京),收到时间 1937 年 12 月 16 日上午 11 时 10 分,载张宪文主编《南京大屠杀史料集》之 31《英国使领馆文书》,第 55—56 页。
② 《海军高级军官给外交部的第 1021/16 电报》,1937 年 12 月 16 日,载张宪文主编《南京大屠杀史料集》之 31《英国使领馆文书》,第 58—59 页。
③ 《克莱琪先生致外交部的 845 号电报》,发自 R. 克莱琪爵士(东京),发送时间 1937 年 12 月 18 日上午 8 时 40 分,载张宪文主编《南京大屠杀史料集》之 31《英国使领馆文书》,第 62 页。

的答复"。① 这是自"瓢虫"号事件发生以来,英国政府发出的第一个包含缓和信息的表示。英国方面如果认为日本政府的致歉照会是日方对英国所提要求的相应答复。那么,英日双方就找到了打开解决这一事件的钥匙,接下来的交涉应该顺理成章。

随后,英日双方继续就一些问题磋商。例如,12 月 20 日,克莱琪向日方询问何时给英国最终答复,日本陆军省军事情报处的一位官员告诉他"军事情报处提出的关于芜湖事件的一些细节在某些方面与英国照会上关于此事的记载有些出入,并表示正在努力弄清真相"。② 这种说法虽然有虚与委蛇的推脱之嫌,但实际上细节也确实存在。这位官员还再次证实,为了防止再次发生类似事件,严格的命令已经下达,确保长江上的船只不再受到攻击。也是在 20 日,日本军方表示,松井石根大将将在其职权范围内,竭尽全力保证此类事件不再发生。

英国没有就日方给出最终答复提出期限,日方直到 12 月 28 日才由广田外相向克莱琪递交了一份作为最后答复的照会。虽然这与英国的期待有很大的距离,但还是比许阁森大使被炸事件发生时日方的答复要快许多。该照会称:

> 我曾有幸在 12 月 14 日的照会③中就日军于 12 月 12 日在芜湖及南京误炸英国战舰与商船一事代表日本政府郑重道歉,并向您告知,日本政府已采取措施防范类似事件再度发生,适当处理责任人,并赔偿英方损失。您在 12 月 16 日的回复中,描述了以下条件:
>
> 1. 贵国政府愿意接受我方 12 月 14 日的照会。
> 2. 贵国政府要求我方保证照会内容同样适用于袭击英国商船

---

① 《英国就英国船只遭袭事件递交日本政府的照会》,登记号 F11247/10816/10,发自 R. 克莱琪先生(东京),载张宪文主编《南京大屠杀史料集》之 31《英国使领馆文书》,第 63—64 页。

② 《英国船只受到日军攻击》,登记号 F11297/10816/10,1937 年 12 月 20 日,载张宪文主编《南京大屠杀史料集》之 31《英国使领馆文书》,第 64—65 页。

③ 据笔者看来,这份"照会"就是广田代表日本政府于 12 月 14 日晚交给克莱琪的信函。

一事。

　　3. 贵国政府特别要求责任人需要得到适当处理。

　　4. 贵国政府希望能获知日本政府防范此类事件发生的措施。

　　我迅速于 12 月 17 日的照会中向您作出答复,12 月 14 日照会内容同样适用于被袭击的英国商船。

　　事件发生后,日本政府竭尽全力,调查事实,但是很遗憾,由于参与该军事行动的军队业已分散、交流不畅以及其他问题,全面调查尚未展开。我们已经收到完整的报告,我方陆军与海军官员已向您解释了其主要内容。阁下将通过以上的解释了解到,该事件的发生一方面是由于相关部队认为,外国军舰与商船在战争情况下应该离开该水域及邻近地区,除了敌方船只,不会有外国船只停留;另一方面由于当时大雾弥漫,能见度低。无可怀疑的是,他们并没有在明知是英国船只的情形下,故意发动进攻。以下事实也充分证明了这一点,事发后,两架日本海军轰炸机与陆军发现是英国舰船后,立即停止攻击,并且,日本陆军提供了援助,照顾英国军舰"瓢虫"号上死伤人员。

　　……①

　　3. 参与袭击事件的日本军队指挥官声称他们曾接到命令,向长江中所有船只开火,关于这一点,日本政府非常关切,进行了调查,结果显示该命令针对的是用于军事用途的敌军船只,并非针对第三方的船只。

　　4. 我必须补充的是,语言不通导致了海军少将霍尔特当时在芜湖与日本军队指挥官交谈时发生误解。

　　5. 至于日本政府就该事件道歉以及进行赔偿一事,没有必要对

---

① 这份照会原文来源于克莱琪分别发给英国外交部的两封电文,从上下文看,这中间肯定有遗漏。

我提及的前一份照会进行补充。至于惩罚责任人一事，虽然该袭击完全出于失误，日本政府为杜绝类似事件再度发生，鉴于相关陆军指挥官、海军指挥官以及航空部队编队未能防患于未然，依法对其进行了处理。

6. 针对阁下您于12月16日照会中最后一段内容，日本陆军高级官员在事件发生后立即发布了严格指令，日军从即日起停止对长江上除中国军舰外的一切船只发动的攻击。海军同时也立即发布严格指令，在第三方军舰出现的所有地区保持戒备，以防止类似事件再度发生，即使在攻击中国军队过程中牺牲战略优势也在所不惜。此外，虽然海军、陆军以及外交机构已经多次接到指令，鉴于近期的不幸事件，日方再度向其发布指令，促使其采取防范措施，保护英国以及其他国家的公民的生命和财产安全。日本政府正在全力研究相关措施，以有效实现以上目标。例如，在全面调查英国公民与财产的分布后，日本政府将在适当时间内与军方及其军队交换信息，至于交流信息的手段，日方充分考虑了快速有效的传送方式。

7. 日本政府出于诚意，已竭尽全力采取以上列举的诸项措施，以更有效合法地保护英国以及其他第三方的权利与利益。我相信阁下的政府将对此感到满意。①

这是日方就"瓢虫"号事件给英方的最完整的答复，反映了日本政府处理此事件的立场和手法。就像答复过去日军侵害英国在华利益时一样，日方在照会中强调发生袭击事件是由于失误，而并非故意。照会说："该事件的发生一方面是由于相关部队认为，外国军舰与商船在战争情况下应该离开该水域及邻近地区，除了敌方船只，不会有外国船只停

---

① 这份照会篇幅较长，克莱琪是分两份电文分别发给英国外交部，中间还有脱漏。在收入《南京大屠杀史料集》时的电文名称都是《日方就英国照会袭击英国军舰事件的答复》，日期都是1937年12月28日，登记号分别是 F11647/10816/10 和 F11669/10816/10。载张宪文主编：《南京大屠杀史料集》之31《英国使领馆文书》，第76—78页。

留。"这段文字隐含着责备英国不该在战争区域停留船只的意思，暗示英国也对事件的发生有一定的责任。克莱琪立即看出这一点。他在给英国外交部的报告中说："该声明倾向于将事件责任转嫁给我方，认为我们的船只不应停留在事发地点。该声明中尚有其他部分与我所知的事实并不符合。（日本政府照会第二段声称，日本陆军与海军官员已向我解释了该事件全部报告的主要内容，这一说法不正确。海军方面与大使馆海军武官进行了沟通，但是我没有从日本陆军方面得到类似的答复。）"因此，克莱琪告知艾登："我将向日本外相与陆相提出疑问。"①

至于说当天天气不好、浓雾影响到能见度则是子虚乌有的遁词。那一天，除了"瓢虫"号事件，还发生了日军袭击美舰"帕奈"号的事件，美方早已明确指出，当天天气很好。此外，该照会还提到了日军中确实有"向长江中一切船只开火"的命令，但照会却含糊其词，故意不提到底是谁下达了这样的命令，只是说"该命令针对的是用于军事的敌军船只，并非针对第三方的船只"。这一说法自相矛盾。既然向长江中所有船只开火，怎么可能只是针对用于军事用途的敌军船只，并非针对第三方船只？莫非日军肯定长江中绝对没有其他船只？当然，日方也急于解决此危机，因此还是答应了英国提出的道歉、惩罚责任人、赔偿、采取措施确保不再发生类似事件的要求，而且也确实采取了若干具体措施，如下令停止攻击长江中的船只等。

除此之外，克莱琪感到有两点无法令人满意。第一，没有提及对于相关责任人的惩治措施。第二，没有提及未来足够的防范措施。对此，克氏直言不讳地向广田表明出来。对于第一点，广田"秘密"交给克莱琪一份相关责任人的名单，并声称所有这些人都遭到申斥。这份名单包括：海军航空部队指挥官美津少将、一名航空部队参谋部官员、两名航空

---

① 《日方就英国照会袭击英国军舰事件的答复》，登记号 F11668/10816/10，发自 R. 克莱琪勋爵（东京），载张宪文主编《南京大屠杀史料集》之 31《英国使领馆文书》，第 79—80 页。

部队指挥官、两名主管航空部队官员，陆军指挥官柳川平助中将、参谋长田边盛武少将、炮兵指挥官桥本大佐。[①] 对于第二点，广田称旨在保护长江上航船的措施已经得到慎重考虑，且日方愿意就此两点继续与克氏进一步交换意见。克莱琪着重指出，责任人仅仅得到申斥这样的处罚是不能令人满意的，尤其是桥本大佐，不仅下令向英国军舰及其他船只开火，甚至在事件发生后依然将炮火对准英国军舰，并命令其不许移动。这样的行为显然应得到更严厉的处罚，而非仅仅以申斥了事。这里，日方又在实施欺骗伎俩。本来，日方早已告知英方说桥本已经被解职，但在给英方的正式照会中说所有责任人都受到申斥，故意不提对主要责任人桥本欣五郎大佐的具体惩罚措施。广田继续询问克莱琪，是否认为日方照会在这两点上不能令人满意。克莱琪回答说："就我个人而言，我认为这些问题可以通过我们持续的磋商得到满意的解决。"

克莱琪的这一表态出于两个原因，一是此时他还不知道英国政府对此的态度，故而不便代表他的政府发言，二是克氏本人虽然在与广田会晤时仍显强硬，表达对日方的不满，但他的内心也希望见好就收，尽快解决眼前的危机。他在给艾登外相的电报中充分表达了这一点："美国已经接受日本政府就击沉'帕奈'号事件的答复。我认为，关于袭击我国船只一事，如果我们坚持不让步的立场，会造成不幸的后果。但是，我建议，我们的回复应针对保护长江上英国船只及英国在华人员生命与财产的具体措施。我不赞成进一步公开提及惩罚措施一事，通过秘密会谈解决此事，才能带来令人满意的结果。"[②]对此，英国政府及艾登也表示赞成。艾登发电回复克莱琪："我同意，就你提及的两个方面而言，日本政府照会不能令人满意。但是我也同意，像你建议的那样，此事最好通过

---

① 《与袭击英国军舰事件有关的日本官员受到申斥》，登记号 F11676/10816/10，发自 R. 克莱琪勋爵（东京），载张宪文主编《南京大屠杀史料集》之 31《英国使领馆文书》，第 78—79 页。

② 以上两段引文均引自《R. 克莱琪致外交部第 886 号电报》，发自 R. 克莱琪勋爵（东京），解码时间 1937 年 12 月 30 日 12 时 05 分，载张宪文主编《南京大屠杀史料集》之 31《英国使领馆文书》，第 74—75 页。

协商来解决。"对此,艾登还授权克莱琪向日本政府递交了一份简短而又明确的照会:

> 根据英王陛下政府的指示,我很荣幸地告知阁下,他们对阁下12月28日照会中关于12月12日袭击英国军舰与商船事件的内容表示赞赏,对于12月14日照会内容同样适用于被袭击的英国商船的声明感到满意。①

至此,英日两国就"瓢虫"号事件所进行的交涉基本结束,英方也基本认可了日方对此事件的处理。至于克莱琪提到的日本政府照会中几处失实或不能令人满意的地方,克氏及时与广田进行了沟通,也马上得到了后者的答复:

> 关于这一有争议事件的发生,日本政府立即尽最大努力去弄清事实。但不幸的是,调查的完成因军事操作过程中的单位划分混乱、交流不足和其他原因而被耽搁。现在终于收到一份完整的报告,内含日本军事和海军当局向您解释的要点。正如阁下从以上解释中所了解的那样,该事件的发生完全是因为这样一个事实,即涉及的单位想当然地认为,在当时的大环境下,所有的外国军事人员和商船都已撤离并避开了战争邻近地区。在这些地区,除了敌人的船只,不应该有别的船只留下。也因为另一事实,即因为浓雾或迷雾,当时能见度很差,他们毫无疑问不知道那些是英国船,因此他们并非故意攻击这些船只……

> 谈到他已经从日本当局接到命令对所有江上船只开火,与此事尤为不难脱开干系的日本政府作了一次深入调研,证实了以下事实:"船只"是指敌方所有做军事用途的船只,并没有要袭击第三方

---

① 以上艾登对克莱琪的指示及英国对日照会均引自《外交部致R.克莱琪第607号电报》该电文没有记载日期及编号,载张宪文主编《南京大屠杀史料集》之31《英国使领馆文书》,第75—76页。

船只的意图。

4. 我还想说,其实海军少将霍尔特和日方部队指挥官在芜湖会谈过程中对问题的实质彼此有误解,这一切被归结于语言沟通上的困难。

5. 关于日本当局对这次袭击的道歉和赔偿一事,如我在上述文件中所说,不需要进一步说明。至于事件责任人的处置权,虽然对此次事件源于误解这一点已达成共识,日本当局为了防止再次出现类似失误,已经依法适当处置了指挥官和有关海军军官……

事件发生后,相关的日本高级军事指挥官立即严令手下所有士兵:除非确定船只为中国军队军事行动所用,否则不再攻击长江上的船只。同时,海军官方也随即严令禁止这种错误发生,要求就算可能丧失攻击中国军队的机会,在泊有第三方船只之地也应格外小心。另外,虽然已屡次发令,当地海军与外交当局考虑到最近发生的不幸事件,再次下令要求尽可能小心,不能再威胁到英国和其他国家公民的生命和财产安全。日本政府也汲取教训,努力将上述目标付诸实施……

6.(略)

7. 正是怀着尽力保证大英帝国和其他第三方力量权利和利益的真诚愿望,日本政府采取了上述所有措施。我深信国王陛下政府会感激他们的努力。①

这份答复照会基本上坚持了日本政府原来的立场,但语气更加缓和,而且承诺"日本政府也汲取教训",再次显示出日方急于解决问题的心态。在谈到克莱琪所关注的英国舰船停泊在"不适当"的区域导致袭击发生时,照会用了"涉及的单位想当然地认为"这一提法,与日本政府

---

① 《日本外相对英国抗议袭击军舰声明给克莱琪的回复》,登记号 F940/5/10,发自 R. 克莱琪勋爵(东京),发送日期 1937 年 12 月 30 日,载张宪文主编《南京大屠杀史料集》之 31《英国使领馆文书》,第 89—90 页。

的上一次正式答复照会略有不同,暗示日军对袭击的发生负有责任。这是日方对英方所做的让步。但该照会仍然坚持天气是导致发生袭击事件的因素,说当时江面上有大雾,这显然是罔顾事实。12 月 31 日,英国驻华海军军官明确指出:"当时没有大雾,只有来自正在燃烧的英国舰船从江面飘来的一缕薄烟。这些船是一周前被日本人炸坏的。这绝不可能引起该袭击事件。"此外,日方声称的霍尔特与桥本会晤时因语言障碍而导致误解的说法,英国军方也不能认同:"桥本不应该说英日翻译官翻译得不好。我认为所有的要点都翻译得很清楚。会谈的主要观点随后送达桥本,并被确认收悉。"① 这就有力驳斥了日方的遁词。但在当时的大环境下,英方也没有进一步去追究这些问题。

在处罚责任人问题上,广田表示"已经依法适当处置了指挥官和海军军官",既是向英日报告处理的结果,也是一种外交辞令。日方对这些人既不能不处理,也不能处理过重而影响军队士气,所以是"依法适当处置"。在照会的结尾,广田代表日方声称"日本政府采取了上述所有措施。我深信国王陛下政府会感激他们的努力"。这是暗示日方的让步已经到底,不会再有进一步行动。

至此,英日之间就"瓢虫"号的交涉在原则问题上基本结束,双方转入就具体问题的技术性谈判。英方对桥本持强烈批评态度,表明如果桥本不受到适当处罚,英方将不认为"瓢虫"号事件结束。克莱琪于 1938 年 1 月 11 日为此递交给日本外务省一份说明,表明英方立场:"在我们从某种程度上成功协调对所发生事件的不同看法时,事实仍旧是桥本大佐犯了极大的失职罪和疏于判断罪。他在开火期间没有尝试辨明船只的身份。由于前一天在芜湖的一名日本军官当场保证不向这些船开火,

① 以上两段引文引自《长江海军少将发往东京的第 1605 号电报》,发送时间 1937 年 12 月 31 日,载张宪文主编《南京大屠杀史料集》之 31《英国使领馆文书》,第 92—93 页。

疏于调查更不可原谅。"①英方把桥本受到处罚作为日方采取措施保证不再发生类似事件的最有说服力的标志。

但是克莱琪也承认要达到这个目的是有许多困难的。他向英国外交部作了分析:"我们要得到满意的结果存在很多困难,而且已经证明某些困难是不可克服的。首先,存在这样的困难,即高层指挥(在这次事件中大概是王子陛下②)在下达命令的时候可能忽略了要尊重外国国旗,他可能只是像桥本大佐声明的那样命令向江上所有船只开火。另外,在中国的日本军队纪律松懈的问题是臭名昭著的,这个困难更为严重。桥本大佐 10 年前曾在土耳其做大使军事随员,并于 1936 年退役,但现在他看起来就像一名典型的'年轻军官',内心充满对'大日本'思想的狂热与效忠,标榜对帝国绝对忠心的服从,宣扬在旁人看来颇为费解的为帝国民族利益尽忠尽力的信条。在敌对情绪爆发时,他站在保守方的立场,是著名的反动极端爱国社团成员。美国媒体关于他参与了 1936 年 2 月 26 日事件的传闻沸沸扬扬。但是,就我所掌握的情况看,这一传闻似乎并不是事实。但从他的上级官员看来,有证据怀疑他有某种政治关系,因而对他进行依法惩处一事多少有点棘手。"③

克莱琪的这一分析切中要害,既揭了桥本的老底,也指出依法惩处的困难。那道"向长江中一切船只开火的命令"很可能就是这位"王子陛下"下达的,这就牵涉到日本皇族,故而十分难以追究。而且英国方面清楚,侵华日军的军纪极差,所以发生袭击第三国舰船的事件也就不足为怪了。但为了大英帝国的面子,对桥本不进行任何惩处是无论如何难以接受的。经过与日方数月的紧张磋商,直到 1938 年 5 月 21 日,日本军方

---

① 《日军攻击英国军舰》,登记号 F481/5/10,发自 R. 克莱琪先生(东京),发送日期 1938 年 1 月 11 日,载张宪文主编《南京大屠杀史料集》之 31《英国使领馆文书》,第 116 页。

② 这里的"王子陛下"令人疑惑。笔者认为可能是指朝香宫鸠彦。他是当时日本天皇裕仁的叔叔,时任松井石根的副手。

③ 《克莱琪致外交部电报》,登记号 F2315/5/10,发自 R. 克莱琪爵士(东京),发送日期 1938 年 2 月 9 日,载张宪文主编《南京大屠杀史料集》之 31《英国使领馆文书》,第 120 页。

通知英国驻日武官,桥本欣五郎大佐已经被列入退休者名单。这就是对这位制造了"瓢虫"号事件的主要责任者的"处罚"。负责通知英方的日本官员的话颇耐人寻味:"执行这项任务让我们遇到了最大的困难,原因就在他的政治影响,不过我们最后成功了。"①

在日方如此"处罚"了桥本之后,英日两国围绕"瓢虫"号事件所进行的外交交涉也就结束了。日方也对英国进行了必要的赔偿。② 在接到桥本被"处罚"的消息之后,英国外交部表示:"我们可以就此了结此事。几乎按原计划满意地解决了这一问题,而且也不大可能就此事得到进一步的发展。"③这种虎头蛇尾的解决方式恰好表明了英国在远东与日本的力量对比。英国国力下降,在远东能集结的力量不足以有效威慑日本,故而在外交上也难以对日过份强硬。纵观英日两国围绕"瓢虫"号事件的交涉全过程,虽然外交辞令上双方都是客气温和的,但我们看到英国色厉内荏的本性和日本的骄横。这也说明英日两国的矛盾正在越来越激化之中。这种矛盾日益激化下去,必然导致两国关系从根本上彻底破裂,也说明中国争取国际援助的努力具有光明的前景。

## 四、英美联合对日交涉的尝试

日军在同一天袭击了英美两国在长江几乎同一江段上的舰船,并造成人员伤亡和财产损失,这在世界战争史上是极为罕见的,但同时也给英美两国共同对日交涉,并采取联合行动提供了一次难得的契机。

英国对联合美国共同对日交涉十分积极,这首先是因为英国在华有

---

① 《日方因芜湖事件对桥本大佐进行处罚》,登记号 5456/5/10,发自 R. 克莱琪爵士(东京),发送日期 1938 年 5 月 21 日,载张宪文主编《南京大屠杀史料集》之 31《英国使领馆文书》,第 130 页。

② 日本的赔偿分为对伤亡者的赔偿和修理受损船体的赔偿两部分,前者共 920 英镑,后者为 2942 英镑,分别见《南京大屠杀史料集》之 31《英国使领馆文书》第 207 页,第 200 页。

③ 《日方因芜湖事件对桥本大佐进行处罚》,登记号 5709/5/10,发自 R. 克莱琪爵士(东京),发送日期 1938 年 5 月 27 日,载张宪文主编《南京大屠杀史料集》之 31《英国使领馆文书》,第 131 页。

重大经济利益。当时,上海是列强在华利益的中心,实际上也是远东的经济中心。其中英国在华投资又居列强首位。1936 年,英国的在华资本达 104590 万美元,而西方列强中位居第二的美国只有 34050 万美元。英国在华投资中,约 72% 都集中在上海。[1] 此外,上海还是在华外国人的聚居地。1937 年,在上海长住的外国人有 5 万多人,其中英国人超过 9 千。[2] 中日战争的爆发,特别是淞沪战役开始后,英国在华的经济利益(主要是在长江中下游地区的经济利益)几乎化为乌有。但英国在远东却没有有效威慑日本的军事实力。当时,英国在远东的军事力量非常有限。"它只是在香港和马来亚驻有数量不大的陆军和空军,在中国的北平、天津、上海等地有少量派遣部队。作为其远东主要力量支柱的海军远东舰队只拥有 6 艘巡洋舰、1 艘轻型航空母舰、10 艘驱逐舰、17 艘潜艇及一些辅助船只。"[3]很显然,仅凭这点力量,英国无力单独对日本形成有效威慑。英国海军的总体实力虽然超过日本,但迫于当时德国和意大利在大西洋及地中海挑起的紧张局势,英军无法向远东实施有效增援。

中日战争爆发后,日军在中国一再侵害英国利益,已经使英国穷于应付,又无可奈何。因此,英国希望借助美国的力量制约日本。但英国明白,这绝不是一件容易的事。这首先是因为美国在华没有重大经济利益,在亚太地区也没有像英国那样有庞大的殖民地需要保护。其次是由于当时美国国内孤立主义盛行,国内舆论普遍反对美国介入欧亚国家的事务。美国政府的决策因此受到严重影响和制约。但这次美国的舰船遭日军袭击,其利益直接受到损失,英国认为劝说美国改变的时机已经到来。

当艾登外交大臣得知日军在 12 月 12 日同一天袭击了长江上英美

---

① 吴承明:《帝国主义在旧中国的投资》,北京:人民出版社 1956 年版,第 45 页。

② Peter Lowe, *Great Britain And the Origins Of the Pacific War——A Study of British Policy in East Asia 1937 - 1941*. Oxford University Press 1977, pp. 20.

③ 王建朗:《抗战初期的远东国际关系》,台北:东大图书公司 1996 年版,第 55 页。

两国舰船的消息后,立刻意识到与美国协调立场的问题。艾登当即召见美国驻英代办约翰逊(H. Johnson),表达了在对日交涉问题上希望与美国协调磋商的意愿,并要求美方在决定行动前先征询英方的意见。此外,艾登还指令英国驻美大使林赛(R. Lindsay)向美方递交了一份声明:

> 你们看到了日本不仅攻击英舰,也击沉美舰,他们(日本)也曾轰炸过其他英舰,这些行径似乎呈现出发动攻击的那一方出于蓄意,虽然(日方)高层当局应会进行一切外交上的道歉;但持续向外国船舰开火的行径应该是不会有其他目的。我提此事是要强调那些沉沦于煽动行为者的心灵处于侵略状态,美英双方都必须在事情变得无法容忍之前就采取一些行动来预防这类危险的事情发生。毋庸置疑,这项行动应联合行动,否则它在任何情况下将无法达成结果。但在仔细考虑这项行动之前,我想知道美方的观点。美方无疑地将考虑提出坚定的书面要求。且若美英双方都有情报,双方都应准备发出类似的通知。更重要的是,美方是否将倾向采取诸如动员舰队等具威胁性的行动,或是在等待日方回复。若任何这类事情正在被考虑,美英双方都应尽速获悉,因在那种情形下,双方都应采取类似行动,虽然英舰无法如美舰那么快就能抵达远东水域。①

从这份声明可以看出,艾登对与美方协调行动是有很大的期待的,甚至希望英美两国采取联合军事行动对日威慑。然而,美方对此反应消极。当地时间13日上午,林赛在华盛顿约见美国副国务卿韦尔斯(S. Welles),并向后者提及两国在远东采取联合行动的问题。然而,韦尔斯在交谈中却刻意避开"联合行动"这一说法,而只是勉强同意双方进行海军参谋人员会谈。随后,艾登向美方表示,他对在短时期内结束中日冲突的前景感到悲观,并对战火蔓延到英国在华利益的另一个集中区

---

① Anthony Eden, *Facing the Dictators*: *The Memoirs of Anthony Eden*, *Earl of Avon* (Boston: Houghton Mifflin Co. ,1962), pp. 615 - 616.

域——华南——感到非常担忧。因为英国在华经济利益最集中区域，即长江中下游地区，特别是上海，已经被日军占领。艾登希望美国海军派遣部分舰只到远东。如果美方如此，则英国也会采取相应的行动。[①] 英国外交部次官贾德干则提出了一个更加具体的计划：首先由英美两国采取平行（parallel）行动，然后两国在舰队行动方面采取某些协调行动。贾氏是英国外交部负责远东事物的次官，曾经担任英国驻华公使和大使，对远东国际关系和外交事物十分熟悉。然而，这些提议都没有得到美方的积极回应。

美日双方就"帕奈"号事件的善后进行了初步接触之后，赫尔国务卿于 12 月 13 日晚上连续给在东京的格鲁大使发来了若干指示，要求他与广田弘毅外相磋商。赫尔特别指示格鲁，在与广田磋商之前，先向英国驻日大使克莱琪通报美方对日交涉的计划内容，但不要等到克氏采取行动，可立即向日方递交照会。美方对此的解释是，为了防止日方先道歉。[②] 为此，韦尔斯于 14 日还会见了林赛，进行了说明，并对未能事先与英方磋商而感到遗憾。然而，这种解释是非常牵强的。很显然，美方是故意避开与英方采取协调一致行动的。艾登既失望又无奈，只好指示克莱琪向日方递交单独的英国照会。这其中的原因，自然是美国政府不愿被绑到英国的战车上。英国认为，美国政府怀疑英国有意要将其卷入"非美国所关心范围的纠葛中"，且英国试图要美国为其本身火中取栗。[③]从这其中可以看出，当时美国国内的孤立主义是多么盛行。

从国际关系的常识可知，在两国未爆发军事冲突的情况下，某一国军舰无端被另一国击沉绝对是一件极其严重的事件，甚至可以被视为宣战。在美国历史上，这类事件曾导致美西战争的爆发和卷入第一次世界大战。然而，此一时彼一时，1937 年的美国无论在物质上还是在精神上

① 杨凡逸：《美日"帕奈"号事件与中美关系(1937—1938)》，第 74 页。
② 杨凡逸：《美日"帕奈"号事件与中美关系(1937—1938)》，第 76 页。
③ 杨凡逸：《美日"帕奈"号事件与中美关系(1937—1938)》，第 76 页。

都没有做好与日本发生直接军事对抗的准备,而且也不愿卷入另一国与日本的冲突,所以美国只是在如何善后的层面上与日方交涉"帕奈"号事件,而对英国同时面对的"瓢虫"号事件几乎不予过问。

虽然美国政府不愿深度卷入与英国的"协调行动",但美国总统罗斯福(F. Roosevelt)还是在一定程度上表现出与英方合作的意愿。罗斯福并不赞成与英国共同派出舰队联合向日本示威,但认为英美两国可以在情报方面加强合作,以便为将来更进一步的合作打下基础。当地时间 16 日晚上,罗斯福在白宫秘密会见了林赛,与其讨论了英美两国海军参谋人员会谈的问题。这是韦尔斯在 13 日会见林赛时就已经承诺的事项,但由罗斯福亲自出马与林赛商谈,还是显示出美方对此的高度重视。罗斯福希望英美两国进行"有组织的秘密情报交流"。这种交流的主要目标是美英两国安排一项隔离日本并切断其外来原料供应的海军封锁计划。罗斯福还提出了具体方案:封锁线应由阿留申群岛穿过夏威夷,并延伸到菲律宾及香港的北方,美国海军负责这条线以东地区的防御,英国海军负责以西地区。这项封锁协定将于日军"下一次暴行"之后实施。[①]

英国认为罗斯福的这个建议具有很大的积极意义。这也说明美方虽然极力避免与英国进行短期内的深度合作,但也认识到了听任日本继续其暴行而不受约束的严重危害性,而愿意与英方制订一项中长期的对日计划。经过双方协商,英美两国海军参谋人员会谈将在伦敦进行。12 月 31 日,美方代表殷格索上校(E. Ingersoll)抵达伦敦,两国开始了相关谈判。这时,英美两国与日方就解决"帕奈"号事件和"瓢虫"号事件的谈判已经接近尾声,事件已经或即将得到解决,但英美两国仍然开展海军参谋人员会谈,说明英美已经开始着眼长远,寻求在将来共同对付日本的契合点。

---

[①] 王建朗:《抗战初期的远东国际关系》,第 176 页。

　　殷格索上校在伦敦与英国海军的谈判代表进行了广泛的磋商，并会见了英国海军司令查特菲尔德上将(E. Chatfield)和海军计划局局长菲利普上校(T. Philips)。在会谈中，殷格索继续拒绝英方提出立即派舰队到远东向日本示威的建议。但经过双方的努力，英美两国于1938年1月13日达成一项一旦与日本开战两国将联合行动的非正式协定：

　　　　一、美国将把主要舰队力量部署于珍珠港，英国将把在正常战略战术条件下足以对付日本舰队的力量部署在新加坡，并认为还应进一步考虑美英之间的直接战略合作。二、双方同意此国家的政治的和海军的措施应该与彼一国家保持一致。为达到此目的，双方同意必要时英国舰队抵达新加坡和美国舰队抵达檀香山的时间应尽可能同时发生(但承认存在着困难)，而且大英联邦包括自治领的所有水域允许美国海军自由行动，美国包括菲律宾的所有水域允许英国海军自由行动。三、双方应做出两国舰队之间的相互联络安排，同意战略合作是必要的，并要求共同的通讯设施，同意进行海军建设计划的情报和人员交换。四、规定一旦决定对日本实行封锁时，英国海军负责封锁从新加坡经荷属东印度到澳大利亚和新西兰以西的日本贸易，美国负责整个南北美洲西海岸包括巴拿马运河和荷恩角(位于阿根廷)之封锁日本贸易的行动，并负责加拿大西岸的海军防御。①

　　这份协定可以说是此次英美两国协调对日外交的最大成果。这虽然不是直接协调英美两国针对"帕奈"号及"瓢虫"号事件的对日交涉，但为两国在未来共同在军事上对付日本制订出了一份指导性的计划，实际上是英美两国合作对抗法西斯国家的开端，因而是具有重大国际意义的。此外，两国意识到日本侵略扩张的严重危害性，开始与苏联进行联络。1938年1月，罗斯福指示美国驻苏大使戴维斯(J. Davis)探寻"关于

---

① 徐蓝：《英国与中日战争　1931—1941》，北京：北京师范学院出版社1991年版，第185页。

美苏两国对日本、一般远东及太平洋问题的情报交换,探究美苏两国确保陆海军联络的可能性"。① 美国能够排除根深蒂固的对苏意识形态偏见,试探与苏联在敏感的军事领域进行合作,说明美方已经对日本的侵略扩张极度担忧,也对美日关系的前景持相当悲观的态度。当然,由于在 1937 年和 1938 年的时候,日本与西方关系尚未频临破裂,日本对西方利益的侵害也还没有达到西方不可忍受的地步,再加上美国国内孤立主义的盛行,美国对苏合作的试探并没有持续下去。但这样的合作试探却是一个开端,预示着苏联与英美合作有着广阔的前景。

除此之外,美国还曾经试图与英国协商,协调共同对日实行某种程度的经济制裁。在1937 年 12 月 14 日的内阁会议上,罗斯福总统责成财政部长摩根索(H. Morgenthau)研究制定一项切实可行的对日制裁方案。摩根索根据总统的指令,初步研拟了一个包含禁止与日本进行货币交易及部分没收日本在美资产在内的方案。但为了防止日方以一些方式把资产转移到英国,需要英方与美配合。为此,摩根索特地打电话给英国财政大臣西蒙(J. Simon),提出这一问题。然而,西蒙的态度十分冷淡,说他不想在电话中讨论这个问题。此后,英国政府内部也对此进行了讨论,许多人对这一构想持谨慎态度。财政部次官费希尔(W. Fisher)的想法最具有代表性,他认为,如果同意美国的方案,将意味着对日实行极其严厉的经济制裁,这等于进入了美国人设置的圈套。美国人在亚太地区是没有重大经济利益的。而日本一旦遭受严厉制裁,必然报复,可能占领香港等英国在亚太的领地。这时英国就面临对日开战的问题,但美国又没有承诺提供强有力的军事支持,英国可能必须单独对日作战。无论这场战争胜负如何,都将耗费英国大量实力,导致英国在欧洲的地位动摇。②

① 杨凡逸:《美日"帕奈"号事件与中美关系(1937—1938)》,第 86 页。
② 杨凡逸:《美日"帕奈"号事件与中美关系(1937—1938)》,第 82 页。

　　从英国的角度分析,这样的担心是有道理的。欧洲是英国的核心利益所在。当时,由于意大利入侵阿比西尼亚、德国的重新武装,以及德意联合干涉西班牙内战,欧洲和地中海的局势已经十分紧张。英国不可能抽调大量军力前往远东单独对付日本。英国所希望的是在世界上最强大的美国的配合下,英美两国共同派舰队到远东威慑日本。这样,英国就可以借助美国的力量达到自己的目的。但这一建议已经被美国拒绝了。美国此时也不愿冒对日开战的风险。

　　其实,在这场英美共同对日交涉的尝试中,双方都只想维护本国的利益而不愿为对方付出应付的代价。尤其是美国,在明明有实力威慑日本的情形下,因受国内孤立主义的牵制,决策者不愿动用自身的力量向英国提供保护,而又想拉英国共同对日本实行比较严厉的经济制裁,自然难以实现。

　　"帕奈"号事件和"瓢虫"号事件的发生,给英美提供了一次共同对付日本的契机,但英美未能抓住这次契机。此后,直到1941年日军偷袭珍珠港,发动太平洋战争之前,英美没有再与日本发生重大对抗事件。但如前所述,英美的协调也并不是毫无成果,双方制订出了一份将来可能对日作战的初步合作计划,美国开始探寻与苏联合作的可能。这说明在日本持续侵略中国及越来越大地损害西方国家利益的背景下,远东大国博弈的一个新趋向,即英美等西方阵营与苏联和中国有可能走向联合。这也说明中国虽然实力疲弱,但在争取国际援助方面仍然有着广阔的前景。日本逞一时之强,在中日战争中取得很大的胜利,占领了中国东部大片领土,这种胜利虽然从表面上看十分辉煌,但却是战术性的。日本排他性的侵略中国的政策将会持续损害英美等西方国家在远东的利益,并使西方国家越来越倾向于支持中国抗战。

# 第四章　日军对"安全区"和西方人的人身侵害

1937年11月12日,日军攻占上海,不久即开始自东向西对南京战略方向发动大规模进攻,其目的是攻占中国首都南京,摧垮中国军民的抗战意志,逼迫中国政府接受日本的停战条件。日本陆军于11月中旬占领苏州,下旬再克无锡和常州,并于12月上旬开始进攻南京。12月13日,南京落入日军之手。在南京城危急之时,有一群不惧危险的西方人士,在完全有条件在南京陷落之前就离开的情况下,却勇敢地自愿留了下来,并建立了"南京安全区国际委员会",担负起了保护中国平民的重任。这个安全区虽然没有被日本占领当局承认,并时常遭到日军的袭扰,但仍然保护了大量无辜的中国老百姓免受日军的残害。而这些西方人却因此将受到日军怎样的侵害?

## 第一节　留在南京的外国人及"南京安全区国际委员会"

### 一、日军进攻南京与南京保卫战

日军进攻南京是日本在1937年全面侵华战争中采取的一个重要战略举措。中日战争全面爆发之后,日军在华北和上海两个方向与中国军队交战。华北日军在占领平津之后，兵分两路，分别向山西和山东进攻。而淞沪会战打响之后，日军大本营于 1937 年 8 月 15 日组建了"上海派遣

图 10　松井石根

军"，任命陆军大将松井石根为派遣军司令官。从这个派遣军的名称上就可以看出，其作战地域是上海地区。该派遣军下辖第三师团、第十一师团（欠天谷支队）、独立机关枪第七大队、坦克第五大队。日军大本营给松井石根的命令是："上海派遣军司令官应与海军协作，歼灭上海附近的敌人，占领上海及北部地区主要战线，保护帝国臣民。"① 可见，日军开始进攻上海的时候，还没有立即进攻南京的打算。这主要是因

为日军和日本的领导层过低地估计了中国的军事实力和抵抗意志，认为只要占领平津和上海，就会摧毁中国的军事实力和军民的战斗意志，迫使中国政府接受日本的停战条件，签订类似《马关条约》的城下之盟，即所谓"3 个月灭亡中国"。

　　然而，战事的发展却完全出乎日本的意料。在华北，日军虽然攻城略地，占领了大片中国领土，但中国军民逐次抵抗，丝毫没有妥协动摇的迹象。11 月 8 日，日军攻占太原。但国民党领导的正面战场和共产党领导的敌后战场遥相呼应，继续抵抗，牵制了大批日军。日军的战线不断拉长，兵力开始分散，进攻势头有所减弱。在上海，日军的攻势遭到中国军队顽强抵抗。中国政府向淞沪前线派出了最精锐的部队，中国军队甚至一度掌握战场的主动权。9 月，日军增派第九、第一〇一师团和重藤支

---

① 《临参命第 73 号》，载张宪文主编《南京大屠杀史料集》之 11《日本军方文件》，南京：江苏人民出版社 2006 年版，第 1—2 页。

队加入上海派遣军,逐渐取得战场优势,但仍不能攻克上海。上海的久攻不下使日军高层十分焦虑。10月20日,日军大本营决定增派第十军赴上海,增援上海派遣军。该军由第六、第十八师团及国崎支队组成。大本营给第十军的任务是:"与海军协作在杭州北岸登陆,促使上海派遣军司令官能够顺利完成任务。"①11月5日,第十军在杭州湾登陆,并直扑松江。中国军队无力阻止其登陆。日本上海派遣军和第十军合力攻击,使上海的中国守军处于腹背受敌的极端不利境地。11月10日,日军第一一四师团又在金山卫登陆,并直攻嘉定。此时,中国军队若不马上撤退,就有陷入日军合围圈而被全歼的危险。在此情形下,国民政府军事委员会于8日发布转移命令,各军在已经遭受重大损失的情况下,相继撤退。12日,日军占领上海。

日军虽然攻占上海,但历时3个月之久,并付出了重大代价。据日方统计,日军在淞沪会战中共战死9115人,负伤31257人。② 这样的耗时之久及伤亡规模在明治维新以后日军历次战役中是仅见的。中国军队同样遭到巨大损失。蒋介石向上海调集了他最精锐的军队,对日军进行了极其顽强的抵抗。由于中国军队在武器、训练等方面与日军相距甚大,自然遭受了重大伤亡。11月初,中国军队颓势尽显,从军事角度看应该尽快撤退。但当时《九国公约》缔约国正在布鲁塞尔召开会议,讨论中日冲突问题。蒋介石为了获得国际援助和舆论声援,命令军队继续抵抗,结果错过了最佳撤退时机。后来虽然实施了撤退,但仍然遭受了一些不必要的损失。11月7日,日军大本营命令由上海派遣军和第十军组成华中方面军,由松井石根大将担任司令官。大本营给该方面军划定的作战区域大体是在苏州—嘉兴一线以东地区,③即所谓的"制令线"。

---

① 《临参命第119号》,载张宪文主编《南京大屠杀史料集》之11《日本军方文件》,第3页。
② [日]日本防卫厅防卫研究所战史室著,齐福霖译:《中国事变陆军作战史》第一卷第二册,北京:中华书局1981年版,第83页。
③ 《临参命第600号》,载张宪文主编《南京大屠杀史料集》之11《日本军方文件》,第6页。

11月20日,南京国民政府宣布迁都重庆。这意味着中国毫无屈服之意,即使首都南京失守也要利用中国广阔的国土对日本作长期抵抗。日本速战速决的计划破产,所谓"3个月灭亡中国"的迷梦破灭,战争向长期化方向发展。攻占上海之后,华中方面军迅即向南京战略方向发动进攻,突破了"制令线"。11月中旬和下旬,华中方面军连续与中国军队在苏南地区激战,先后突破了中国军队苦心经营的吴福、锡澄两道防线,占领了苏州、无锡、常州等重要城市,步步向南京逼近。从表面上看,华中方面军的行动是违反"制令线"的,但并不令人奇怪。首先,攻占上海之后,松井石根等人的胃口大增,希望占领中国首都南京,建立"不朽之功业"。其次,如前所述,尽管日军占领了北平、天津、太原、上海等大城市,但中国政府迁都重庆,继续抵抗。日本政府仍然认为中国军队已经遭到重击,十分虚弱,只要继续进攻,就有可能迫使中国政府屈服。此外,日军中向来就有以下克上的倾向,往往首先采取行动,造成既成事实后再迫使上级承认。果然,在华中方面军已经向南京方向进攻的情况下,日本陆军省于11月24日正式发布命令,废除了11月7日发布的关于华中方面军作战区域的命令。① 12月1日又正式发布命令:"华中方面军应与海军协同,进攻敌国首都南京。"②从此,日军进攻南京的军事行动正式开始。2日,东京大本营免去松井石根的上海派遣军司令官的职务,专任华中方面军司令官。上海派遣军司令官改由朝香宫鸠彦中将接任。此时的第十军司令官是柳川平助中将。

接到陆军省关于进攻南京的命令之后,松井当天就对军事行动作出部署:

一、华中方面军计划与支那方面舰队协同攻克南京。

二、上海派遣军主力于12月5日前后开始行动。重点保持于

---

① 《大陆电第18号》(11月24日13时53分),载张宪文主编《南京大屠杀史料集》之11《日本军方文件》,第10页。

② 《大陆命第8号》,载张宪文主编《南京大屠杀史料集》之11《日本军方文件》,第8页。

丹阳、句容方面，击破当面之敌，进至磨盘山脉西部地区。令一部自扬子江左岸地区攻击敌之背后，同时截断津浦铁路及江北大运河。

三、第十军主力于 12 月 3 日前后开始行动。以一部自芜湖方面进抵南京背后，以主力击破当面之敌，并进抵溧水附近。应特别对杭州方面加强警戒。

四、两军之作战区域，按如下一线延伸：黄金山镇—天王寺十字路—赤山。

五、我在上海方面军司令部预定于 12 月 7 日移至苏州。①

从这个命令可以看出，日本华中方面军进攻南京是采用迂回包抄、钳形合围的方式，上海派遣军和第十军是分两路行动的。参与进攻南京的日军包括第九师团、第十六师团、第六师团、第一一四师团、国崎支队，以及第三师团先遣队、第十三师团山田支队等，总兵力约 10 万人。② 这里既有参与淞沪会战的部队，也有新近调来的增援部队。从日俄战争以来日军经历的历次战役来看，这次进攻南京所动用的兵力是相当大的。

由于中国军队在淞沪会战中损失过大，且损失的多是精锐部队，撤退下来的多残缺不全，中国方面已经无法调集强大的力量保卫南京。此外，从上海到南京地处长江下游平原，基本上是一马平川、无险可守。日军的机械化兵团长驱直入，中国军队难以阻挡。在日军大兵压境的形势下，蒋介石政府内部却对南京的弃守问题发生分歧。国民政府军事委员会常委白崇禧主张直接宣布南京为不设防城市，以便保存军事实力。军委会作战组组长刘斐从政治角度出发，认为不能直接弃守国家首都，但也不宜集中过多的兵力，只要布置 12 个团，最多 18 个团，作有限度抵抗之后就撤退为妥。但军委会执行部主任唐生智却主张固守南京，他向蒋介石慷慨陈词："南京是我国首都，为国际观瞻所系，又是孙总理陵寝所

---

① 《华中方面军命令》（1937 年 12 月 1 日），载张宪文主编《南京大屠杀史料集》之 11《日本军方文件》，第 22 页。
② 张宪文主编：《南京大屠杀全史》，第 94—95 页。

在，如果放弃南京，将何以对总理在天之灵？"①唐还自告奋勇，愿意担负保卫南京的重任。唐的看法与蒋介石相近。蒋认为从政治上考虑，南京不能不守，但他也知道南京是守不住的，他主张对南京作短期固守，作相当抵抗之后，在不得已时果断撤退，保存军事实力。

11 月 24 日，蒋介石以国民政府的名义发布命令，任命唐生智为南京卫戍司令长官，并组成南京卫戍司令长官部。随后，罗卓英、刘兴 2 人被任命为副司令长官。参加南京保卫战的中国军队主要包括第二军团徐源泉部、第六十六军叶肇部、第七十一军王敬久部、第七十二军孙元良部、第七十四军俞济时部、第七十八军宋希濂部、第八十三军邓龙光部、教导总队桂永清部、第一〇三师何知重部、第一一二师霍守义部、宪兵部队萧山令部，计 13 个建制师又 15 个建制团，约 15 万人。② 中国军队人数虽然比日军多，武器装备和整体军事素质则远逊于日军。中国军队在南京的防御阵地分为外围阵地和复廓阵地两个层次。前者是离主城稍远的郊区，而后者则位于紧邻城墙的地区。

日军上海派遣军从 12 月 1 日开始迅速从太湖沿岸向南京猛进，很快占领丹阳等地，进抵句容至汤山一线。4 日，日军先头部队到达天王寺附近，向外围阵地发起进攻，南京保卫战正式拉开序幕。5 日傍晚，日军经激战后占领句容县城，向汤山方向进攻前进。6 日开始，日军对汤山的中国军队阵地进攻。7、8 两日，日军攻势不断加强，中国军队则进行了非常顽强的抵抗。8 日，汤山守军奉命撤退，汤山落入日军之手。与此同时，汤山以北的孟塘—大胡山—麒麟门一线也爆发了激战。日军利用强大的火力攻击中国守军，中国军队则依托地形构筑的阵地进行抵抗，但在日军陆地和空中立体猛烈攻势下伤亡惨重。许多阵地经反复争夺，多次易手。南京守军在向上级汇报的《南京卫戍军战斗详报》中记载了 8

① 刘斐：《抗战初期的南京保卫战》，全国政协文史资料研究委员会《南京保卫战》编审组编《南京保卫战》，中国文史出版社 1987 年版，第 9 页。
② 张宪文主编：《南京大屠杀全史》，第 106 页。

日发生在该战线的激烈战斗:"占领大胡山、高家庄之敌,昨晚得增援后,本日拂晓向我进攻部队激烈反攻,并调主力向栖霞山方面包围,我第四十一师及三十六师之一团,反复冲击,毙敌甚多,终以敌机轰炸及炮兵优势,到处呈苦战状况,未能将侵入之敌依限解决,我进攻部队伤亡很大。"①在这种状况下,南京卫戍司令部为保存有生力量,于8日晚下达命令,撤出孟塘—大胡山一线阵地,同时对南京外围的阵地防御态势作适度调整,目的是收缩战线、节省兵力。

湖熟、淳化防线是南京外围的另一处重要防线。从5日开始,这里爆发激战。该处中国守军是第74军之第51师。向这里阵地进攻的是日军第九师团的部队。中国在该处投入了战车部队。日军用飞机、火炮等向中国阵地进行密集轰击。从5日到7日,中日两军一直激战不停,日军发起的进攻达十几次之多,守军顽强死守。参加该役的日军步兵第三十六联队分队长山本武在7日的日记中记述了该日的战斗情况:"淳化镇的敌人依然顽强,特别是在用混凝土构筑的碉堡阵地上。就算陆续派出敢死队实施突击,也只是徒增牺牲。心急如焚的大队长山崎大尉亲自率领一个小队试图进行攻击并夺取阵地,但只能在碉堡的射击死角待着,陷入无计可施的境地。"②8日,日军向该处调派大批增援部队,并加大火力进攻,投入的飞机就达20余架。日军从早到晚共发起了3次大规模进攻。至傍晚,在防线多处被日军突破、守军遭受重大伤亡的情况下,卫戍司令长官唐生智下令第五十一师部队撤出该处阵地,向河定桥、麻田方向转移。

牛首山—将军山一线则是这次南京保卫战的另一处重要战场。此处的守军是第七十四军第五十八师,开始时日军的进攻部队是第一一四

---

① 《南京卫戍军战斗详报》,载中国第二历史档案馆编《抗日战争正面战场》上册,南京:江苏古籍出版社1987年版,第410页。

② 《山本武日记》,载张宪文主编《南京大屠杀史料集》之32《日本军方文件与官兵日记》,南京:江苏人民出版社2007年版,第345页。

师团,该处战斗是在 7 日打响。日军同样投入了飞机和火炮。8 日,日军第六师团赶到,遂由该师团担任主攻。日军的兵力得到加强,向中国军队阵地的攻势也更加猛烈。9 日,日军集中了优势兵力,并配以强大火力,向中国守军阵地发起了新一轮大规模进攻。两军在牛首山、将军山的山麓以及附近的铁心桥一带反复争夺。一时间战场上浓烟滚滚、烈焰飞腾,枪炮声响个不停。至 9 日晚,该处守军在已经遭受重大伤亡、日军已经接近突破的情况下,也奉命撤退。

外围阵地相继被日军占领,使得紧邻主城的复廓阵地,如紫金山、雨花台乃至光华门、通济门、中华门等南京城门也完全暴露在日军的攻击面前。南京城已经岌岌可危。8 日晚,卫戍司令长官部发布命令,守军全线退守复廓阵地。此举的目的是集中力量固守南京的最后一道防线,尽力拖住日军,并尽可能多地消灭日军,延缓日军占领南京的时间。9 日,日军已经陈兵南京复廓阵地前。松井石根派出飞机向中方阵地空投了所谓劝降书,要求守军投降,并限令中方在 10 日正午前答复。但唐生智对此不屑一顾,除了加紧部署防御作战之外,还命令将长江边的渡船全部收缴,断绝部队退路,以表明破釜沉舟的决心。

10 日下午 1 时,也就是日军规定的中方对劝降书答复期限过后 1 个小时,等不到中方答复的松井石根向其所属部队下达了对南京的总攻击令。其实,日军并没有因为等待中方对"劝降书"的答复而停止进攻。汉口《大公报》在 10 日报道了 9 日日军进攻南京东南部复廓阵地的情形:

> 今晨一时许,敌军二千余名,以坦克车三十余辆为前导,携重炮五六门,由淳化镇与方山间之土路,向我南京东南郊猛冲,……高桥门当即不守,黎明敌已冲至高桥门西北二公里之七瓮桥,当地我方守军因事前略有移动,未能妥为堵塞,敌复沿土路向我光华、通济两门进迫,同时以坦克车队冲入我大校场飞机场,我守机场之少数部队奋勇抵御,全部殉职。上午七时许敌开始以攻城炮对我光华门集中射击,城门被击破一洞,一时情况极为紧张,我在该门守军本甚薄

弱，不图敌兵进袭如是骤迫，唐司令长官乃急调某某两师之一部及教导总队、宁兵队、特务队等开到抢救，以城头迫击炮、机关炮、战车防御炮猛烈堵击，敌军当将我飞机场两旁营房占据，布开阵地，并向光华门以西之通济门猛攻。上午十时左右，光华门外之敌见攻城失败，略向后退，遗坦克车六辆，尸体二百余具于大道两旁，我军士气大振，光华、通济两门均转危为安。①

　　在 12 月 10 日总攻击令下达后，日军向复廓阵地全线攻击。南京城东的紫金山是其攻击的重点地段。可以说，紫金山是南京城的最后一道天然屏障，80 年前，太平军曾在此有效抵御过湘军的进攻。当紫金山失守时，湘军也就攻入了南京城。中日战争爆发前，中国军队也在此处修筑了比较坚固的防御工事，守军则是以桂永清为总队长的教导总队。该总队共辖 3 个旅 6 个团。攻击该处的是日军第十六师团中岛今朝吾部。10 日午后，激烈的攻防战开始了。紫金山争夺战从 10 日一直打到 12 日，守军多次打退日军的攻击。日军则不断调派增援部队，不断加强对守军阵地的火力打击力度。至 12 日，守军阵地工事基本被日军的猛烈炮火击毁，日军向顶峰发起最后攻击。守军则表现出了罕见的勇敢，在己方阵地被毁、伤亡惨重的情形下仍死战不退。有的部队甚至在卫戍司令长官部已经下达了撤退命令后还在坚守。直到 13 日清晨，在日军已经突入南京城内之时，紫金山上还有战斗。

　　在东南方向，日军于 9 日进攻光华门、通济门受挫后，于 10 日在这一方向再次发动进攻。日军第九师团进攻光华门。光华门的争夺战比先前更加激烈。与城东紫金山阵地不同，光华门当面没有天然高地作为守军依托，更加有利于日军火力发挥威力。但守军利用坚固的城墙进行抵抗，寸步不退。战斗从 10 日进行到 12 日。日军用重炮反复轰击城

①《敌昨突袭京城未逞　光华通济两门已转危为安　大批敌机竟日狂炸城内外》（1937 年 12 月 10 日），载汉口 1937 年 12 月 10 日《大公报》。

墙。10 日，光华门城墙被日军轰开缺口，部分日军冲上城墙，企图冲入城内，但被及时赶到的守军增援部队堵住并击退。激战到 12 日下午，守军接到卫戍司令部的撤退命令后开始撤退，日军才攻上城头，但他们向城内冲去时，许多守军仍在进行殊死抵抗。

南京城正南方向的防御是以雨花台为中心的复廓阵地。雨花台的正北方就是南京城的南门——中华门，周围则有几处高地可做其侧翼。在近代中国历史上，在太平天国和辛亥革命之役中，这里都发生过激烈攻防战。中国方面利用这里的有利地形，构筑了比较坚固的防御工事，担任守卫任务的是第七十二军，而日军攻击部队有第九师团、第一一四师团和第六师团所属部队。

日军对雨花台正面复廓阵地的进攻在 9 日就开始了。日军首先进攻的是雨花台东侧的中国军队阵地，但受到中国军队的有力阻击，直到10 日晚上才将此处占领。11 日，日军开始进攻主阵地。日军集中了几十门重炮，并配以空中火力，对雨花台主高地进行反复轰击，终于凭借其火力优势，于 12 日下午占领了该处阵地。与另外几处复廓阵地一样，中国守军也在这里进行了顽强抵抗。守军第七十二军第八十八师孙元良部的战斗报告叙述了该师官兵的英勇战斗：

> 迨十二日晨朝，沿京芜铁路进攻之敌已逼近赛虹桥、雨花台方面，因系敌主攻所在，虽经我全部官兵奋勇苦斗，奈外无粮弹，内无援兵，且敌挟战车、飞机、大炮及精锐陆军，不断施行猛攻，我二六二旅旅长朱赤、二六四旅旅长高致嵩，团长韩宪元、李杰、华品章，中校参谋赵寒星，营长黄琪、符仪廷、周鸿、苏天俊、王宏烈、李强华各率所部反复肉搏，奋勇冲杀，屡进屡退，血肉横飞。上午，韩团长宪元、营长黄琪、周鸿、符仪廷先后殉难；下午，旅长朱赤、高致嵩、团长华品章、营长苏天俊、王宏烈、李强华亦以弹尽援绝，或自戕，或阵亡，悲壮惨烈，天日亦为之变色。全师官兵六千余名均皆英勇壮烈殉国，五二七团李团长亦因突围至飞机场，被敌击伤自杀。傍晚，敌一

部逼近江东门与中华门,长官部为保持战力计,乃召集各军师长商决突围撤退大计,但为时已晚。会毕,城内秩序已趋紊乱,军队无法掌握,议决事项多已不能有计划地遵照实施,遂任各部队自采适宜处置,以行撤退。当因集结不易,且有因与敌胶着不易抽调者,致全师零星撤退渡江之官兵总计不过四五百人耳。损失之重大,概可想见。南京之战亦可谓惨矣![1]

这份战斗详报真实描述了陆军第八十八师在雨花台英勇战斗的情况。这里的战斗有力地迟滞了日军的推进,给日军造成了很大伤亡。但该战斗详报也同时反映出南京保卫战中守军撤退时的巨大混乱。这主要是卫戍长官司令部的组织领导不力造成的。这样的撤退未能有效保存剩余有生力量,反而使大量无序散兵滞留城内。日军进城后,正是以搜查"中国兵"为借口实施了大屠杀。

攻占雨花台后,日军直接进攻中华门。防守中华门的左翼为第八十七师王敬久部,右翼为第五十一师王耀武部。日军进攻部队主要是第六师团谷寿夫部。由于雨花台与中华门相距很近,在中日两军争夺雨花台之时,就有大量炮弹落到了中华门上。12日下午,日军用重炮集中轰击中华门城墙,并渡过城墙前方的秦淮河,与守卫城门的中国军队激战。守军凭借城墙居高临下,阻击试图登城的日军。双方甚至发生肉搏战。13日凌晨及拂晓,中华门及其附近阵地相继失守,日军攻入市区,并很快占领南京全城。

在南京即将被日军攻占的时候,蒋介石给唐生智发来了要其撤退的指令。12月11日,蒋发电给唐称:"如情势不能持久时,可相机撤退,以图整理,而期反攻。"[2]蒋发这样的电报是符合他的想法的。本来,蒋介石就不打算久守南京,只是觉得完全弃守国家首都于情于理都说不过去,

---

[1]《陆军第八十八师京沪抗战纪要》,载张宪文主编《南京大屠杀史料集》之2《南京保卫战》,南京:江苏人民出版社2005年版,第177页。
[2]《南京卫戍军战斗详报》,载中国第二历史档案馆编《抗日战争正面战场》上册,第413页。

才决定在南京作相当程度的抵抗之后就撤守。现在，南京已被日军从东南西三面包围，危在旦夕，只有及时撤退才能保全有生力量。12日晚，眼看南京即将失守，唐生智决定撤退，并向各部队下达撤退令。但这次撤退却进行得相当混乱。有的部队根本没有接到撤退的命令；有的部队秩序混乱地涌向城北的长江边，却被守卫挹江门的部队阻拦，双方还发生冲突；还有的部队来到江边，却找不到渡河工具，而背后的追兵马上就要赶到，一时间场面混乱，大家争先恐后地争夺有限的船只，甚至连浴盆、门板都用上了，许多人在江中溺死，还有的人被日军海军打死在江中。在参加南京保卫战的15万大军中，战斗损失约1万人，最后安全撤退的约5万人，而其余约9万人因无法撤退，又与所属部队失散，被迫滞留分散在城中或郊区。在整个抗日战争中，还没有第二场战役，有多达9万中国参战部队，既不能安全撤退，又不能形成团体战斗力。[1]

最后的撤退是这场南京保卫战最大的败笔。本来，在前期的作战中，南京卫戍司令部的指挥虽然有许多不足之处，但还是组织了有效的城市保卫战，广大参战官兵也英勇战斗，给日军以沉重打击。但最后这种溃散式的撤退所造成的损失远远超过了战斗损失，未能达到保存实力的目的。

1937年12月13日清晨，日军攻占南京。从这一天开始，直到此后约6个星期，南京遭遇了血腥恐怖的日子，这个城市经历了一场空前的浩劫。日军在对中国人进行野蛮屠杀和劫掠的同时，留在当地的外国人也经历了惊魂时刻，第三国在南京的利益遭到了日军的大范围侵害。

二、留在南京的西方人士

在日军不断西进，南京城危在旦夕的时刻，城内的人，无论是国民政府的达官贵人以及富贾大商，抑或是平头百姓，都争先恐后地逃离这个

---

① 孙宅巍主编：《南京大屠杀》，北京：北京出版社1997年版，第13页。

即将落入敌国军队之手的城市。据国民政府的有关部门统计,南京的人口数量在 1936 年已经超过了 100 万,城市日益繁荣。但 1937 年的中日战争却打破了这一切。在南京陷落前夕,原来的城市居民已经大部分逃走了。当地的南京人用土话称这一大规模逃亡行动为"跑反"。仍然留在南京的主要有两部分人。一是溃散在城内的参加南京保卫战的军人。二是没有逃走的平民。平民也包括两部分人,第一部分是战前南京的原住民,第二部分是为躲避日军而从上海方向不断西逃,并到达南京的其他地区平民。平民中的许多人是妇女和儿童。

　　同中国人一样,战前在南京居留的外国人也随着日军的逼近而离开了南京。这些人包括外国驻南京的外交人员、南京外资企业的外方人员、在南京的外国科教文卫人员等。然而,就在各方人士纷纷逃离南京之际,却有一批第三国人士(全部为欧美人士)选择不顾个人安危,继续留在南京,与当地的中国老百姓共同面对即将到来的占领者。

　　据德国西门子洋行驻南京办事处负责人拉贝(J. Rabe)于城陷后的 12 月 16 日统计,留在南京的第三国人士共 22 人,名单如下表:

| 中文译名 | 英文姓名 | 国籍 | 公司或组织 |
|---|---|---|---|
| 1. 约翰·H. D. 拉贝先生 | John H. Rabe | 德国 | 西门子洋行(中国) |
| 2. 克里斯蒂安·克勒格尔先生 | Christian Kroeger | 德国 | 礼和洋行 |
| 3. 爱德华·施佩林先生 | Eduard Sperling | 德国 | 上海保险公司 |
| 4. A. 曹迪希先生 | Aug. Zautig | 德国 | 基士林克-巴达糕饼店 |
| 5. R. 黑姆佩尔先生 | R. Hempel | 德国 | 北方饭店 |
| 6. R. R. 哈茨先生 | R. R. Hatz | 奥地利 | 安全区机械师 |
| 7. 科拉·波德希沃洛夫先生 | Cola. Podshiveloff | 白俄 | 桑格伦电器商行 |
| 8. A. 齐阿尔先生 | A. Zial | 白俄 | 安全区机械师 |
| 9. 查尔斯·H. 里格斯先生 | Charles H. Riggs | 美国 | 金陵大学 |

续表

| 中文译名 | 英文姓名 | 国籍 | 公司或组织 |
|---|---|---|---|
| 10. M. S. 贝德士博士先生 | Miner SearleBates | 美国 | 金陵大学 |
| 11. 刘易斯·S. C. 史迈士博士先生 | Lewis. Smythe | 美国 | 金陵大学 |
| 12. C. S. 特里默大夫先生 | C. S. Trimmer | 美国 | 大学医院 |
| 13. 罗伯特·O. 威尔逊大夫先生 | Robert O. Wilson | 美国 | 大学医院 |
| 14. 格瑞丝·鲍尔小姐 | Grace Bauer | 美国 | 大学医院 |
| 15. 伊娃·海因兹小姐 | Iva Hynds | 美国 | 大学医院 |
| 16. 詹姆斯·麦卡伦牧师先生 | James H. McCallum | 美国 | 美国基督教布道团（目前在大学医院） |
| 17. 明妮·魏特琳小姐 | Minnie Vautrin | 美国 | 金陵女子文理学院 |
| 18. W. P. 米尔士牧师先生 | W. Plumer Mills | 美国 | 北方长老会传教团 |
| 19. 休伯特·L. 索恩牧师先生 | Hubert L. Sone | 美国 | 金陵神学院 |
| 20. 乔治·菲奇先生 | George A. Fitch | 美国 | 基督教青年会 |
| 21. 欧内斯特·H. 福斯特牧师先生 | Ernest H. Forster | 美国 | 圣公会 |
| 22. 约翰·马吉牧师先生 | John G. Magee | 美国 | 圣公会 |

资料来源:张宪文主编《南京大屠杀史料集》之13《拉贝日记》,南京:江苏人民出版社2006年版,第247—248页的表格。笔者对原表格格式略作修改,"英文姓名"一列为笔者所加。

细读这份名单就会发现几个特点。一、从国籍上看,美、德两国人最多。22人中美国人达14人,几乎占了三分之二。其次是德国人,有5人。这两国人共占留在南京的外籍人士的86％。此外,国籍中的"白俄",依笔者看来,并不是指白俄罗斯,而是相对于"苏维埃俄国"而言,是指苏俄(及其以后的苏联)建立后流亡在外的沙俄及原俄罗斯临时政府人员。二、从职业上看,宗教人士或与宗教团体有关的占绝大多数。如好几位都是直接为宗教团体服务,是职业牧师。其实,部分在其他一些单位,如金陵大学等地工作的,也同样兼做传教士。此外,有些人虽然不是职业宗教人士,但他们服务的单位也是宗教团体建立的。如金陵女子文理学院、金陵大学都是教会大学。那所"大学医院"是指金陵大学附属马林医院(今南京鼓楼医院),也是教会医院。因此,可以推测,宗教情结是他们选择留在南京,与当地的百姓共同面对日军的重要原因之一。从这一点来看,基督教在某些方面对社会是有正面和积极意义的。三、这些人士的领头人拉贝(J. Rabe)却是一位地道的世俗人士。他既是德国西门子公司南京地

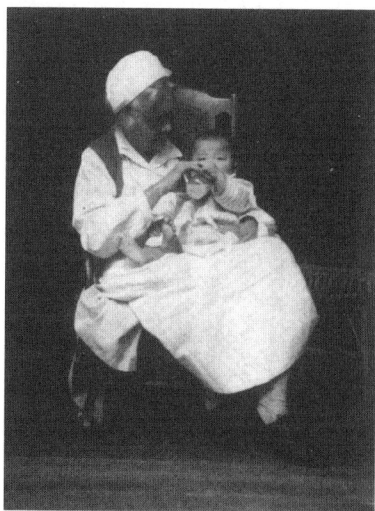

图 11　67 岁的伊娃·海因兹小姐在照顾战乱造成的孤儿

区的负责人,也是纳粹党南京地区的负责人。当时的德国与日本关系密切,按理说,拉贝应该成为日方的"友好人士",但他却勇敢地担负起保护中国无辜平民的职责,后来还担任了由这些外籍人士建立的、旨在保护平民的"南京安全区国际委员会"主席。这说明,在当时的战争策源地国,仍然有爱好和平、具有人文情怀的人。拉贝虽然是一位纳粹党员,但并不是法西斯分子,也没有参与德国的对外侵略活动。这一点,在战后被盟军对德占领当局认可。此外,还需要说明的一点是,当时留在南京的还有一位白人女士,即原籍美国、当时在金陵大学当教授的特威纳姆夫人(Mrs. P. D. Twinem,中文名戴籁三),但她却不在拉贝所列出的这个表格中。许多人认为这个表格有遗漏。但这只是一个误解,因为戴籁三夫人已经加入中国国籍,是中国公民。

　　以下简要介绍几位重要的留在南京的外籍人士。

　　约翰·拉贝(J. Rabe),1882 年生于德国汉堡,早年丧父,青年时代曾前往葡萄牙在非洲东南部的殖民地莫桑比克,并在那里学会了一口纯正

图 12　拉贝在自己的住所前留影

的英语。1908 年，拉贝离开德国，前往中国，并于第二年结婚。此后 30 年，他基本上在中国度过，并于 1911 年加入德国西门子公司，起初在该公司的北京办事处。1919 年，由于德国在第一次世界大战中失败，中国政府在英国的外交压力下，把包括拉贝在内的一些德国人遣送回德国。但仅仅在第二年，他又踏上了回到中国的旅程。起初，他仍在西门子公司在北京的办事处工作，但在 1931 年，他来到南京这座当时已经成为中国首都的城市负责西门子

公司在当地的业务，后又担任德国国社党（纳粹党）南京地区的负责人，直至 1938 年 3 月被公司召回德国。但他并不是纳粹分子，没有参与德国对其他国家的侵略，甚至在他回国后还受到德国纳粹政府的审查。就在他居留南京的最后时光里，他勇敢地担负起了保护中国平民免受日本占领军侵害的职责，在 1937 年 11 月南京安全区国际委员会成立时，他被推举为主席，是当时留在南京的外籍人士的领军人物，保护了大量中国无辜百姓。这使他名垂青史。[①]

贝德士（M. Bates），1897 年生于美国俄亥俄州纽瓦克，青年时代深受作为牧师的父亲的影响。第一次世界大战期间曾参加基督教青年会前往美索不达米亚服役直至战争结束，之后回到其战前就开始就读的牛津大学，并于 1920 年完成学业。同年，贝德士被基督会（the United Christian Missionary Society）任命为传教士并前往金陵大学教书。1923

---

[①]《约翰·拉贝其人》，载张宪文主编《南京大屠杀史料集》之 13《拉贝日记》，第 589—590 页。

年,他与他的加拿大籍妻子结婚,后者当时正在金陵女子文理学院任教。南京大屠杀发生时,他的妻子及两个孩子在日本,贝德士则留在南京,参加了南京安全区国际委员会的建立及运作,做了大量保护平民的工作。他是最早向日本大使馆就日军暴行提出交涉的外籍人士。金陵大学董事会于 1938 年 1 月 13 日任命他为副校长。贝德士留在南京直到 1941 年。战后,他作为证人

图 13　贝德士(贝茨)

在东京和中国出庭,参与对日本战犯的审判。①

图 14　乔治·菲奇

费吴生(F. Fitch),即上表中的乔治·菲奇先生。"费吴生"是他的中文名。费吴生 1883 年生于中国苏州,其父也是一名传教士。他曾在纽约协和神学院学习。1909 年,费吴生担任牧师,并返回中国,在上海青年会工作。南京大屠杀期间,费吴生是南京青年会的负责人。他积极参与南京安全区国际委员会的工作,担任了这个委员会的总干事。他关于南京大屠杀的日记后被广泛传播,是记载日军南京暴行最早的第一手资料,曾经引起轰动。此后,

---

① 《贝德士》,载张宪文主编《南京大屠杀史料集》之 4《美国传教士的日记与书信》,南京:江苏人民出版社 2006 年版,第 1 页。

费吴生本人也为揭露日军暴行作了大量工作。①

福斯特(E. Forster),1895 年生于美国宾夕法尼亚州,1917 年毕业于普林斯顿大学。两年后,福斯特作为基督教圣公会传教士前往中国,在扬州马汉学校(Mahan School)教书。1936 年,福斯特在波士顿结婚,随后携其妻回到中国,并住在扬州。南京被日军攻占前一个月,福斯特夫妇来到南京,在圣公会圣保罗教堂服务。1937 年 11 月底,其妻离开南京,而福斯特却留了下来,并度过了南京大屠杀的全部日子。福斯特夫妇保存在耶鲁神学院的书信、报告和照片等,为揭露南京大屠杀的真相提供了丰富而又生动的第一手资料。②

约翰·马吉(J. Magee),1884 年生于宾州的匹兹堡,先后在耶鲁大学和麻省剑桥神学院就读,获得神学硕士学位。1912 年,他被圣公会任命为牧师并派往中国。1921 年,他与在中国结识的一位英国籍女传教士结婚。南京大屠杀期间,马吉与同属圣公会的传教士福斯特一同留在南京,并担任国际红十字会南京分会主席和南京安全区国际委员会委员,在安全区内设立医院,救助了大量中国平民和解

图15　约翰·马吉

除武装的军人。此外,马吉在南京拍摄并被带到西方的影片是有关南京大屠杀的最早的第一手影像资料之一。1938 年夏天,马吉离开了居留长达 26 年的中国,回到美国。他继续向人们揭露南京大屠杀的真相。③

詹姆斯·麦卡伦(J. McCallum),1893 年生于美国华盛顿州,青年时

---

①《费吴生》,载张宪文主编《南京大屠杀史料集》之 4《美国传教士的日记与书信》,第 64 页。
②《福斯特》,载张宪文主编《南京大屠杀史料集》之 4《美国传教士的日记与书信》,第 90 页。
③《马吉》,载张宪文主编《南京大屠杀史料集》之 4《美国传教士的日记与书信》,第 144 页。

期先后在俄勒冈大学、耶鲁大学和芝加哥神学院攻读神学，并获得神学硕士学位。1921年他结婚后即前往中国。此后30年，麦卡伦为基督会从事布道与社区工作。南京大屠杀期间，麦卡伦的妻子和孩子在江西牯岭，而他本人则留在南京，作为金陵大学医院和难民救济的管理人员，为救助难民作了大量工作。麦卡伦于1937年12月19日至1938年1月15日期间与家人的信件、日记等在战后东京审判时作为证据被法庭采用，也是研究南京大屠杀的第一手珍贵资料。[①]

米尔士（W. Mills），1883年生于美国南卡罗来纳州，1912年获得哥伦比亚大学神学院神学学士学位，并于当年来到中国，起初在基督教中国青年会工作，从1933年开始服务于南京长老会海外布道托事部。南京安全区国际委员会成立时，米尔士出任副主席，并在1938年2月23日拉贝离开后接任主席，直到该安全区最后解散。[②]

史迈士（L. Smythe），1928年毕业于芝加哥神学院，获得博士学位，同年被基督教会派往金陵大学任教。卢沟桥事变爆发时，史迈士和夫人正在带着孩子去牯岭度假的途中。而后他的夫人和孩子前往牯岭美国学校，而史迈士则回到南京，并在南京安全区国际委员会成立后担任秘书，承担起了保护难民及与日方交涉的职责。从日军占领南京的第二天，即1937年12月14日开始，直到1938年2月19日，史迈士给日本驻华大使馆写了69封信，抗议日军暴行。这些信中有些由主席拉贝签发，但大多数则由史迈士签发。尤其值得一提的是，从1938年春天开始，根据国际救济委员会的安排，史迈士带领20名学生，对南京及其周边县的战争损失进行了调查，其成果表现在《南京地区战争灾祸，1937年12月至1938年3月》一书中。这是南京大屠杀发生后最早的实地调查报告，具有极为珍贵的证据价值和史料价值。1938年7月，史迈士离开南京，

---

① 《麦卡伦》，载张宪文主编《南京大屠杀史料集》之4《美国传教士的日机与书信》，第203页。
② 《米尔士》，载张宪文主编《南京大屠杀史料集》之4《美国传教士的日机与书信》，第218页。

前往菲律宾接妻子和女儿，然后一同前往四川成都，在西迁的金陵大学继续任教。①

威尔逊（R. Wilson），1906 年生于南京，其父是美国美以美会传教士。威尔逊后回到美国接受教育，先后就读于普林斯顿大学和哈佛大学，并获得哈佛医学院博士学位。1936 年，威尔逊回到南京，在金陵大学医院工作。1937 年冬，日军逼近南京，大多数中国医生都离开了那里，但威尔逊和他的同事特里默大夫（C. Trimmer）留了下来，与护士鲍尔（G. Bauer）小姐及海因兹小姐（I. Hynds）小姐等人共同工作。在整个日军占领期间，他一直留在南京。南京大屠杀期间，他承担了难以置信的繁重医务工作，救治了大量中国平民伤病人员。此外，他在此期间留下的日记等文字材料也是南京大屠杀的重要史料之一。②

**图 16　魏特琳**

明妮·魏特琳（M. Vautrin），中文名华群。1886 年生于美国伊利诺伊州，并在伊利诺伊大学攻读教育专业，1912 年毕业。此后，她被基督会任命为传教士并派往中国。魏特琳起初在安徽庐州的一所中学任校长。1916 年，金陵女子文理学院（金女院）成立教育系，魏特琳出任系主任。日军占领南京前夕，她参加了由拉贝领导的"南京安全区国际委员会"，并受命照顾金女院校产。魏特琳是当时留在南京的仅有的 3 名外籍女性之一。南京大屠杀期间，她开放金女院校园收容难民，共收容了上万名难民。尤其值得一提的是，她保护了许

---

① 《史迈士》，载张宪文主编《南京大屠杀史料集》之 4《美国传教士的日机与书信》，第 225 页。
② 《威尔逊》，载张宪文主编《南京大屠杀史料集》之 4《美国传教士的日机与书信》，第 334 页。

多在金女院避难的妇女免遭日军强奸。由于魏特琳在保护难民方面所做的卓有成效的工作，国民政府于 1938 年 7 月授予她蓝、白、红三色襟绶采玉勋章一枚。①

　　以上就是日军攻占南京之后继续留在南京的一些西方人士简介。他们可以说是当时留下来的外籍人士的骨干，基本上都参加了"南京安全区国际委员会"，为保护无辜的中国平民和解除武装的军人做了大量的工作。如果没有这些西方人士的努力，将有更多的无辜者受到日军的戕害。但他们在保护中国人的时候，其自身的各种权益却不断受到日军的侵害。同时，他们的祖国在南京的利益也受到日军侵害。这样一来，这些西方人士就处于一种十分为难的境地。一方面，他们要

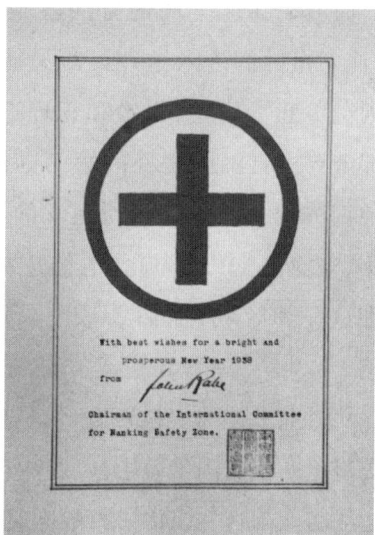

图 17　1938 年元旦，22 名留在南京的外国人在新年贺卡上的签名。图为拉贝先生在印有安全区徽标图案的贺卡上签名

尽力保护中国人；另一方面，他们又要为保护自己而努力，甚至还要为保护他们祖国的利益而面对日军。但即使面临这样尴尬的处境，他们没有退缩，而是勇敢地担负起了这样重大的职责，而这样的职责原来并不是他们的本份。本来，他们完全可以在日军进城前离开南京，像许多其他人一样逃到安全的地方，但他们选择留了下来。这是一种令人敬佩的勇气。

─────────────

① 《华群》，载张宪文主编《南京大屠杀史料集》之 4《美国传教士的日机与书信》，第 308 页。

### 三、"南京安全区国际委员会"的成立

这一批勇敢的西方人士留在南京的目的就是要保护无辜的中国平民。而他们保护平民的方法就是在城中划定一片区域,实行非武装化,让老百姓们进入这片区域避难,直到局势稳定下来。这些西方人士则担负起了建立、领导和管理这一片区域的职责。在他们看来,他们都来自中日两国之外的第三国,是"中立人士",中日双方都应该尊重他们的努力。这些人所建立的这一片区域就是"南京安全区(以下简称"安全区")"。为此,他们进行不懈的努力。为了有效地运作和管理这一片区域,他们还成立了名为"南京安全区国际委员会"的机构。

从目前掌握的史料来看,最早酝酿成立安全区的是米尔斯、贝德士和史迈士3位美国传教士。1937年11月17日下午,他们在一起商量此事,"在南京附近和市内进行战斗时,为了一般市民能避难,进行讨论,暂定提案设立安全区,或称为难民区、非战斗区域"。[①] 至于安全区的方位,他们在考察了好几个地方后,认为城内西部比较合适,但此时他们尚未划定具体位置。这时,上海已经被日军攻占,日军正在向南京方向进军,但日军是否真的进攻南京则尚不明确,中国政府也没有正式宣布迁都。[②] 这说明这些在南京的西方人士对局势的发展有着清醒的认识,而且在未雨绸缪地采取预防性措施;也说明他们对保护普通平民有着强烈的责任感,怀着人道主义情怀。

11月22日,西方人士再次开会讨论有关事宜,经过协商,大家决定这个安全区的领导机构名为"南京安全区国际委员会"(以下简称"委员会"),并推举拉贝为主席,米尔斯为副主席,费吴生为总干事,史迈士为

---

① 张宪文主编:《南京大屠杀史料集》之12《英美文书·安全区文书·自治委员会文书》,南京:江苏人民出版社2006年版,第84—85页。
② 中国政府于1937年11月20日宣布迁都重庆。

秘书,施佩林为总稽查。此外,贝茨、里格斯等都为安全区的工作作出了特别杰出的贡献。[1] 由于获得日方的承认是该安全区能否顺利运作的关键,委员会决定给当时正在上海的日本驻华大使川越茂发一份电报,说明情况,并希望通过川越说服日本政府和军方给予协助。这份电报的主要内容如下:

考虑到可能在南京或南京附近爆发敌对行动这一情况,由丹麦、德国、英国和美国公民组成的国际委员会特此建议中国政府和日本政府为避难的平民建立一个安全区。

国际委员会有责任取得中国政府的特别保证:撤除拟建的安全区内所有军事设施和包括军事交通指挥机构在内的军事机构;安全区内不准驻扎武装人员,携带手枪的平民警察除外。禁止所有士兵与军事团体进入安全区,无论这些军事团体具有什么性质,无论其军官军衔为何种级别。国际委员会将努力使上述保证得到尊重和令人满意地执行。

以下具体标明的地区,国际委员会认为适合用来保护逃难的平民。这个区域位于城区的西部,迄今为止,日本空军在空袭时始终注意使其免遭破坏。

所建议的安全区界定如下:

东面:以中山路为界,从新街口至山西路交叉路口;

北面:从山西路交叉路口向西划线(即新住宅区的西边界),至西康路;

西面:从上面提到的北界线向南至汉口路中段(呈拱形)(即新住宅区的西南角),再往东南划直线,直至上海路与汉中路交叉路口;

南面:从汉中路与上海路交叉路口起,至新街口起点止。

---

[1]《由德国人领导的一群人》,《纽约时报》1937 年 12 月 19 日。

国际委员会将负责用白色旗帜或其他有待确定的标志清楚地标出这些边界，并将其公布于众。委员会建议从收到双方政府完全同意的通知之日起，视安全区为正式建立。

国际委员会特别希望日本政府从人道主义出发，保证安全区的民用性质得到尊重。委员会认为，为平民采取这种人道主义的预防措施，将会给双方负有责任的政府带来荣誉。委员会恳请日本政府迅速回复，以便能够尽快结束与中国政府进行的必要谈判，为保护难民做必要的准备。

国际委员会满怀信心地希望此建议能够得到友善考虑。

顺致崇高的敬意①

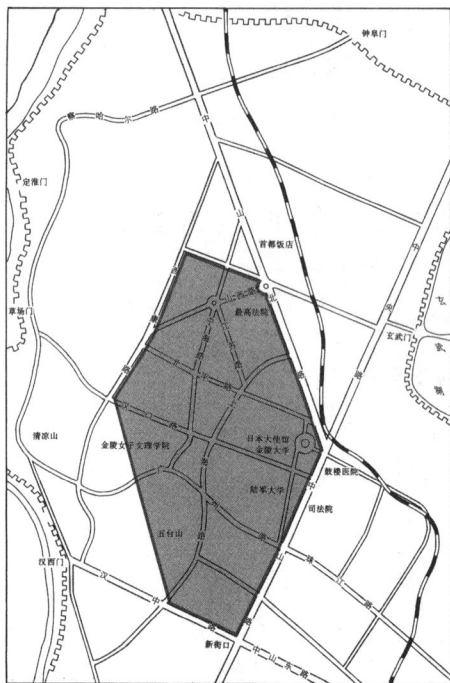

图18　南京安全区示意图

---

① 张宪文主编：《南京大屠杀史料集》之13《拉贝日记》，第73—74页。

在此信上签名的除了有当时还在南京的部分外国驻华外交人员之外,还有拉贝、马吉、贝德士、施佩林、米尔斯、特里默、里格斯、史迈士等留在南京的西方人士。他们后来也都是安全区的骨干成员。从该信件的内容来看,他们除了已经具体划定安全区的地理范围之外,还特别想得到日本当局对该安全区的承认。因为得到日方承认是该安全区正常运作的关键。此外,从该安全区的地理范围来看,主要是南京城中偏北、偏西的区域。这个区域离中日两军即将交战的区域相对较远,因为日军是从东面和南面进攻南京城的。这样既可以让难民避开战火,也相对容易为中国方面接受。中国军队可以在此区域内不部署军事防御设施;还可以让西方人士在管理该安全区上得到便利。如当时拉贝的住所,魏特琳所在的金陵女子文理学院,特里默、威尔逊等所在的金陵大学医院等都在此安全区范围内。可见,这些西方人士确实为保护中国平民煞费苦心,付出了很大的努力。

该信件通过美国大使馆的一个电台拍发给日本驻华大使,但一连几天得不到答复。这些西方人士非常焦急,11 月 27 日,他们再次开会,决定再次以主席拉贝的名义向日本大使发出另一封呼吁信:

> 国际委员会承蒙美国大使馆帮助于 11 月 22 日向日本政府递交了建立安全区的建议书,谨此再次恳请对此建议予以友善考虑。由于必须采取适当措施以安置只有在安全区才能找到避难场所的成千上万名平民,委员会急需立即开始工作。出于人道主义,特此请求即刻答复委员会的建议。[1]

这是委员会写给日本政府的另一封言辞恳切的信,希望日方能够发扬人道主义精神,给予委员会以承认。但他们也意识到日方很可能态度漠然,甚至可能拒绝委员会的建议书。委员会决定无论如何都要采取措施以保护平民。拉贝总结了此时委员会的坚定决心:"即使我们得不到

---

[1] 张宪文主编:《南京大屠杀史料集》之 13《拉贝日记》,第 85 页。

日本当局的答复，我们也必须采取某些预防措施，就是说，至少得制定安全措施。"①

在委员会内部取得共识的基础上，他们于 11 月 29 日召开内部会议，讨论了许多有待解决的问题。当天下午 6 时，委员会又在英国文化协会举行例会，中国政府的部分官员也参加了此例会。南京市长马超俊当场宣布国际委员会成立。② 至此，"南京安全区国际委员会"算是组成了。这是一个由十几名打算在日军攻陷南京后继续留在城内的西方人士（主要是美国人和德国人）所建立和管理的给予无辜平民避难的临时性处所。这个机构的最主要的风险是它没有得到即将到来的占领者——日本政府和日本军队——的认可。

安全区成立的消息一经公布，立即在南京城内引起了很大的反响。人们纷纷涌入该区以躲避即将到来的战火。12 月 10 日，《芝加哥每日新闻报》的一篇报道说："留在城里的居民纷纷涌入被认为应当确保安全的'安全区'，13 名美国人和 4 名德国人组成的国际安全区委员会管理着这一由首都两平方英里荒芜地区构成的一块新领地。"③当时的人们对安全区的地理范围还作了一番描述："难民区自南到北计 3 公里，自东到西计 2 公里，总面积 3.86 平方公里。四面以马路为界，区内有日、美、意、荷各国使馆、司法部、最高法院、金陵大学、鼓楼医院、金陵女子文理学院及其他教会财产。"④在南京被日军攻占之前进入安全区的平民主要有两类人。一是身体虚弱、难以逃离城市的人。二是相信日军不会袭击该安全区、进入这里很安全的人。他们中的许多人不愿离开自己的家，希望在局势稳定后重新回家过一个普通老百姓正常的生活。

随着日军的进逼，涌入安全区内的人与日俱增，给该区的管理带来

① 张宪文主编：《南京大屠杀史料集》之 13《拉贝日记》，第 86 页。
② 同上书，第 89 页。
③《涌入"安全区"》，载《芝加哥每日新闻报》，1937 年 12 月 10 日。
④ 田伯烈编著：《外人目睹中之日军暴行》，汉口，1938 年版。

了新的问题。12月6日,"安全区委员会已宣布安全区内没有足够的粮食,所以进去的人员要携带自己的口粮,并鼓励商贩在安全区内继续开店"。① 为了应对不断涌入的人流,委员会不断地工作。12月8日,地区界线标志设立了。"司法行政部、陆军大学及其他一些学校等公共建筑物陆续向贫[平]民开放,有必要的话安全区也会接收一些无人的民宅。"②但人数之多还是出乎委员会的预料。

不久,由于得到中国方面的资助,难民区的存粮有所增加。《纽约时报》记者于12月8日写的报道说:"难民尤其喜欢在美国和意大利大使馆周边地区成群结队,令附近道路相当混杂。安全区委员会在食物调配方面取得很大进展,目前拥有充足的大米,可供25000名难民维持一周时间。"③但随着难民人数不断增加,情况也变得越来越不容乐观。直到南京被日军攻占之后,这种状况仍在持续。费吴生在12月16日的日记中这样描述安全区内各难民营的状况:"我们现在有25个难民营,其中分别安置200至1.2万人。仅金陵大学校园一处就将近3万人,金女大专门收容妇女儿童,人数从3000激增至9000,后者连广场都塞满了。我们曾设想人均住处为16平方英尺,但实际上远远比这更为拥挤。由于当时没有一处是安全的,我们希望把最安全的区域放在金女大。其次则是金陵大学。华群小姐、戴籁三夫人和程太太④勇敢地全力保护妇女。"⑤

魏特琳管理安全区内的金陵女子文理学院的区域。这里主要安置的是妇女和儿童。12月17日,她在日记中写到:"人群不断涌入,我们简直无法应付。即使有房间,我们也没有足够的力量来管理。我们与金陵

① 张宪文主编:《南京大屠杀史料集》之6《外国媒体报道与德国使馆报告》,南京:江苏人民出版社2005年版,第15—16页。
② 同上书,第50页。
③ 同上。
④ 金陵女子文理学院女舍监程瑞芳。
⑤ 张宪文主编:《南京大屠杀史料集》之4《美国传教士的日记与书信》,第72页。

图 19　金陵女子文理学院难民收容所

大学联系,开放了他们的一个宿舍,他们将派一名外国人在那儿整夜守卫。下午4时—6时,我接受了两大批妇女和儿童。这真是一副令人心碎的景象,惊恐的年轻姑娘,疲惫的妇女拖儿带女,背着铺盖和衣物,拖着沉重的步履走来。"①

图 20　金陵女子文理学院校园外临时搭建的难民棚舍

① 张宪文主编:《南京大屠杀史料集》之14《魏特琳日记》,南京:江苏人民出版社2006年版,第152页。

12月17日已经是日军攻入南京的第5天。此时,日军的大规模暴行正处于高潮。许多尚未进入难民区,但已经受到日军戕害的难民纷纷涌入安全区。这也从一个侧面说明在日军刚刚入城时,还有部分平民没有进入安全区。他们或许认为日军不会对和平居民施暴。但日军的行为很快击碎了他们的幻想。此外,很可能还有部分在南京保卫战中溃散的中国军人,他们放下武器,脱去军装,也想进入安全区寻求庇护。这些人的进入无疑大大加重了安全区的承载压力。

也就在12月17日这天,拉贝对安全区的整体情况进行了一次统计。以下这张表格大致反映了这些西方人士建立的"安全区"在南京城的分布和人数。

| 建筑物名称 | 难民数量 | 类别 |
|---|---|---|
| 1. 原交通部 | 10000 或 10000 以上 | 家庭 |
| 2. 五台山小学 | 1640 | 家庭 |
| 3. 汉口路小学 | 1000 | 家庭 |
| 4. 陆军军校① | 3500 | 家庭 |
| 5. 小桃园南京语言学校 | 200 | 男 |
| 6. 军事化学品仓库②(华侨招待所后面) | 4000 | 家庭 |
| 7. 大学附中③ | 6000—8000 | 家庭 |
| 8. 圣经师资培训学校 | 3000 | 家庭 |
| 9. 华侨招待所 | 2500 | 家庭 |
| 10. 金陵神学院 | 2500 | 家庭 |
| 11. 司法部 | 空置 | |
| 12. 最高法院 | 空置 | |
| 13. 金陵大学蚕厂 | 4000 | 家庭 |

① 指陆军大学。
② 指军用化工厂。
③ 指"金陵大学附属中学",今金陵中学。

| 建筑物名称 | 难民数量 | 类别 |
|---|---|---|
| 14. 金陵大学图书馆 | 2500 | 家庭 |
| 15. 德国俱乐部（DOS协会） | 500 | 家庭 |
| 16. 金陵女子文理学院 | 4000 | 妇女、儿童 |
| 17. 法学院 | 500 | 家庭 |
| 18. 农艺系 | 1500 | 家庭 |
| 19. 山西路小学 | 1000 | 家庭 |
| 20. 金陵大学（宿舍） | 1000 | 妇女、儿童 |
| 总数约49340人—51340人 | | |

资料来源：张宪文主编《南京大屠杀史料集》之13《拉贝日记》，第165页。

**图21 五台山小学设置的难民收容所**

该表格的统计人数与前述费吴生日记中所记的人数有所不同。这可能是由于当时情况混乱，无法精确统计，也可能是由于不同的统计者对各个难民营位置的标准不一。如拉贝在表中把金陵大学分成好几个区域，而费吴生则把金陵大学看成一处。此外，贝德士在1938年2月18日的一篇报告中写道："25万人大部分生活在密集、异样的环境里。为什么呢？是因为安全区所占面积只有市内区域的1/8。"①这里所说的安全区占市区八分之一的面积是确实的。25万人,应该大致是当时留在南京的全部人口数。对此,威尔逊在他12月14日的日记中也写道:"残留在南京15万到20万的人口,群居在我以前曾写为难民区的安全区里。"②

直到1938年1月下旬,安全区内仍在收容大量的难民。《华北每日新闻报(*The North China Daily News*)》的记者在1月27日的报道中说:"国际委员会仍经营着位于安全区内的公共建筑和机构所属建筑里的25个难民营。目前约有60000人住在里面。最大的几个难民营为:金陵大学附中,15000人;旧交通部,12000人;金陵大学主校园,6000人;金陵女子文理学院,5500人。"③

除了在安全区内开辟了数个供难民居住的收容点之外,委员会还在1937年12月13日那天决定成立一个红十字会,以国际红十字会南京分会的名义开展工作。约翰·马吉担任该红十字会主席,拉贝等人为理事。④该红十字会除了在既有的金陵大学附属马林医院对难民开展医疗服务之外,后来又在外交部、军政部、铁道部等地设立了几个救助伤兵的医疗点。

无论如何,由这些西方人士建立的安全区给无依无靠的中国平民和解除武装的中国军人提供了一个暂时的栖身之处,尽管这个"安全区"并不真正安全。

## 四、中日双方对"安全区"的不同态度

安全区是要得到中日两国行政当局的许可乃至配合才能建立并有

---

① 张宪文主编:《南京大屠杀史料集》之12《英美文书·安全区文书·自治委员会文书》,第127页。
② 张宪文主编:《南京大屠杀史料集》之12《英美文书·安全区文书·自治委员会文书》,第176页。
③ 《华北每日新闻报》1938年1月27日,载张宪文主编《南京大屠杀史料集》之6《外国媒体报道与德国使馆报告》,第154页。
④ 张宪文主编:《南京大屠杀史料集》之13《拉贝日记》,第134页。

效运作的。在南京尚未被日军占领之前，中国方面的态度对其是否能够建立并初步接受难民起着至关重要的作用。而南京被日军攻占之后，日本占领当局（主要是日本军方）的态度就显得至关重要。由于南京被日军占领是无法避免的，所以如前所述，委员会成员在筹建之初就在致日本驻华大使的信中向中日双方发出呼吁，要求双方给予配合。委员会对中方的要求是："撤除拟建的安全区内所有军事设施和包括军事交通指挥机构在内的军事机构；安全区内不准驻扎武装人员，携带手枪的平民警察除外。禁止所有士兵与军事团体进入安全区，无论这些军事团体具有什么性质，无论其军官军衔为何种级别。"很显然，委员会希望安全区中立化及非军事化，以便换取日方的承认及日军不袭击该区域，因为只有日方的承认才能保证安全区内的非武装人员在日军进城后真正安全。因此，委员会对日方的要求是："保证安全区的民用性质得到尊重。"这短短的一句话包含了建立该安全区的宗旨，即保护非武装人员免受战争伤害。

然而，从一开始，中日双方就对建立安全区一事采取了截然不同的态度。

早在1937年11月17日米尔斯等人商议筹建安全区不久，就把此议向中英庚款董事会总干事杭立武作了通报。杭随即将此事向时任教育部长的王世杰作了说明，并得到王的赞同。王马上与已经被任命为南京卫戍司令的唐生智商量。唐虽然没有立即表明态度，但同意就此事向蒋介石汇报。当时蒋不在南京。

不久，美国驻华大使詹森与南京国民政府的两位大人物——孙科与张群共进晚餐，南京市长马超俊也在座。席间，詹森向他们通报建立安全区的提议，并自告奋勇地称，一旦这个提议具体化，他乐于向日本当局斡旋传达。后来委员会致日本驻华大使的信就是通过美国大使馆的电台转发的。当时，张群和马超俊对这个提议还有点感到意外。"市长好像对安全区的提案还没有听说过，就此他本人没有发表任何意见。但是，在整个晚餐中，他好像一直在思考那个提案，像是发现了其可能性。"①张群则说现在讨论这个问题为时尚早。张显然对此议也没有心理准备,但他的发言也预示日军攻到南京是不可避免的。

　　随着日军不断西进,南京周边的局势迅速恶化,包括国民政府官员在内的大批南京居民开始逃离这座城市。同时,大批从上海方向来的逃难者不断涌入,南京的难民问题越来越严重,委员会也加快了安全区的筹建步伐。中国政府方面对安全区的建议也越来越采取赞成的态度。就在委员会于 11 月 29 日在英国文化协会举行的例会上,马超俊市长当众宣布了南京安全区国际委员会的成立。② 此举表明中国政府正式承认安全区的合法性,并给予各种支持。

　　首先,针对委员会于 11 月 22 日在给日方的信中提出的中国军队撤出一切军事设施和军事人员的要求,唐生智于 12 月 3 日致函拉贝,给予明确答复:

　　　　关于从安全区撤出所有军事组织和交通设施一事,我已经下达命令,根据您的愿望执行。我会尽快敦促军事人员不得在区域内居住或穿越区域。总而言之,我会在我的权限范围内满足您的愿望,因为作为卫戍司令,我钦佩贵委员会的工作并愿意竭诚与您合作。③

　　12 月 5 日,拉贝、施佩林和贝德士三人拜访了唐生智,与他具体讨论了从安全区内撤出军事设施的问题。唐则对他 3 日信件作了三点具体说明:

　　(1) 如果建议内提出的安全区有清楚明晰的标志,中国军方将考虑不再在区内设置新的军事设施。

　　(2) 此外在区内不应再继续设立或使用军事堡垒设施,包括高

---

① 张宪文主编:《南京大屠杀史料集》之 12《英美文书·安全区文书·自治委员会文书》,第 86 页。
② 张宪文主编:《南京大屠杀史料集》之 13《拉贝日记》,第 89 页。
③ 同上书,第 106 页。

射炮(抵御飞机用的大炮),从区内撤出全部武器和武装部队。

(3) 其他不包含武装部队或常备军的服务性设施,在必要的情况下撤出安全区。①

唐生智向委员会提出的这三项说明表明中国军方也接受了安全区的成立,并在尽可能的范围内对委员会的工作给予协助。这样一来,中国政府和军方对安全区的成立都表示赞成,对委员会的工作也积极配合。在唐作出这三项说明的当天,委员会就与唐约定,在双方商量的范围内把安全区用旗子围起来,以便军人和平民熟悉安全区的边界。随后,唐又宣布三天内从安全区内撤走士兵和军事设施。② 此后,中国军队从安全区内的撤退工作有条不紊地进行。时人描述当时的情形时写道:"首都卫戍司令唐生智将军也推诚合作,肃清难民区中的军事设备,军队纪律严明,秩序很好。直到 12 日日军进城以前,还是如此。"③

除了在非军事化方面给予协助之外,中国方面还向安全区提供了许多物质支持,以使其能够顺利运作。委员会的记载显示:"12 月 1 日,南京市长马超俊把难民区的行政责任,交给我们,同时交给我们 450 名警察,3 万担米,1 万担面粉,一些盐,并允许拨助 10 万块钱,我们不久确实收到了 8 万元。"④正是有赖于中国政府的积极资助,安全区在其运作的最初阶段有了比较充足的物质保障。

相比于中国方面积极协助的态度,日方对安全区的建立却采取了比较敌视的态度。如前所述,委员会于 11 月 23 日给日本驻华大使发出了说明情况的信件后,迟迟得不到日方的答复,不得不于 27 日再次致函日本大使。委员会之所以对日方还抱有一丝幻想,是因为在 11 月间,上海

---

① 张宪文主编:《南京大屠杀史料集》之 13《拉贝日记》,第 105 页。
②《中国军人从安全区撤走》,载《纽约时报》1937 年 12 月 5 日。
③ 田伯烈编著:《外人目睹中之日军暴行》,载张宪文主编《南京大屠杀史料集》之 4《美国传教士的日机与书信》,第 365 页。
④ 同上。

法国教会的饶神父曾在该市南市地区设立过难民区,救助了 25 万人。这个难民区曾得到日本当局某种程度的默许。然而,这种幸运并未降临在南京的难民们身上。

直到 12 月 5 日,委员会才收到日方通过美国大使馆转来的答复电报:

> 日本当局仔细考虑了南京国际委员会的建议,日本大使现通过总领事将下列通告通知美国大使:
>
> 1. 考虑到一旦发生紧急情况,委员会不具备完全切断安全区与外界联系的自然条件与人工设施,有必要给安全区领导层提供足够的物质材料或其他特别权力,以便安全区附近发生战斗时,能够阻拦中国武装部队进入安全区寻求保护或将安全区用于军事目的。
>
> 2. 此外还必须考虑到,不论是在安全区内,还是在安全区的附近都有中国的军事设施和据点,一旦在南京发生战斗,这些设施和据点很难做到不会被中国军队使用。
>
> 3. 鉴于上述原因,日本政府认为,即使该建议受到中国当局的欢迎,但仍然不能保证做到在南京发生战斗时,能够完全阻挡住中国军队进入安全区并将安全区用于军事目的。
>
> 4. 尽管日本政府完全承认对此建议负责的领导层的高尚动机,但是在这种情况下,日本政府不承担在未来对所述区域免遭炮击或轰炸的保证义务。
>
> 5. 可以把下列情况看成是一种表态,日本军队无意对未被中国军队使用的地点或不存在军事设施或没有部署中国军队的区域发动进攻。①

这封回复表明日方基本上无视安全区的功能,也表明日本军方不愿为任何可能妨碍其军事行动的因素所羁绊。尽管中国方面先前已经主

---

① 张宪文主编:《南京大屠杀史料集》之 13《拉贝日记》,第 104 页。

动撤出了军事人员和军事设施。这也从一个侧面说明当时的日本军队
是一支无视现代文明准则和没有起码的人道主义关怀的军队。这同时
又一次预示了当南京被这支军队占领时,将面临怎样的命运。除此之
外,日方还对西方人士发出了威胁。12 月 8 日,日本驻上海总领事冈本
季正正式要求在南京的外籍人士尽快撤离。同时,日本军方也宣称:撤
入安全区的人是"自甘冒险"。①

这样的回复和威胁自然令委员会大感失望。面对即将到来的强权,
委员会无可奈何。他们明白,委员会能否保护好中国难民尚未可知,而
他们自己却极有可能也处在危险之中。但委员会成员没有被威胁吓倒。
日方表示无意主动进攻非军事区域,又使委员会产生了一丝幻想。12 月
6 日,委员会再次通过美国大使馆,以主席拉贝的名义向日方发出呼吁:

一、国际委员会收到了日本当局的答复,注意到内容同所指出
的完全相同。中国军队当局正在撤去安全区内的军事设施和工作
人员等。于是,委员会在安全区的边界处插上了白底红色的十字旗
(红十字使用一个圆圈围起来的,圆表示安全区),正在进行边界标
示的工作。决定在安全区边界的一角地面建筑物的房顶上水平地
展开印有同样符号的大布。

二、国际委员会处于坚持敦促尚滞留在安全区里的中国方面的
军事工作人员转移的立场,鉴于涌入安全区多数难民、市民的不安
和殷切的愿望,从心里坚信日本当局即使在积极准备安全区的现阶
段,以及即使在完全搞好安全区的格局之后,也同样会暂不进行攻
击和轰炸。国际委员会正在催促以便尽快执行中国方面答应的
条件。

三、国际委员会兴奋地注意到日本当局所作的含有 5 项回答的
保证,即只要那里不被中国军队用于军事目的,另外只要中国军队

① 张宪文主编:《南京大屠杀史料集》之 6《外国媒体报道与德国使馆报告》,第 18 页。

不建设防卫设施,不配置中国军队,当然可以认为日军不会有攻击这类场所的意图。

四、国际委员会事先通知日本当局大约有15到20名外国人为了协助安全区的工作而留在那里。这些外国人之所以继续留在南京,是因为他们信赖中国及日本当局对安全区的万分诚意,同时还因为想亲眼看到安全区的功能得以充分发挥的国际委员会的决心很坚定。①

委员会再次对日方发出这样的呼吁,可以看出两点。第一,委员会仍然希望日方能够尊重安全区,承认其非军事性质,并让其充分发挥救助难民的人道主义功能。他们不放弃最后一丝希望。第二,向日方表明委员会建立安全区、救助难民的坚定决心。即无论日方是否正式承认,委员会都要尽力把这件事做好。委员会是在日方实际上已经拒绝承认安全区的合法性,并不对其提供安全保障的情况下表明这样的决心的。这种明知不可为而为之的顽强作风是十分令人敬佩的。这也说明中国在面对日本侵略之时,世界上爱好和平、同情中国、愿意提供援助,并甘愿冒着巨大风险与中国人共命运的国际友人是大有人在的。

这封呼吁发出后,没有得到日方的任何回复。也许日方认为他们已经在前面的回复中把其立场表述得非常清楚了。纵观中日双方对安全区的不同态度,可以看出,中国方面对于在战争中保护平民等非战斗人员还是重视的,也采取了一些相应的措施。而当时日军在执行战斗任务时是不顾平民百姓的死活的,日本政府也基本上是漠视平民利益的。这样的政府和这样的军队,虽然凭借其强大的实力,可以在战场上取得一时的胜利,但罔顾现代文明准则的野蛮作法终究会使其失去人心,并最终导致其最后的失败。

---

① 张宪文主编:《南京大屠杀史料集》之12《英美文书·安全区文书·自治委员会文书》,第88页。

因此，南京被日军攻占后，其在安全区内的暴行就一直不断。直到1938年1月初，日军为安全区设立了一支宪兵部队之后，日军的暴行才有所收敛，那里的局势才有所好转。但这已经是日军占领南京20天左右，在南京实施了大规模暴行之后的事了。但即使如此，暴行并未完全结束。"但是这些宪兵中，也有一些可疑分子，他们要么装聋作哑，要么自己参与暴行。"①

## 第二节　并不安全的"安全区"

### 一、日军在"安全区"内的暴行及西方人士的努力

日军进城之后，委员会鉴于占领当局没有承认安全区的合法性，且日军已经表现出军纪败坏的迹象，极为担心滞留在安全区内的数万中国难民会遭到日军蹂躏，于1937年12月13日当天向难民发出一份重要通知。

致难民收容所难民的重要通知

1. 紧急呼吁所有的人尽可能不要在街上逗留。

2. 在最危险的时候，建议躲在房子里或不会被看见的地方为好。

3. 我们提请注意，难民区是专为难民设立。我们不得不遗憾地指出，难民区无权为中国士兵提供保护。

4. 如果日本人来难民区检查或巡视，必须予以通行，不得向他们实施任何抵抗。②

可以看出，委员会对日军及新的占领当局是十分小心翼翼的，生怕有任何地方得罪后者而给难民带来麻烦。第二天，即12月14日，委员

---

① 张宪文主编：《南京大屠杀史料集》之13《拉贝日记》，第276页。
② 同上书，第136页。

会又以主席拉贝的名义向日军指挥官发出了一份呼吁信：

尊敬的指挥官先生：

请允许我们在此表达对贵炮兵部队的谢意，他们遵守纪律的行为使得安全区幸存。为了维护中国平民的利益，我们想就未来的计划和安排与您取得联系。

国际委员会已经承担了在安全区安置滞留城中的中国居民的责任。米面已有储备，可以暂时接济难民。委员会还同时接管了安全区内的中方警务管理工作。

委员会现提出下列请求：

1. 恳请在安全区各通道口派驻日军岗哨。

2. 安全区由区内平民警察保护，平民警察只携带手枪。请予以批准。

3. 批准委员会在安全区内出售米面并设立粥厂。委员会在其他城区有粮食储备，请准予我们的卡车通行，运输粮食。

4. 在难民全部返回原住处前，请准予委员会继续保留目前对房屋的管理权（即便能够返回，仍有成千上万的难民无家可归，必须得到照料）。

5. 准予委员会与贵军合作，尽快恢复水电供应和电话通讯。

昨天下午，出现了一个未曾料到的局面，大量逃跑的中国士兵在城北无路可退，其中一部分来到我们办公室，请求怜悯，救他们的命。我方代表为此试图和贵军司令部取得联系，但只在汉中路遇见了一位上尉。以上提到的那些中国士兵，我们解除了他们的武装，把他们安置在安全区的房子里。

现恳请您能宽恕这些士兵，考虑他们的愿望，准予重过和平的平民生活。

在此，我们想向您介绍国际红十字会，约翰·马吉先生（美国人）为该会主席。该会已经接管了外交部、铁道部和军政部的几所原军医院,于昨天解除了院内全体人员的武装。该会保证负责这里的建筑物将来不得用于医院以外的其他用途。如果地方够的话,我们建议将所有中国伤员安置在外交部。

为了中国平民百姓的安康,我们期盼着能有机会和您进行任何形式的合作。

谨致崇高的敬意①

这是委员会向日军提出的一份十分完整的保护安全区内平民的计划,说明委员会思虑周全。特别是他们向日方提出了保护解除武装的中国士兵的问题,这是他们发挥人道主义救助功能的一个新的体现,因为这是委员会事先没有想到的一个问题。就在这封信发出的前一天,委员会还在给难民的通知中声明安全区不能接受中国士兵。委员会之所以提出这个问题,是缘于13日,即日军入城的当天他们所经历的事情。当天,拉贝等委员会成员乘坐汽车在城中巡视。"沿途我们通过缴械救下了3个分队约600名中国士兵……我们将这批人安置在外交部和最高法院。"②这更进一步表明拉贝等委员会成员是基于人道主义原则来处理和对待寻求避难的中国人的。在他们看来,已经缴械的军人应等同于平民,需要受到与难民同等的保护。然而,日军却并不认同这一点。

15日,日本军方以会谈纪要的形式对这一问题作出答复,称:"如何处理已经解除武装的中国士兵,您交给日军办理,您可以相信日军是有人道主义的。"③然而,从后来日军对被俘的中国军人的残酷屠杀行为来看,日军是自食其言的。但是,委员会确实采取了种种措施,他们为保护中国平民和解除武装的士兵确实已经尽其所能。

尽管委员会竭尽全力保护进入安全区的无辜中国人,但日军闯入安全区施暴的事情仍不时发生,而委员会成员则继续发挥着他们的绵薄之

---

① 张宪文主编:《南京大屠杀史料集》之13《拉贝日记》,第137页。
② 同上书,第134页。
③ 同上书,第142页。

力。从拉贝日记和魏特琳日记中就可以看到很多这样的事例。

12月15日,就在委员会收到日方承诺会以人道主义态度对待已经解除武装的中国士兵的当天,拉贝就在其日记中记下了这样一件事情:

> 一队日本士兵要带走一部分已经放下武器逃到我们安全区的原中国士兵。我以德国人的身份向他们担保,这些难民已经不会再战斗,应将他们释放。我刚回到委员会总部还没进办公室,杂工就告诉了我们一个不好的消息,日本人又回来将所有1300名难民捆绑起来。我、史迈士和米尔斯3人试图再次将这批人解救下来,但是白费口舌。大约100名荷枪实弹的日本士兵将这批人围起来,捆绑着拖走,准备拉出去枪毙。我和史迈士又一次开车去找福田①替这批人求情。福田答应尽自己最大的努力去办,但是希望渺茫。我向他指出,如果这样处决人的话,我将很难为日本人招募到劳工。福田也深以为然,

图22 拉贝在写日记

> 安慰我并答应明天去办这事。我的心情悲痛极了,把人像动物一样强行拖走,这是很残酷的。②

日军在安全区内的暴行远远不止这一起。几乎从日军入城的时候,他们在安全区内的暴行就开始了。例如,12月14日中午,日军士兵闯入铜银巷的一所房屋,强行拖走4名女孩,并强奸了她们。2小时后把她们

---

① 福田德康,日本驻华大使馆参赞,当时留在南京。拉贝等人多次就日军暴行问题与他交涉。
② 张宪文主编:《南京大屠杀史料集》之13《拉贝日记》,第143页。

放回。当天夜晚,安全区第 2 区的全体居住人员被日军赶出居所,住处被抢劫一空。同一天,30 名显然没有军官带队的日军士兵搜查了金陵大学附属医院及其女护士的寝室,医院人员遭到了有组织的抢劫。被偷走的物品有:6 枝自来水笔、180 元现钞、4 块表、2 卷医院的绷带、2 只手电筒、2 双手套和 1 件毛线衣。15 日,安全区卫生委员会第 2 区的 6 名街道清洁工在他们位于鼓楼的住所里被闯进的日本士兵杀害,另外一名则被严重刺伤。日军士兵杀人没有任何明显的理由。这些人都是安全区的雇员。15 日下午 4 时,在金陵女子文理学院附近,一辆载有大米的卡车被日军士兵抢走。这天下午,安全区开设的米铺被数名日军士兵搜查,他们强行买走了 3 袋米(3.75 石),却只付了 5 元钱。当天夜晚,7 名日军士兵闯进金陵大学图书馆大楼,拖走 7 名中国妇女,其中 3 人被当场强奸。也就在 15 日,在安全区内,无论是收容所,抑或是公共场所,或者是大学的建筑物内,日军士兵都在强行闯入,多次抢劫中国难民。①

这些仅仅是日军在安全区内暴行的冰山一角。仅仅到了 14 日,即日军入城的第二天,居住在安全区内的大量中国难民就已经产生了恐慌。他们不断向拉贝等委员会成员诉说着日军的暴行。委员会不得不于 14 日夜派出 3 名美籍人员整夜守候在妇女儿童聚集的金陵女子文理学院以保护他们。这其中就有魏特琳。

魏特琳在其日记中同样记录下了日军的暴行。12 月 13 日,即日军入城的第一天,晚 7 时 30 分,魏特琳所在的金陵女子文理学院难民收容处,食堂负责人报告说,日本兵正在强占校门对面存有大米的房子。魏特琳与另一人迅速行动,企图与这批日军的头目取得联系,但没有结果。门口的卫兵凶神恶煞,根本无视魏特琳等人的要求。为此,魏特琳去见了委员会主席拉贝。大家一致认为处理此事应该谨慎。② 魏特琳在 14

① 以上这些暴行,见载于张宪文主编《南京大屠杀史料集》之 13《拉贝日记》,第 148—149 页。
② 张宪文主编:《南京大屠杀史料集》之 14《魏特琳日记》,第 146 页。

日的日记中写下了这样一段话:"当我们回到金陵女子文理学院时,前面空地上满是日本士兵,约有8个士兵站在我们的门口。我到门口站着,直到他们离开,并找了个机会把陈师傅从他们的手中夺了回来。如果我没有赶到的话,日本人将把他抓去当向导。学院送信的魏早上被派出去,到现在还没有回来,看来被他们抓走了。"①

12月16日是日军在南京的暴行达到高潮的时候,许多放下武器的中国军人及被怀疑为中国兵的平民都被日军集体屠杀。魏特琳也在日记中记录下了她在金陵女子文理学院的经历。

> 上午10时。金陵女子文理学院经历了一次官方视察——彻底地搜查中国士兵。一百多名日本兵来到校园,首先搜查了一幢大楼。他们要求我们把所有的门都打开,如一时找不到钥匙,日本人就很不耐烦,其中一人备有一把斧头,以便强行劈门。当彻底搜查开始时,我的心便沉了下来,因为我知道,在楼上地理系办公室里放着数百件为伤兵做的棉衣,这些棉衣是妇救会做的。我们还来不及处理这些棉衣,我们不想把它烧掉,因为我们知道,今冬许多穷人非常需要棉衣。我把日本兵带到那个危险房间的西面房间,日本人想从一个相邻的门进去,但我没有钥匙。幸运的是我把他们带到阁楼上,阁楼里有二百多名妇女和儿童,这分散了日本兵的注意力(天黑后,我们把这些衣物全部烧掉了,陈先生也把他的一支枪扔到塘里去了)。
>
> 有两次,日本兵抓住我们的工人,说他们是士兵,要把他们带走。但我说:"他们不是士兵,是苦力。"他们才得以逃脱被枪杀或是被刺死的命运。他们搜查了我们所有住有难民的大楼。4个日本兵,其中还有一个低级军官想要点喝的,我们把他们带到程夫人的宿舍。当时,我们并不知道校园里架着6挺机枪,还有更多的日本

---

① 张宪文主编:《南京大屠杀史料集》之14《魏特琳日记》,第148页。

兵在校园外站岗，并做好了射击的准备，如果有人逃跑就开枪。当那个级别最高的军官离开时，他写了一个证明，说我们这里只有妇女和儿童，这帮助我们在今天其余的时间里，将其他小股日军挡在了校门外。

中午刚过，一小股日本兵从原医务室的边门进来，如果我不在的话，他们将会把唐的兄弟抓走。后来他们沿路而上，要求从洗衣房的门进来，我也及时赶到了。如果日本人怀疑哪一个人，那么其命运将与在他们身后被捆着的 4 个中国人一样。日本人把那 4 个人带到西山，我听到那儿响起了枪声。①

从这段记述可以看出：首先，日军完全没有遵守其先前作出的以人道主义的态度对待放下武器的中国军人的承诺，而是对他们实施了野蛮的屠杀，甚至许多无辜的非军人也被不分青红皂白地屠杀。其次，委员会成员不仅为了保护难民尽其所能，而且十分有智慧，正如魏特琳在对待日军可能搜查到藏有棉衣的房间时所做的，或是用饮料换取日军军官开出校园内只有妇女儿童的证明那样。第三，从一些事实可以看出，安全区的设立虽然未能阻止日军在其中实施暴行，但对日军的肆意妄为还是起到了某种程度的遏制作用。他们不像在安全区外那样对中国百姓毫无顾忌地施暴。从这个意义上说，这些西方人士建立的这个安全区是十分必要和及时的。

其实，在留在南京的西方人士中，魏特琳是十分特殊的一位。她既是一位传教士，也是一位教育工作者。她自身怀有强烈的人道主义情怀，再加上她负责的金陵女子文理学院收容区所收容的难民绝大多数都是妇女和儿童，使她更加感到一种要保护弱小的责任感，并付诸行动，尽管她自己也是弱小者之一。12 月 18 日，魏特琳在日记中记录了她寻求日本驻南京外交人员帮助的情形。

---

① 张宪文主编：《南京大屠杀史料集》之 14《魏特琳日记》，第 150 页。

　　这些天,我整天都在校园里从一个地方跑到另一个地方,大声地说:"这是美国学校!"大多数情况下,这足以让日本人离开,但有时他们不理会,并凶狠地盯着我,有时还对我挥舞刺刀。今天,当我们到南山①公寓去阻止日军抢劫时,其中一个日本兵用枪对着我和与我在一起的守夜人。

　　由于昨夜的可怕经历,我带着现在是我私人秘书的大王一起走,我们决定到日本使馆去报告情况,看看是否能够得到帮助。当我们到了汉口路与上海路交界处时,我停了下来,不知是否应该叫瑟尔·贝茨②和我一道去,还是我独自去,或是先到美国大使馆寻求帮助。我们很幸运,在美国大使馆找到了一位非常有用的中国秘书或是职员,他叫 J. C. 谭。他给我写了两封信,并用大使馆的车把我们送去。我们立即来到日本使馆,报告了我们的困难、经历以及星期五晚上发生的事情,然后,我要了一封可以带在身上的信,以便用它将进入校园的日本兵赶走。我还要求在学校门口贴上告示。这两个要求他们都答应了。回来时我高兴得难以形容。日本使馆的田中副领事还说,他将去找两个日本宪兵在夜里站岗。他是一个善解人意和稍带忧郁的人。当一切都办妥,我准备给大使馆司机小费时,他说:"使中国人免遭彻底毁灭的唯一原因,就是南京有为数不多的十几位外国人。"如果对这些毁灭和残忍没有任何限制的话,将会是什么样呢? 由于有米尔斯先生和两名日本宪兵在大门口守卫,数日来我第一次安静地上床睡觉,并认为一切将会好起来。③

　　这段日记清晰地道出了这些西方人士在遏制日军暴行、保护中国无辜者中所起的巨大作用。在当时的条件下,这种作用是无法取代的,尽管这些西方人还无法完全制止日军暴行,也难以彻底保护所有在安全区

---

① 金陵女子文理学院校园内的一个地名。现在南京师范大学随园校区内。
② 即贝德士。
③ 张宪文主编:《南京大屠杀史料集》之14《魏特琳日记》,第154—155页。

内的中国人。此外，这同时也说明两个问题：一是西方人士在保护中国人时，并不仅仅是当日军侵害发生时被动地保护，而是寻求与日本驻南京的外交人员主动接触，争取运用国家外交的力量制止日军的暴行。二是当时日本的外交人员与日军在对待无辜中国人的问题上是有一定差异的。外交人员不希望看到大规模暴行的发生。关于这两个问题，笔者将在后文中作进一步阐述。这封日本大使馆的信有时候确实起到了作用。例如，她在 12 月 19 日的日记中记下了这样一段话："上午其余的时间，我都从校园的这一边跑到另一边，把一批批的日本人赶走。我去了南山三次，然后又到校园的后面，接着又被急呼到教工楼，据说那里有两个日本兵上了楼。在楼上 538 房间里，我看见一个家伙站在门口，另一个正在强奸一名姑娘。我的出现和我手上那封日本大使馆的信，使他们急忙逃走。"①在一定条件下，当日军的性侵事件发生时，魏特琳的制止行动是能够起到作用的。

总之，以拉贝、魏特琳为代表的西方人士，在南京大屠杀的那些腥风血雨的日子里，为保护中国平民和解除武装的军人做了他们力所能及的一切，并取得了实效。他们的伟大举动赢得了中国和世界人民的赞赏与崇敬。但是，他们自身也是日军暴行的受害者。

## 二、日军屡次侵害西方人士的人身权利

日军在南京大屠杀期间侵害第三国权益的一个重要方面就是侵害当时留在南京的第三国人士的人身权利。这种现象在日军入城之后就开始了。诚然，由于这些第三国人士都是欧美白人，长着西方人的面孔，再加上他们人数很少，只有 20 余人，并相对集中在安全区这样一个较小的范围内，日军没有像对待中国人那样对他们肆意屠杀，但他们的正当合法的人身权利还是不断受到日军侵害。如前所述，魏特琳在试图保护

---

① 张宪文主编：《南京大屠杀史料集》之 14《魏特琳日记》，第 156 页。

安全区内的中国难民时曾遭到日军粗暴对待,不仅被凶狠地盯着,而且还受到刺刀威胁,就是一个例证。但类似的事情其实是很多的,而且受害者也绝不仅仅是魏特琳一人。

在日军进城的最初期,他们似乎对西方人还是有所顾忌,而且对来自不同国家的人的态度也不完全一样。拉贝在他 12 月 14 日的日记中记下了这样一件事:"几队日本兵也来到了我的私人住宅,在我出现并向他们出示手臂上的国社党卐字袖章后,他们就撤走了。美国国旗非常不受欢迎,我们委员会成员索恩先生汽车上的美国国旗被抢走了,车里的东西也被盗了。"①这同样说明两点。一、日军在对待像德国人这样来自日本的"友好国家"的人士时还是有所注意的,避免过度粗暴。自从 1936 年 11 月 25 日德日两国签定《反共产国际协定》以来,德日两国日益接近,已经形成准同盟关系,德国自然也就成了日本的"友好国家",来自德国的拉贝似乎也可以被看作"友好人士"。二、英美法等传统西方民主国家则日益形成另一个阵营,与日本的关系也开始恶化。日军官兵对待美国国旗的态度很可能是由于他们已经被灌输了"美国是敌对国家"之类的观念。对于这一点,拉贝有着十分深刻的印象。他在 12 月 17 日的日记中写道:"在大多数情况下,我只需要喊一声'德意志'和'希特勒',他们就会变得有礼貌,而美国人要想让日本人承认则相当困难。"②笔者以为,在南京大屠杀期间,日军广泛侵害了第三国权益,是与这种国际政治环境有关的。因为当时在南京的第三国利益绝大多数都是英美法等西方国家的利益。日军官兵在一定程度上是把这些国家当作敌人看待的。

日军对拉贝还算"客气"。这从另外两件事上可以看出。拉贝在 12 月 16 日的日记中写道:"写到这里,后院里响起了日本士兵的砸门声。见佣人不开门,几个日本士兵就在院墙边探头探脑,看见我突然打着手

① 张宪文主编:《南京大屠杀史料集》之 13《拉贝日记》,第 139 页。
② 同上书,第 157—158 页。

电筒走了过去，他们立即就一溜烟地跑掉了。"①12月17日，拉贝又在日记中记下了这样一件事："两个日本士兵爬过院墙，正打算闯进我的住房，看见我出现后就为自己的闯入找借口，说是看见有中国士兵爬过院墙。我把我的党徽指给他们看，于是他们就从原路又退了回去。"②这说明日军不仅对来自德国的人士是比较顾忌的，而且特别在意德国国社党。这也从一个侧面反映出当时德日两国的国家关系正在迅速走近，而德国国社党也在日军官兵中占有越来越重要的地位。但是这样的事件仍然可以被看作是日军侵害西方人士人身权利的事件，只是程度略轻而已。因为日军不可能是在拉贝出示了国社党党徽之后才意识到他们正在侵入一位外国人的住宅。首先，拉贝的住宅位于金陵大学小粉桥，是一所别墅式的独门小院。这绝不是当时在南京的普通中国人所住的低矮破旧的房屋所能比的。其次，也是最重要的一点，为了便于辨识，拉贝早已在其院墙外设置了醒目的德国国旗图案。也许，日军官兵是在亲眼见人之后才相信他们面对的是一位德国人。

但是日军的这种"温和"态度仅仅是针对拉贝个人。当他们面对诸如魏特琳等其他国家人士时，则是另外一种态度了。随着日军军纪的败坏和对中国人暴行的普遍化，对第三国人士的人身侵害事件也随之多了起来。日军有时是在这些第三国人士保护中国难民的时候对他们施暴，正如前文所述的魏特琳的遭遇一样。但她的遭遇还不止这一起。12月17日，魏特琳直接遭到了日军的殴打。她在当天的日记中写道："我们吃完晚饭时，中央楼的那个男孩跑来说，校园里有许多日本兵正向宿舍走去。我看见两个日本兵在中央楼前推门，坚持要求把门打开。我说没有钥匙，一个日本兵说：'这里有中国士兵，日本的敌人。'我说：'没有士兵。'和我在一起的李先生也说了同样的话。他们打了我一记耳光，也恨

---

① 张宪文主编：《南京大屠杀史料集》之13《拉贝日记》，第151页。
② 同上书，第156页。

恨地打了李先生,坚持要求开门。我指了指侧门,把他们带进去。"①从这段话中,我们多少可以看出魏特琳的勇敢和无奈。说勇敢,是因为她在面临日军威胁时仍坚持保护无辜的中国人。说无奈,是因为她在那样的时刻,也不得不屈从日军的无理要求,不得不"指了指侧门,把他们带进去"。这形象地说明了当时西方人士的弱势处境。他们在尽力保护无辜中国人的同时,自身的正当权益却遭受日军的侵害。

有此遭遇的绝不仅仅是魏特琳一人。费吴生就在他于 12 月 16 日的日记中记录了里格斯的遭遇:"从那天早晨开始就有关于强奸的报告。100 多名妇女被士兵抓走,其中 7 人是从金大图书馆抓走的,比这多无数倍的妇女是在她们的家中被强暴的。数百人在街上寻找安全处所。午餐时,房屋副总管林查理(里格斯的中文名字——引者注)哭着进来。日本人把法学院和最高法院抢空了,特别是抓去的人生死未卜。难民区 50 名警员也被一并抓走。林查理曾经抗议,但被士兵粗暴对待,并且两次被一个军官殴打。"②麦考伦是另一位受害者。1938 年 1 月 26 日,"负责本地一家医院的老传教士麦考伦因为要求两个闯进去的日本人从后面离开这家医院,脖子被刺刀刺成轻伤"。③

有的时候,西方人士是在十分被动、不知不觉地保护无辜中国人的时候遭到日军的人身侵害。1938 年 1 月 9 日,里格斯在回其汉口路的家的时候,一名日军士兵从路上窜出,并恐吓他。旁边金陵大学的墙边蜷缩着男女各一人,并向里格斯诉说着他听不懂的话,可这名日军士兵却"压下枪口瞄准靠近了里格斯,用刺刀恐吓他,又突然把他向后推开。里格斯回到家马上又出门看,已经什么也看不见"。④ 显然,当时这名士兵

<hr>

① 张宪文主编:《南京大屠杀史料集》之 14《魏特琳日记》,第 152—153 页。
② 张宪文主编:《南京大屠杀史料集》之 4《美国传教士的日记与书信》,第 72 页。
③《美国驻汉口大使馆编号 95 的报告附件》(1938 年 2 月 10 日),美国外交部档案,文号 2718/1811/38。
④ 张宪文主编:《南京大屠杀史料集》之 12《英美文书·安全区文书·自治委员会文书》,第 95 页。

正在侵害那一男一女二人。而里格斯的出现使那二人似乎看到了希望，试图向其求援，而那名日军士兵则很可能认为里格斯"坏了他的好事"，所以用枪和刺刀威胁他。

魏特琳、里格斯和麦考伦的遭遇是他们试图制止日军对中国人施暴时遭到了日军的人身侵害。这些事例可以说明两点。一、由西方人士组成的委员会的成员是敢于冒着危险挺身而出去试图拯救无辜的中国人的。他们忠实地履行了成立安全区时自己所承担的责任。这种大无畏精神是十分难能可贵的。二、日军对中国人实施暴行往往是没有顾忌的。在面对第三国人士的时候，他们不仅不收敛，甚至还对这些人士施暴，侵害其人身权利。当然，也有些日军面对第三国人士时，中止了正在对中国人实施的暴行，如前述的魏特琳制止了日军士兵强奸中国女性。但从总体上说，这些侵害第三国人士人身权利的事例更加说明了当时日军军纪的极度败坏。这种行为完全是与现代文明社会的准则背道而驰的。

但日军侵害第三国人士的人身权利，并不一定是在他们正在保护中国人的时候。费吴生在他 12 月 17 日的日记中记录下了这样一件事：

> 晚饭后我送贝德士去金陵大学，麦卡拉（即麦考伦——笔者注）去鼓楼医院，他们在那里过夜，然后送米尔士和史迈士去金女大，因为我们每夜都派人去那儿值班。在金女大门口我们被似乎是搜索队的士兵拦住。我们面对刺刀被粗暴地从车里拉出来，我的车钥匙被拿走，排成一行搜身以寻找武器，帽子被丢掉，电筒对着我们的脸，并且检查护照并诘问来此目的。我们的对面是华群小姐、戴籁三夫人、程太太（指程瑞芳——引者注）和一群跪在地上的难民妇女。有个能说点法语（同我差不多）的中士坚持说这儿有中国士兵藏匿。我则保证除了大约 50 位本校职工以外，这里别无任何其他男人。他不相信，并说如发现其他人则统统予以枪毙。他要求我们（包括女士们）全部离开，当华群小姐拒绝时，立即被粗暴地推进汽

车。接着他改变了注意,女士们可以留下,而我们必须离开。我们试图留下一个人,但仍未获准。我们在撤离之前在那儿站了一个多小时。次日我们得知,那帮匪徒从学校绑走 12 个姑娘。①

这是一起极为典型而又性质恶劣的日军侵害第三国人士人身权利的事件。首先,这次事件侵害的是一个群体,是好几位第三国人士,而前述的若干事件都是个案,侵害的是某一个人。其次,不同于其他侵害事件,这次事件中加害者也不是个别日军官兵,而是一群日军,而且是在指挥官的统一指挥下的有组织行为。这就不能用个别日军士兵"军纪不好"之类的说法来解释,而只能说明日军是一个犯罪集团。第三,从这件事的前后过程来看,日军明显是以"寻找藏匿的中国士兵"为借口去阻止这些第三国人士保护无辜的中国难民,以便他们实施对中国人的暴行。因为他们最后"从学校绑走 12 个姑娘"。或许他们已经从过去几天的经历中得出结论,如果他们在安全区内对中国人施暴,是有可能遭到第三国人士的干预的。因此这次他们干脆来个"先下手为强",从开始时就阻止这些人可能的干预。

以上这些事例中日军尽管侵害了第三国人士的人身权利,但或许还不算"十分严重",因为在这些事件中,日军的行为并没有直接威胁到受侵害者的生命安全。即使前述的麦卡伦被刺伤事件,也只是轻伤。但这些事件的性质仍然是非常恶劣的。但是,有的时候,日军的行为直接威胁到了受害者的生命安全。

费吴生还在 12 月 22 日的日记中记录了另外一起日军侵害第三国人士人身权利的事件:"刚到办公室,我和拉贝就接到施佩林和克勒格尔打来的呼救电话,一名醉酒日兵用刺刀对他们进行严重威胁。幸好使馆的田中和某位将军同时赶来。"②贝德士也经历了类似的事情。"12 月 18

---

① 张宪文主编:《南京大屠杀史料集》之 4《美国传教士的日记与书信》,第 73 页。
② 张宪文主编:《南京大屠杀史料集》之 4《美国传教士的日记与书信》,第 76 页。

日,贝德士先生在金陵大学小桃园,即他的办公室所在地的一座房屋里发现一名日本士兵。当问他来干什么时,他用手枪威胁贝德士博士。"[1]更为历险的要算麦考伦和特里默所经历的另外一次事件:"12月19日3时,一名日本士兵闯进大学医院,当时麦卡拉先生和主管特里默医生要他离开医院,他竟然向他们开枪,幸好子弹从麦卡拉先生身边飞过。"[2]这几起事件是日军严重侵害第三国人士人身权利,甚至威胁到其生命安全的事件。有时,日军施暴几乎没有任何"理由",完全是随性而起,如那起酒醉士兵用刺刀威胁施佩林和克勒格尔的事件。

当日军侵害这些西方人士人身权利的时候,被侵害者是处于弱势地位的。因为他们是以赤手空拳面对武装到牙齿的占领军人,因而难以作出有效反应。但有的时候这些第三国人士也会奋起反抗。12月17日,"奥地利汽车专家哈茨先生同一个士兵发生了争执,这个日本人拔出刺刀,但是就在同时被哈茨一记准确的勾拳击中下颚倒在地上,他的另外两个武装到牙齿的同伙带着他赶紧溜之大吉"。[3] 这件"小事"也说明了在面对日军暴行的时候,奋起反抗在有的时候是有效果的。或许还说明日军对西方人士还是有所顾忌的。

日军在南京大屠杀中侵害第三国人士人身权利的事件还远远不止这几起。由于当时身为第三国人士而留在南京的人数很少,仅有20余人,且毕竟没有第三国人士因日军的行为而牺牲生命,所以他们所受的这些侵害相较于当时日军在南京城内对中国人所制造的腥风血雨般的恐怖暴行,似乎显得微不足道。但这仍然是日军在南京大屠杀期间所犯暴行的一个重要组成部分,是当时日军犯下的反人类战争罪行的不可抹

---

[1] 张宪文主编:《南京大屠杀史料集》之12《英美文书·安全区文书·自治委员会文书》,第299页。

[2] 同上。

[3] 张宪文主编:《南京大屠杀史料集》之13《拉贝日记》,第156页。

去的一页。这也说明南京大屠杀的受害者绝不仅仅是中国人,许多其他国家也深受其害。

### 三、西方在南京人士与日方的就地交涉

面对日军在安全区,乃至整个南京城里的广泛暴行,这些西方人士在自身权益遭到日军的侵害时,还尽力保护无辜的中国人。这些人士的另一种维权做法就是与日本占领当局进行就地交涉,试图用这种做法对日军的行为进行某种程度的约束,对实施暴行的日军官兵进行适当的处罚。

由于这些西方人士完全是以个人名义留在南京,不具备国家公权力的身份,他们也就无法从官方层面与日方交涉,而只能以个人名义,至多以安全区委员会的名义交涉。其实,从委员会成立之初,这种交涉就开始了。前述的委员会争取日方承认安全区合法地位的努力就是交涉的开端,而日方的拒绝则预示着这种交涉从一开始就将是十分艰难的,交涉的结果也充满了不确定性。

南京被日军占领之后,占领军的暴行立即大量出现,委员会也就成为唯一能与日方进行集体交涉的组织。当时南京的日本占领当局由两部分组成,一是军方——这自然是最强力的一方,二是日本的外交人员。日军攻占南京后,部分日本外交人员回到当地。委员会立即视之为一只可与之打交道的重要力量。但委员会最初交涉的对象仍是日本军方,且议题是在安全区内安置已经解除武装的中国军人。对于这一点,拉贝在12月14日就专门给日军指挥官写了一封信,郑重提出此事(见前文)。第二天,日本军方以参谋部参谋长的名义作出了回复,回复的文本是会谈纪要的形式:

1. 在城内搜索中国士兵。

2. 在安全区入口处设置日本岗哨。

3. 居民应尽快重新回到自己的家中。

4. 如何处理已经解除武装的中国士兵，您交给日军办理，您可以相信日军是有人道主义的。

5. 中国警察可以在安全区内巡逻，但必须解除武装，仅携警棍。

6. 贵委员会在安全区储存的 1 万担米可以供难民使用，但是我们的日本士兵同样也需要米，必须允许他们在区内购买粮米。（关于区外储存的粮米，没作明确表态。）

7. 电话和水电供应必须恢复。我们定于今天下午和拉贝先生视察这些设施，我们将在视察后制定相应措施。

8. 从明天起将对城市进行清理，我们急需劳工，请委员会在这方面提供帮助。我们明天需要 100 个—200 个劳工，干活付酬。①

这份会谈纪要由委员会秘书史迈士签名，可以被看作是日本军方在占领南京之后对委员会及安全区事务作出的最具体的一次承诺。而且据笔者目前掌握的史料来看，这似乎是唯一的一次较全面的承诺。细读这份纪要，日军的承诺似乎有一些正面的内容。如同意在安全区入口派驻日军岗哨、同意中国警察在安全区内巡逻、提出尽快恢复城市的电话和水电供应等。但从后来的事态发展来看，日军完全没有遵守他们自己作出的承诺。如派驻日军岗哨，完全没有兑现（直到 1938 年 1 月初，日军才由宪兵在安全区设置了岗哨）。同意中国警察在安全区内巡逻更是只停留在口头上。实际上，所有中国警察和任何被怀疑为中国军人的中国人都被日军抓走杀害，而日军则在这份纪要中明确表示要以人道主义来对待解除武装的中国士兵。此外，日军虽然要求恢复电话和水电供应，但后来却把有此技能的中国人杀害，理由则是他们是中国政府的雇员。这就彻底揭穿了他们所谓"人道主义"的谎言。而拉贝也因为试图解救一批要被日军带走处死的解除武装并逃入安全区的中国士兵而耽误了与日本军官共同去查看水电设施的时间。

--------

① 张宪文主编：《南京大屠杀史料集》之 13《拉贝日记》，第 142—143 页。

这份纪要中的其他几条,则完全是日本军方为维护其占领秩序和日军的利益而提出的。如要求日军能够购买粮米。当时日军中缺粮的情况的确比较严重,所以要求能在安全区内购粮。当时的日军士兵小原孝太郎在12月21日所记的日记中写道:"最近我们连米饭都吃不上,只能吃到些旱(干)面包、稀粥和米面团子。"①这是当时日军状况的真实写照。但实际上安全区内所储备的那点粮食应付区内的难民已经捉襟见肘,哪有余粮再供应日军。且日军有时根本就是在抢米,有时则是半抢半买。如前述的日军在12月15日下午4时,在金陵女子文理学院门口抢走一辆载有大米的汽车。同日下午,日军搜查安全区的米铺,买走3.75担米却仅付了5元钱等。②此外,所谓日军需要劳工,劳工干活可以付酬等,完全是骗人的鬼话。众所周知,许多劳工被日军强征后遭到严重的非人道待遇,许多人累死、病死、饿死,根本谈不上所谓"干活付酬"。

这次交涉是委员会与日本军方的一次互动式的交涉。此后,委员会又多次与日本军方进行交涉,但基本上没有得到后者的回应。于是,委员会转而与日本在南京的外交人员进行交涉。委员会与日方提出交涉基本上都是因日军在安全区内施暴,也有个别交涉是要与日方商谈一些具体的事务。例如,在12月15日,日本大使馆参赞福田德康拜访拉贝,商谈了委员会的工作计划。"福田先生明白,尽快使发电厂、自来水厂和电话局恢复正常不仅符合我们的利益,而且也符合日本当局的利益。有关这一点,我们,或者说我,可以向他提供帮助……在新街口的交通银行(日军司令部)我又遇见了福田。在拜访当时的指挥官时,他作为翻译帮了我们很多的忙。"③可见,有的时候,日本外交人员是委员会与日本军方沟通的桥梁,并为缓和委员会与日本军方的紧张关系起了一些作用。

---

① 朱成山主编:《侵华日军南京大屠杀外籍人士证言集》,南京:江苏人民出版社1998年版,第248页。
② 张宪文主编:《南京大屠杀史料集》之13《拉贝日记》,第148、149页。
③ 同上书,第141页。

在大多数情况下,委员会是为中国人遭受日军暴行而与日方交涉,在某些时候,也因西方人士自身的权益受到侵犯而交涉,抑或在一次交涉中同时向日方提出中外人士的正当权益遭到日军侵害的问题。交涉的形式既有口头的,也有书面的。但确切的交涉次数已经难以统计。拉贝等人完全明白他们肩负的使命。拉贝在他12月15日的日记中写道:"现在要做的是同占领军搞好关系。对一个欧洲人来讲,这不是一件难事。但是对委员会主席来讲,要胜任这一点,并不简单。"①现仅叙述几次典型的交涉。

继12月15日拉贝在交通银行的日军司令部与福田及日本军方交涉之后,拉贝和史迈士又于16日给福田写了一封较长的信,不仅详细叙述了日军在安全区内的暴行,而且提出了若干解决问题的建议和措施。

尊敬的福田先生:

昨天在交通银行的会晤中,我们已经向少佐先生强调过,应当想方设法尽快恢复城市的正常生活,这是很有必要的。

日本士兵昨天在安全区的暴行加剧了难民的恐慌情绪,许多难民甚至不敢离开他们所待的房子去旁边的粥厂领取每日的定量米饭,因此我们现在面临着向收容所运送米饭的任务,这就大大增加了我们向大众提供粮食方面工作的难度,我们甚至找不到足够的脚力来装米和煤运送到粥厂。结果今天早上有数千名难民没有得到食物。为了让中国的平民能得到食品,国际委员会中的几个外国委员今天早上想尽一切办法避开日军巡逻队,把卡车开到安全区来。昨天,我们委员会有好几个委员的私人汽车被日本士兵拖走了。

现随函附上日军在安全区的各种暴行。②

① 张宪文主编:《南京大屠杀史料集》之13《拉贝日记》,第144页。
② 该信件末尾附上了一份由史迈士签名的长长的日军14、15两日在安全区内的暴行清单。其中既有对中国人的暴行,也有抢劫外国人在南京财产的暴行,本书在引用时略去。

不结束目前这种人心惶惶的局面,就不可能进行任何正常的活动。例如,不可能找到劳工去修复电话局、水厂、电厂和各种商家店铺,甚至都找不到人去清扫街道。

为了弄清并改善局势,国际委员会冒昧地向日本皇军建议,立即采取以下预防措施:

1. 所有搜家活动由负责军官指挥,率领正规组织的小分队进行(制造麻烦的大多是四处游荡的士兵,他们3人~7人一伙,无军官带队)。

2. 夜间,最好也在白天,在安全区的所有通道口安排日军岗哨(昨天我们已经向贵军的少佐先生提过这项建议),阻止四处游荡的日军士兵进入安全区。

3. 立即发放汽车通行证,贴在汽车挡风玻璃上,以免我们的卡车和私人汽车被日军士兵扣留(即使在城市保卫战的最艰苦的时期,中方司令部还是向我们提供了通行证,虽然此前已有车辆被扣,但在递交了申诉后,所有车辆都在24小时内物归原主。此外,当时中国军队的处境已经十分艰难,但仍然提供给我们3辆卡车为平民百姓提供粮米。与此相比,日本皇军具有更好的装备,而且已经控制了全城,城内的战斗也已经全部停止,因此我们坚信,在目前中国平民百姓需要得到日军的关心和保护的情况下,日军会表现出更高的姿态)。

日军最高指挥官于昨天抵达南京,[①]我们原以为市内的秩序和安宁会由此得到恢复,因此昨天我们没有提出任何指控。但是昨天夜里的情况比前天还要糟糕,因此我们决定向日本皇军指出。这种状况不能再持续下去。我们相信,日军最高指挥官是不会赞成日军

---

① 这里应该是指日本华中方面军司令官松井石根大将抵达南京。但松井是在1937年12月17日到达南京,并举行入城式。而拉贝是在16日写的这封信。这或许是拉贝得到的消息有误。

士兵的暴行的。

　　谨致崇高的敬意。①

　　这是一封比较典型的委员会与日方就地交涉的信件。首先，这封信的签署者是委员会主席拉贝和秘书史迈士，这就代表是委员会正式与日方的交涉。其次，该信件是写给日本驻华使馆参赞福田德康，并希望由福田转交日本军方。这明显是希望通过日本在南京的外交当局来对军方施压，敦促后者采取措施以停止暴行。且这封信是在前一日拉贝与日本军方会晤后写的。这很可能是拉贝感觉到直接与日军交涉效果不彰后转而求助于日本的外交人员。第三，这封信主要列举了日军在安全区内对中国人的暴行，但同时列举了日军抢劫委员会成员的汽车等针对第三国人士的暴行，实际上是为中外人士交涉维权。第四，这封信还提出了制止日军暴行的具体而又切实可行的办法。第五，这封信还把中日双方军队对待安全区委员会的不同态度作了鲜明的对比，从而间接批评了日本军方漠视中外人士的生命财产和日军军纪败坏的状况。尤其难能可贵的是，该信件把矛头直接指向了日军的最高指挥官松井石根大将（虽然没有直接点名），认为他不仅事先没有采取有效措施去严肃军纪，甚至他到达南京后日军的军纪状况更差。这确实有点"太岁头上动土"的味道，但也从另一个侧面说明，拉贝等委员会成员是具有大无畏精神的。

　　可以想象，如果日方高度重视拉贝等人的呼吁，并与委员会保持密切沟通，再采取切实有效的措施，日军的暴行是完全有可能得到有效控制的。但遗憾的是，目空一切的日本军方完全没有理会拉贝的这封信，更没有采取什么得力措施。日军的暴行反而日甚一日。或许日军认为，他们已经在前一日与拉贝的会晤中阐明了立场。他们更可能认为，他们是这块土地的征服者，具有对所有人的生杀大权。对像拉贝这样的民间

---

① 张宪文主编：《南京大屠杀史料集》之 13《拉贝日记》，第 146—147 页。

人士所发出的呼吁,他们可以置若罔闻。

但拉贝等人的交涉努力也不能说毫无回音。在委员会反复向日方交涉关于解除武装的中国军人问题之后,16 日晚上,日本驻南京总领事冈崎胜雄前来拜访拉贝。冈崎向拉贝解释说:"虽然有一些士兵被枪杀,但是剩余的人都将被安置到扬子江心的一个岛上的集中营里。"①

不过,这只是日方应付委员会的遁词,或许是日本的外交官并不真正了解军方所作所为的真相。1938 年 1 月 20 日,德国外交部收到了一份本国驻华外交人员的报告,其中引述一位日本海军少将于 1937 年 12 月 20 日左右的谈话说:"南京下游的大扬子岛②上还有 3 万中国部队,必须'清除掉'。这种'清除'或许像日本人说的'肃清',就是杀害已毫无防卫能力的敌人,是违反战争人道的最高原则的。除了用机枪大批杀害外,还采用了其他特殊的杀人方式,如在人体上浇汽油,然后点上火。"③可见,即使被转移到岛上的解除武装的中国军人,最后也被日军残忍地杀害。从另一方面来说,日本外交人员虽不像军方那样蛮横,但同样也是执行日本国家政策的群体。12 月 16 日是日军暴行达到高潮的一天。当天,日军从安全区内抓走了大批被怀疑为"当兵的"中国青壮年男子并加以杀害(很可能是为第二天松井石根举行入城式而准备)。冈崎当天晚上来拜访拉贝,说出什么"集中营"之类的话,也许只是为了安慰一下拉贝,并缓和委员会成员的焦虑情绪。

日军在安全区内的暴行主要是针对中国人的,委员会的就地对日交涉也主要是为中国人维权。但由于日军在安全区内也广泛地侵害了第三国人士的合法权益,委员会有时也单独因此类事件而与日方进行

① 张宪文主编:《南京大屠杀史料集》之 13《拉贝日记》,第 150 页。
② 这里的"大扬子岛"应指长江南京段的江中岛八卦洲。
③ 张宪文主编:《南京大屠杀史料集》之 6《外国媒体报道与德国使馆报告》,江苏人民出版社 2005 年版,第 334 页。

交涉。

前述的 1938 年 1 月 9 日里格斯于回家途中在汉口路被日军士兵骚扰一事，贝德士在第二天就给日方写了一封抗议信，并将该信送一份给美国大使馆备份。① 以下摘录送给美国大使馆的信件全文。

美国驻南京大使馆各位先生：

失礼之处还望原谅。下面请允许我报告一下影响到美国财产以及美国一位市民的一件事情。从这件事可以清楚地看到军队缺乏纪律以及这个地区的宪兵②具有很难令人满意的品质和行为。

昨晚 8 时 45 分左右，本校教员查尔斯·H. 里格斯正准备回家（他的家位于汉口路 23 号）的时候，从大马路上刚踏上通向后门的胡同，一个士兵恐吓他，并把他从胡同里赶了出来。最后，里格斯把钥匙给士兵看，让士兵确认里格斯是要回家的，请求允许通行。汉口路 25 号（大学宿舍）的墙边缩着男女各一人。男的向里格斯说了些里格斯听不懂的话，其中提到了 25 这个数字。士兵一听到，就压下枪口瞄准靠近了里格斯，用刺刀恐吓他，又突然把他向后推开。里格斯回到家马上又出门看，已经什么也看不见了。

今天早上，里格斯应我的要求查看了汉口路 25 号。里格斯找到了前一天在胡同里见到的那个女人。那个女人和家里的其他一些人说了些情况，虽然简单，但说得很清楚。事情是这样的：昨晚 8 时 30 分的时候，两个宪兵爬过围墙闯了进来，提着探照灯挨着房间搜查女人，于是这一家人让家里的这个女人和一个男的进了胡同，一个士兵发现了他们，而另一个则到马路对面去搜查了。

---

① 张宪文主编：《南京大屠杀史料集》之 12《英美文书·安全区文书·自治委员会文书》，第 95 页。美国大使馆工作组于 1938 年 1 月 6 日回到南京。

② 这里应指日本宪兵。由于日军在南京犯下了大量暴行。日本军方在各界压力下，同意向南京派驻 16 名宪兵以维持秩序。但这对于几万日军来说，无异于杯水车薪。且这些宪兵有时自己也违反纪律。

　　里格斯回到家后,那一行士兵为了找女人向汉口路方向前进。9时15分,在平仓巷13号找到女人了。途中,在把男的送回去后,两个士兵将找到的两个女人带到了小桃园(语言学校,现在的大学农业经济系)对面天津路上的一所房子里。据说在那里有20个士兵。这两个女人今天早上趁士兵洗脸的时候逃了出来。里格斯和这两个女人都认得宪兵穿的带袖章的军装。从这两个女人对出事地点周围大楼、门、建筑种类的描述,可以知道她们所说的地点就是这个地区的宪兵队本部。以防里格斯弄错,又找了平仓巷13号的女人确认,这个女人说的和原先那个女人说的是一致的。

　　另外还有两点要补充说明一下。宪兵本部周围的居民,不管是外国人还是中国人都对宪兵表示不满,认为他们过分残酷,不可信任。还有,汉口路的所有中国人的家庭都反映宪兵动不动就来抓女人。我们坚决反对不当侵害美国财产以及恶劣地从美国人家中诱拐人员,然而在这个地区,在士兵进行可耻的行为以及任意施暴的时候,我们根本感受不到安全。作为大学的卫兵,被派遣来的宪兵的所作所为也同样不认真,丝毫没有起到保护我们的效果。

　　对您的关心表示感谢![1]

　　这封由贝德士起草的信的初衷是为日军士兵侵害里格斯而与日方交涉。但从中也可以看出日本宪兵在南京大屠杀期间的暴行。本来,宪兵是被派来维持秩序、制止一般士兵的暴行。拉贝等人一再与日方交涉,要求日本军方在安全区入口处派驻日军岗哨,但没想到宪兵自己也实施暴行。可见当时日军的整体纪律都是十分糟糕的,宪兵并不比普通士兵好到哪里。与许多其他交涉一样,这次交涉也没有得到日方的回复,最后也是不了了之。但委员会成员的不屈不挠、不畏强权的精神是

---

① 张宪文主编:《南京大屠杀史料集》之12《英美文书·安全区文书·自治委员会文书》,第95—96页。

值得敬佩的。尤其值得一提的是，贝德士在委员会对日交涉的过程中扮演了重要角色。他是第三国人士中第一个向日本大使馆就日军暴行进行交涉的。在南京大屠杀进行过程中，他多次代表委员会向日方提出交涉，为中外人士维权作了大量工作，其作用不亚于拉贝。贝德士的许多交涉信件至今仍收藏在耶鲁大学，是我们今天研究南京大屠杀的珍贵史料。

总之，以拉贝为主席的南京安全区国际委员在日军实施南京大屠杀的腥风血雨的日子里，因日军的暴行而与日本军方和日本在南京的外交人员进行了多次交涉，为制止日军暴行、保护在南京的中外平民作出了巨大努力。这些努力尽管没有从根本上制止日军的暴行，但在一定程度上遏制了日军暴行向广度和深度蔓延，从而保护了大量平民。在这一过程中，委员会成员的人身权利也不时受到日军的侵害。他们为人类和平事业作出了自己的贡献。

## 第三节　美国外交官阿利森被日军殴打事件

### 一、日军占领南京后第一个回到南京的美国外交官

阿利森（J. Allison）是美国的一名职业外交官，生于1904年，[①]先前曾在日本和中国的美国使领馆工作过，任三等秘书。由于阿利森对中日两种语言都通晓，他受到了美国国务院的器重，并经常在美日两国的外交谈判中担任角色。在日军攻占南京前夕，美国驻华大使馆的全体人员都撤离南京，以躲避战火。但1937年12月12日发生了美国军舰"帕奈"号在长江中被日军击沉的严重事件，导致美日关系发生危机。此外，日军占领南京后，对这座城市实施了大规模恐怖暴行，其中就包括对第三国权益的广泛侵害。在这些针对第三国权益的侵害事件

---

① 一说阿利森生于1905年。

中,对美国利益的侵害是非常广泛和严重的。这其中除了有前述的对美国公民的人身侵害,还有对美国在南京财产的大规模劫掠和焚烧(后文将有论述)。由于绝大部分第三国人士在南京落入日军之手之前都撤离了这座城市,所以在暴行刚刚开始时,外界并不知晓。

日本当局则试图掩盖日军的暴行,特别是日军对第三国权益的侵害,以避免日本在外交上遇到麻烦。日本军方除了严禁任何记者报道南京发生的事情之外,还对日军官兵随身携带的照相机等进行控制,要求官兵们不得保存"不适当"的照片。除此之外,日本的外交机构也试图配合军方掩盖真相,甚至向其他国家发出充满谎言的外交说辞。12 月 16日,日本在上海的外交人员通知美国驻上海的总领事说:"18 名留在南京的美国人[①]都很好,没有受伤,大使馆建筑没有受损。"[②]其实,留在南京的美国人和其他第三国人士正在遭受日军的人身侵犯,美国的许多利益目标,如教会学校、医院及住宅等,都遭到日军的洗劫。对此,日方却只字不提,只说美国大使馆建筑没有遭到破坏。

美国政府对留在南京的美国公民的安危是十分挂心的。开始时,美方也认为这些美国人的状况是稳定而良好的。12 月 15 日,美国驻华大使馆的一位官员还根据美国记者的报道向国务院报告说:"城里所有的美国人(和)其他的外国人都没有受伤。"[③]此时美方似乎对这些美国人的状况还算满意。然而,纸终究是包不住火的。在 12 月 15 日、16 日之后,陆续有日军在南京实施大规模暴行的消息从不同渠道传出。这引起了美方的关注。正在汉口的美国驻华大使詹森为这些令人不安的消息所困扰。12 月 25 日,詹森汇总有关消息,向美国国务院发出一份较长的电报,较详细地叙述了他得到的关于美国利益受损的报道:

---

① 这里的说法应该有误。因为据拉贝于 1937 年 12 月 16 日的统计,当时留在南京的美国人为 14 名。
② 张宪文主编:《南京大屠杀史料集》之 63《美国外交文件》,第 298 页。
③ 同上。

从日本军队进入南京后离开该城的记者和从贝茨博士那里得到的消息表明，除了那些有外国人住的地方，日本军队实际上进入了南京每座建筑，并有计划、有组织地抢劫了住所和商店，对留在城里的中国人包括那些在难民区的人进行了大规模抢劫和许多不分青红皂白的射杀和杀戮。

根据从执法官和美国记者那里得到的报告，在敌对行动中美国财产仅受到轻微的损失。但自日军进入城市后，据可靠的报道，日本军队侵入了金陵女子文理学院教师的房屋，拿走了食物和值钱的东西，也进入了金陵大学医院，抢劫了中国员工。

大使馆没有遭到破坏，但麦克丹尼尔斯（McDaniels）（原注：可能是 C. 耶茨·麦克丹尼尔斯，美联社在南京的代表）①告诉我，日本军人曾企图进入车库，开走大使馆的轿车，于是他将车子开进院子里了。我就此向来看我的日本总领事抱怨，同来的是日高②，他在南京时向我解释过他提出的对我们的大使馆进行特殊保护的措施[：]在乔治·菲奇的协调下，日本大使馆借用了我们大使馆的三辆车，包括你的、佩克的和另外一辆，对此他们将承担责任。他补充说，他认为在他们手上，它们要安全些。③

美国政府对詹森的报告十分重视，国务院在经过研究之后，认为美国在南京的公民和利益目标的现状十分令人忧虑，于是寻求向南京重新派出外交人员，试图用外交手段保护美国公民和美国利益目标。随即，阿利森被国务院选择作为返回南京的美国外交小组的组长。他将带领另外两位美国外交官重返美国驻华大使馆以保护美国利益。12 月 26日，美国驻上海总领事高斯（C. Gauss）正式向日本驻上海总领事冈本季

---

① 此人不在拉贝于 1937 年 12 月 16 日所统计的留在南京的外国人名单之中，应为于 15、16 日两天离开南京的几名西方记者之一。这几名记者是最早向外界披露日军暴行的人。
② 日高信六郎，日本驻华大使馆总领事，南京被日军占领之前在南京。
③ 张宪文主编：《南京大屠杀史料集》之 63《美国外交文件》，第 299 页。

正提出了让阿利森等人返回南京的要求。同时,高斯还向国务院作了报告:"由于得知日本军事当局拒绝让外国人包括英国海军军官在南京上岸,因此我认为在阿利森和他的属下得到去南京的指令时,通知日本总领事并要求他通告其军事当局是可取的。"[①]可见,此时的美国在处理涉及日本及日军占领下的中国的问题时,是十分谨慎的。

对于美国提出的让阿利森等外交人员返回南京的要求,日方颇感为难。这主要是为了掩盖事实,日军在南京实施的大规模暴行已经使这座城市变成了人间地狱,因此他们极为害怕国际人士发现真相。但是在"帕奈"号事件后美日关系紧张,而美国提出的要求却又是合情合理的,没有拒绝的理由。于是日方采取拖延战术,以南京周边的中国军队尚未被完全肃清,安全难以得到确实保障为理由,不准阿利森等人在1938年元旦前在南京上岸。

1938年元旦,在日军的卵翼下,一些中国人在南京成立了与日军合作的市政组织——"自治委员会"。由此,由日本占领当局操控、中国人出面的伪市政当局的雏形开始出现。而当新的一年——1938年——到来的时候,日军在南京的暴行尽管仍在进行,但其高潮似乎正在逐渐过去。此时,日军、自治委员会和几个慈善团体也已经开始着手清理掩埋尸体、打扫街道,并劝说安全区内的难民回家。南京的市面开始逐渐恢复平静(至少在表面上是这样)。在这种情况下,日方认为,可以让阿利森等人返回南京。在日美双方多次协调之后,阿利森等一行3人于1938年1月6日回到了南京的美国驻华大使馆。

阿利森不仅是第一个返回南京的美国外交官,而且也是第一个除日本之外返回南京的外国外交人员。日方之所以同意阿利森等人返回南京,主要是为了在"帕奈"号事件之后向美国发出缓和的信号。而尽管也发生了"瓢虫"号事件,但英国的实力不如美国,日本也就没有把英国放

---

① 张宪文主编:《南京大屠杀史料集》之63《美国外交文件》,第300页。

在其外交的首位。然而，面对日军暴行对美国利益所造成的损害，区区阿利森等3人要处理十分繁重的交涉事务，并对当地的美国公民提供领事保护，其力量也显得捉襟见肘。有点类似委员会成员的是，他们在扮演保护者的角色的时候，自身的权益也面临着受日军侵害的危险。

## 二、阿利森等被日军殴打

回到南京之后，阿利森迅速开始了紧张的工作。他从许多渠道得知了日军在当地实施大规模暴行的情形，调查了美国利益受损的状况，并与委员会成员，特别是委员会中的美籍人员，如贝德士、林查理等进行了广泛接触，听取他们的叙述和意见。事实使他极为震惊。阿利森等人没有想到，在已经进入了文明时代的20世纪中叶，在有关战争的国际法和国际准则早已完备的时候，在各国早已就在战争中保护非战斗人员达成共识的大背景下，日本军队的行为竟然如此野蛮，丝毫不逊于中世纪蒙昧时代的冷兵器军队。阿利森就此向日本在南京的外交人员提出了多次交涉，主要是要求日军停止对美国利益的损害。这应该主要是限于其美国外交人员的身份，他不便就与美国无关的事务与日方交涉。但他还是把日军暴行写成报告，向美国国务院进行汇报，要求美国政府出面与日本政府交涉。然而，即使是阿利森就与美国利益有关的事项与当地日本外交人员及军方的交涉也大多是不了了之。无论是日本外交官还是日本军方，对阿利森的交涉都采取敷衍的态度。这与委员会与他们交涉时的态度是一致的。事实上，日军指挥层对军队基层的暴行持某种默许，乃至纵容的态度。因为指挥部门原先对中下级军官和士兵们承诺，将让他们很快回家。但由于战事已经向长期化的方向发展，这样的诺言并无法兑现。[1] 而外交人员尽管对日军的暴行持某种保留态度，但他们很难对军方施加真正的影响。

---

[1] 崔巍：《战争进程与南京大屠杀》，《江苏社会科学》2005年第3期，第185页。

在阿利森等的推动下，美国驻日大使格鲁于 1 月 17 日向日本政府发出外交通牒："强烈抗议日本在南京、汉口①和其他地方实施军事行动过程中对美国财产的劫掠、撕毁告示、砍倒美国国旗的行为。美国政府认为这些行为与日本就'帕奈'号事件通牒中的保证背道而驰，日本政府保护美国权利的措施不充分。他们要求日本政府务必强调已经发布的指示，以有效避免暴行再次发生。"②这是美国政府就日军在南京大屠杀过程中侵害美国利益向日本政府进行的一次比较正式的外交抗议，也是在日军攻占南京之后美国就日军侵害其在城市中的利益第一次对日交涉。但从美方所用的措辞来看，仅仅是抗议日军劫掠美国财产、撕毁告示和砍倒美国国旗，而只字未提美国在南京的公民所遭受的人身侵害。这说明此时美国政府对这样的侵害行为还并不了解。

1 月 25 日，阿利森接到了林查理的一份关于日军强奸中国妇女的报告，施暴地点在金陵大学的一座房子里。阿利森决定亲自调查。由此就出现了阿利森被日军殴打的事件，并引起了美日两国之间另一场外交风波。当时的英国驻华代办豪尔的一份报告记录了事情发生的经过。

1 月 25 日，两名日本士兵从金陵大学农学系工场劫持了一名中国妇女。该工场系美国财产，日本使馆曾张贴告示注明。这两名日本士兵在闯进工场时撕下了告示。

在此之前，日军就对美国财产进行了一系列抢掠行为，几乎每天都有，阿利森向日本使馆抗议未果。福井③指控他过于相信道听途说的证据和中国人的报告，所以阿利森决定亲自调查最近这次事件。他与日本使馆就对此事件进行调查作了协商。

1 月 26 日上午，日本领事馆警备长官武富（Taketomi）与两名宪兵拜访了该工场的美国经理林查理。似乎调查安排在当日稍晚些

---

① 原文如此。但当时日军尚未打到武汉地区，或许是指日军轰炸汉口。
② 张宪文主编：《南京大屠杀史料集》之 31《英国使领馆文书》，第 542 页。
③ 福井淳，日本驻华大使馆外交官。

时候进行。不过他们都去美国使馆见了阿利森。阿利森与他们一同前往那名中国妇女被劫持的工场。日本士兵曾将她带到临近的房子，之后将她释放回工场。

阿利森、林查理和日方人员来到工场，日方人员想把那位妇女带到曾用来拘留她的房子，全体人员遂到达该地。该房并非美国财产，但应是第三方财产。该房已为军事驻扎地，但是初到时从外表无法判断。

中国妇女被带进该房后，阿利森和林查理随后跟进。他们从门口刚迈进一两步之后，一名卫兵突然出现。阿利森被打了一耳光，林查理的领结被撕下，一位军官走过来大声谩骂美国人。与美方人员一起的日本宪兵企图调停，但是他们也与军方人员争吵起来。宪兵刚一提到这两个外国人是美国人时，在场的军方人员立刻暴怒起来。①

这是一篇比较详细地叙述阿利森和林查理被日军袭击殴打经过的报告。从这份报告可以看出几点。一、阿利森本人对日军暴行——无论是侵害中国人的暴行，还是侵害第三国权益的暴行——都十分重视，特别是发生在美国房产内的暴行，并希望亲自与日方交涉解决。这说明阿利森是在忠实地履行他作为外交官的职责。二、日本驻南京的外交人员对日军暴行是持袒护态度的。如文中所述的福井指责阿利森过于相信"道听途说"的证据和中国人的报告。这说明日本外交人员虽然不像军方人员那样鲁莽，但仍然是日军暴行的掩盖者，甚至帮凶，仅仅是在策略上与军方有所不同。三、日军官兵不仅行为野蛮暴戾，而且对美国人怀有深深的敌意。当阿利森等几人试图进入日军所在的房子时，日军官兵竟然不分青红皂白地殴打阿利森和林查理。这所房子从外观上是看不出是否是军用的。而此时阿利森和林查理是由日本宪兵陪同前往的。

① 张宪文主编：《南京大屠杀史料集》之31《英国使领馆文书》，第540—541页。

对于这一点,日军官兵竟全然不顾,甚至还与宪兵争吵。当"宪兵一提到两个外国人是美国人时,在场的军方人员立刻暴怒起来"。这说明日军中的反美情绪是多么地严重。这与前述的拉贝的目击事实,即日军看到德国国旗就有所收敛,而看到美国国旗就显得十分敌视的描述是一致的,只能再一次说明日军官兵必定是被深深地灌输了仇视欧美的思想。这次阿利森、林查理等人被日军袭击殴打的事件被统称为"阿利森事件"。

### 三、美国的外交抗议及日本军方的道歉

事件发生后,当地的日军部门意识到了问题的严重性。1 月 27 日上午 11 时,受军方委派,参谋官本乡少佐拜访了阿利森,"代表日军指挥官对发生的事件表示遗憾,并进行道歉。他说已经对负有责任的部队进行了严格的调查,尽管这支部队原本定于今天调防离开南京,但被留在此地数天以便接受调查"。① 阿利森对本乡来访表示感谢,也表示他个人接受道歉,但又说不知道美国政府对此有什么看法。很显然,阿利森认为这件事不仅仅是他个人的事情。

尽管日本军方向他道了歉,但仍然对事件的发生进行了辩解,并对阿利森有所指责。1 月 27 日,日本军方发言人指出:"这起事件缘于阿利森傲慢的态度,他对待日本士兵犹如警察对待不法之徒。这件事也必定是阿利森不顾其外交官身份,采取公开批评日军的态度所致。"第二天,这位发言人还补充说,这个卫兵不会受到惩罚,因为他只是在履行其职责。任何违反卫兵命令的人甚至可以被击毙。至于本乡少佐对阿利森表示的道歉,发言人指出:"这种道歉只是出于礼貌而向官员作出的一种姿态。"②为了证实这种说法,日方也给出了事件发生经过的另一个版本:

① 张宪文主编:《南京大屠杀史料集》之 63《美国外交文件》,第 407 页。
② 以上两段引文均出自张宪文主编:《南京大屠杀史料集》之 29《国际检查局文书·美国报刊报道》,南京:江苏人民出版社 2007 年版,第 534 页。

"根据日方的说法,由于不让阿利森先生入内,于是发生了半个小时的争吵。最后,阿利森先生试图冲进院子,这时,日本卫兵用英语大声喝止:'往后退,回去!'但据说,阿利森先生和随行的美国人里格斯先生已经冲进虚掩的大门里了。根据日军发言人的说法,卫兵随即给这两个美国人一人一记耳光。"①

阿利森还是认为这件事不能轻易了结。这不仅仅是因为他本人被殴打,遭受了人身侮辱;更因为他是美国政府派到南京的外交人员,是代表美国政府与日本占领当局打交道。因此,日军对他的殴打就是对美国政府的侮辱。于是,阿利森于 1 月 27 日迅速将此事件上报给美国国务院。阿利森在报告中描述了事件的简要过程:"昨天在对美国财产被非法侵犯一案的调查过程中,美国公民兼美国学校金陵大学的教师林查理先生和我本人均不幸挨了一名日本士兵一记耳光,且林查理先生还遭受了更为严重的攻击,他的衣领被扯碎了。"②阿利森的描述与豪尔报告的内容大致一样,但细节也有出入。阿利森说被打耳光的不只有他本人,林查理也被日军打了耳光。这与日军发言人的说法一致。

日本的外交人员也为军方辩解。当阿利森把事情的经过告诉福井淳时,"福井先生的态度是他认为即使当时我们是在调查上述的日军非法进入美国财产事宜,我们也不应进入日军的院子。他说,日军士兵已经让我们离开,因此打我们的耳光似乎是在他的权利范围之内"。③ 阿利森对此不以为然,认为日军没有任何理由可以打他和里格斯。他要向日方讨个说法。

这几种对事件经过的描述在总体上大同小异,阿利森被日军卫兵打耳光等主要情节都是一致的,只是在一些具体细节上有所不同。至于哪

---

① 张宪文主编:《南京大屠杀史料集》之 29《国际检查局文书·美国报刊报道》,第 534—535 页。
② 张宪文主编:《南京大屠杀史料集》之 30《德国使领馆文书》,南京:江苏人民出版社 2007 年版,第 105 页。
③ 张宪文主编:《南京大屠杀史料集》之 63《美国外交文件》,第 407 页。

一种说法最为接近事实,已经很难精确考证了。但某一国的外交人员在其驻在国遭到一支占领军的殴打,而且是在明知其外交官身份的情况下遭到殴打,①这对任何当事国来说,都是一次有伤体面的事件。

美国政府在接到阿利森的报告后也相当重视,迅速指令驻日大使格鲁与日本外务省沟通,并将阿利森事件和其他诸如日军非法侵入美国财产等侵害美国权益的事件合并向日方提出严正交涉。1 月 29 日,格鲁与一位日本副外相②进行了会晤。美国方面强调了该事件的严重性,并着重指出:"阿利森是在调查一件未经授权而自行侵入美国财产的事件;是在一位日本使馆警察和一位日本宪兵的陪同下,去了该地方。"因此,"美国政府期待得到外务省的适当的道歉和保证日本政府将采取充分的措施惩罚冒犯者"。③

从现在笔者所掌握的资料来看,阿利森事件是当时日军侵害第三国人士人身权利的众多事件中唯一被提到国家交涉层面的事件。这很明显是由于阿利森的外交人员身份。而且即使是在这样的交涉中,另一位受害者——林查理——依然没有被提及。可见从整体上看,当时日军侵害第三国人士人身权利的问题甚至没有引起受害国政府的重视。

但格鲁在与日方交涉中还是十分认真的。他把美国政府的立场完整地告知了这位日本副外相,并且向后者指出:"星期日,即 1 月 30 日,他整天留在家中,不外出,希望立即得到答复。"④

日本政府对阿利森事件的发生也感到十分意外和棘手。因为自中日战争爆发以来,因日军侵害第三国权益而导致日本与受害国之间发生外交风波的事情似乎已经成为一种常态。这给日本政府徒增了许多外交上的麻烦,也妨碍日本国家战略方针的顺利执行。为了迅速解决事

---

① 阿利森等是在有日方人员陪同的情况下去探查属于美国的房产,事先应该是向日军进行了通报。所以当地日军也应该知道其外交人员的身份。

② 原档中未提该副外相姓名。

③ 以上两段引文皆出自张宪文主编:《南京大屠杀史料集》之 63《美国外交文件》,第 408 页。

④ 张宪文主编:《南京大屠杀史料集》之 63《美国外交文件》,第 409 页。

态,日本政府在经过紧张磋商后,于 1 月 30 日晚派这位副外相前往格鲁的官邸,以日本政府的名义表示了深刻的歉意,同时承诺在经过严格的调查后,日方会采取适当的措施惩罚与本事件有关的人员。副外相表达了以下这三层意思:

(1) 不管事件发生之前的情况如何,日本士兵打美国使馆官员事件是十分遗憾的事。一位日本参谋官员已经以日军指挥官的名义对此事件表示歉意,尽管阿利森先生显然已经接受了其所表达的遗憾和道歉,但是从日本政府方面来说,仍然希望在这里对这一不幸事件表示深刻的歉意。

(2) 由于本次事件的严重性质,帝国政府保证经过严格的调查后将采用适当措施惩罚与事件有关的当事人。

(3) 不论何时发生这类性质的事件,当事双方的描述可能有差别。本案中,美国政府抗议中所描述的阿利森的报告,与日本政府所收到的有关日本士兵打美国领事之前的情况存在相当大的差距,事实真相的确定尚需仔细调查,而这一调查目前正在进行中。因此,希望报告该调查的结果。①

其实,美国政府也不希望此事延拖不决,成为一场耗时的外交战。因为此事毕竟是一次情节轻微的意外事件。美国需要的是一个体面的台阶下。31 日,格鲁再次与日本副外相会晤,格鲁以个人的名义表示美国政府接受日本方面的回复。格鲁还表达了他的"个人的非正式的看法",即对日本政府迅速采取行动以解决这一事件表示满意。② 就这样,美日双方已经把解决阿利森事件的外交基调基本确定下来。事件的顺利解决就是可以预见的了。

日本方面确实比较迅速地采取了行动。30 日,本乡少佐就通知阿利

---

① 张宪文主编:《南京大屠杀史料集》之 63《美国外交文件》,第 409 页。
② 同上书,第 410 页。

森,经过初步调查,殴打阿利森的部队的指挥官和20名士兵正在受到军事法庭的审判。① 然而,这种说法却是令人怀疑的。首先,如前所述,日本军方发言人已经一再强调,日军卫兵是在履行职责,因此不会受到惩罚。而本乡的道歉仅仅是出于礼貌。怎么会突然把包括指挥官在内的20多人全都送交军事法庭审判呢? 其次,退一步说,即使需要惩罚责任人,依照情节,也只可能是一般的纪律处罚,达不到提交军法审判的高度。第三,本乡在向阿利森通报时,只是说涉事部队的20多人被送交军事法庭审判,但没有说一定是由于阿利森事件而受到审判。似乎本乡在这一点上是有意淡化。最后,从审判结果来看,好像也是不了了之。依照笔者所掌握的史料,找不到这些人是否被军事法庭判处有罪的任何材料,对他们受到何种军法处罚更是不得而知。而美国方面,包括阿利森本人,也没有继续追究其审判结果。美国对阿利森事件似乎是高高举起,轻轻放下。这与不久前发生"帕奈"号事件时美方的紧追不舍态度形成鲜明对照,虽然"帕奈"号事件的情节要比阿利森事件严重恶劣得多,前者是造成了美方重大人员伤亡和军舰沉没的严重事件。但这两件事有一个共同之处,即都是日军侵害美国权益的事件,而且都被提到了国家间交涉的高度。所以从常理来说,无论事件的情节本身是否恶劣,都应该向受害方通报处理的最终结果。

此外,还有一点好像是被美日双方有意无意地共同忽视了。这就是阿利森事件的最初起因。阿利森等人去那处被日军占据的房子并遭到殴打,是因为他们要去调查日军强奸中国妇女的事情。而稍有一点常识的人都知道,对任何一支军队来说,强奸妇女都是极为严重的违反军法的事情,犯此律者甚至是可能要被处决的。但在美日之间整个交涉过程中,这一点却完全没有被提到,日军中的强奸者完全逍遥法外了。或许从美方来说,他们只关心自己的外交官的权益,而中国人的权益是否遭

① 张宪文主编:《南京大屠杀史料集》之63《美国外交文件》,第409页。

到侵害则不在他们应该对日交涉的范围内。或许对日方来说,在当时的南京,类似的杀人、强奸、抢劫、纵火事件不胜枚举,没有必要为这一起事件进行单独的调查和处理。所以美日双方在处理阿利森事件时,对维护受害中国妇女的权益都不感兴趣,遑论采取任何实际行动。因此,无论阿利森事件最终如何处理,都不可能是真正公正的。

总之,在南京大屠杀的过程中,日军对留在南京的第三国人士进行了广泛的人身侵害。这严重地损害了这些受害人的合法权益,并引起了受害方与日方的交涉维权。这不仅从另一个方面说明当时的日军军纪败坏,而且说明日军中广泛存在仇视西方的心理。但这种交涉在绝大多数情况下只是受害者个人,至多只是委员会与当地日本军方和外交人员的交涉,具有非官方性质。而这些受害者所遭受的人身权益侵害甚至没有引起其所在国政府的重视与关注。或许他们的政府还不了解这些人的实际处境。只有美国外交官阿利森的人身权利遭到日军侵害时,才被提高到国家层面的对日交涉。这很显然是由于阿利森具有官方身份,且他可以利用外交渠道,顺畅地与他的政府进行沟通联络。此外,其他那些非官方人士完全可以在日军攻占南京之前离开,但奋不顾身地留在南京,主要是为了保护无辜的中国人,而对于维护自身的权益,也许他们考虑的并不多,也许他们根本没有想到日军会做出这样的行为。但当他们的权益真的遭受侵犯时,他们又表现出大无畏的精神,继续为保护中国人的合法权益而与日方交涉。这确实是难能可贵的。而阿利森被日军殴打,起因也是因为要调查维护受害中国妇女的合法权益。因此,委员会成员与阿利森尽管身份不同,但都为维护呻吟在日军铁蹄下的无辜中国人的权益做出了贡献。这种忘我的国际主义精神,不应被后来的中国人所忘记。

# 第五章　日军对西方国家在南京财产的劫掠

　　对于一支军纪败坏的军队来说，当其攻占一个地方之时，尤其是攻占了一座比较富庶的城市时，抢劫行为几乎是这支军队必然要做的事情。1937 年 12 月，当松井石根大将指挥的日本"华中方面军"攻占南京时，就是这样。南京几乎所有的沿街店铺、稍微像样一点的住宅等凡是"值钱"的地方，都遭到这支军队的洗劫。拉贝在他于 1937 年 12 月 14 日的日记中写道："日本人每 10 人—20 人组成一个小分队，他们在城市中穿行，把商店洗劫一空。如果不是亲眼所见，我是无法相信的。他们砸开店铺的门窗，想拿什么就拿什么。"①这段记录生动地展示了当时日军在南京街头抢劫状况之惨烈。其实，日军的劫掠对象是不分国籍的，无论中国人还是外国人的财产，他们都抢。本章所要探讨的问题，就是日军在南京大屠杀中劫掠西方国家在南京财产的问题。这里所说的"劫掠"既包括抢劫，也包括纵火焚烧。

---

① 张宪文主编：《南京大屠杀史料集》之 13《拉贝日记》，第 138 页。

## 第一节 "外交豁免权"成了一纸空文

### 一、外交机构遭到日军洗劫

稍有一点外交常识的人都知道，外交机构和外交人员在任何一个国家中都享有"外交豁免权"。这是指外交人员免受驻在国的刑事起诉，外交机构（包括外交人员住所）不受任何搜查或其他形式的侵犯，外交函件也不受驻在国的任何检查。这在国际法中是有明文规定的，早已成为国际外交实践中的通行做法。然而，日军攻占南京之后，却对当地的西方国家使领馆等外交机构进行了侵犯。其实，这早已不是什么"外交豁免权"的问题，而是普通的刑事犯罪和战争犯罪的问题。因为不仅是外交机构，即使只是普通的民事机构，抑或民宅，都不应该随意遭到侵犯，遑论劫掠。但攻占南京的日军却不管这一套。他们不仅抢劫一般机构和住宅，也劫掠了西方国家驻南京的外交机构和外交人员住宅。这比一般抢劫的性质更为恶劣，所产生的影响也更加复杂。

遭到日军劫掠最重的是英国驻华大使馆。英国大使馆被日军劫掠事件发生在 1937 年 12 月 14 日，即日军攻占南京的第二天。当时，有一名叫郭岐的中国军队军官，因参与南京保卫战被打散后，慌乱中躲进意大利使馆避难。而意大利使馆紧邻英国使馆。郭岐当天在意大利使馆的楼上目睹了日军闯进英国使馆劫掠的经过，并将其记录下来。

#### 给约翰牛的下马威

自古以来，我们中国便有"两国相争，不斩来使"这一条不成文法。世界列国，也无不尊重外国使节的外交特权，保持国际公法的无上尊严。任何一个国家，驻在他国的使领馆、交涉机关，不论是办公室、私人住宅，在未获允可以前，不容踏入一步，这是现代国家每一个人都具有的普通常识。然而,惟有日本人是一旦翻起脸来,就不管这一套的。日本历朝历代大量吸收中国文化,又一向自诩是接受西洋文明最多、最早的东方国家,偏偏他们"不懂得",人权与外交特权为何物。

我说这话,是有活生生、血淋淋的证据,决非杜撰虚构、无的放矢的。民国二十六年,中日大战既起,十二月十三日,日军攻陷我首都南京,第二天,十二月十四日上午,便在全城大火不熄、烈焰腾霄,刀枪齐施、遍地杀戮声中,有一排服装齐整、全副武装的日本兵,显然是正规军,在以巷战队形:一名军官走在马路中央,手持地图,按图索"骥",大步进行。在他后面有几名日兵护卫,其余的日军则分为两排,沿着马路两旁列队而行。他们从北平路的南边,昂首阔步地走上了北平路。

当时,我正在意大利总领事馆①楼上,凭窗眺望,远远的瞧见这一支日军如临大敌,整队推进,心中正在揣想他们是来干什么的?眼睛也就始终注视着他们的一举一动,但见这一排日本兵通过了很长很长的一段马路,一直开到北平路上的英国领事馆②,在英国领事馆里,有两面英国国旗高高悬起,正在迎风招展。

一排日军行进的目标,无疑就是这一座英国领事馆了。我居高临下,距离又不远,因此清清楚楚的瞧见,日本兵到了英国领事馆的前面,先就朝天开了几枪,警告示威,然后,那一排日本兵便分向左右包抄,将一座英国领事馆严密的加以包围。他们像是在从事一场攻防战,将英国领事馆看作一个敌人的营垒,士兵一律采取半跪姿势,将枪口插进竹篱笆里去,拉开保险,子弹上膛,仿佛在等待一声

---

① 原文如此,但很可能作者记述有误。因为当时意大利在南京的外交机构应该是大使馆,而非领事馆。

② 原文如此,但很可能作者记述有误。因为当时英国在南京的外交机构应该是大使馆,而非领事馆。

令下，开枪射击。

我深深的诧异，日军怎么会把英国领事馆也当作战场的？他们的假想敌究竟是谁？双方枪战是否已属无法避免？那名日本军官，仍然由日本兵簇拥护卫，他步步为营，谨慎小心的在英国领事馆四周往返逡巡，他缓慢的在踱着方步，时而侧耳倾听，时而跷脚探窥。大概是当他发觉英国领事馆内并无抵御武装侵入的企图时，他方才带领几名日本兵，推开大门，昂首直入。

时间一分一秒的渡[度]过，我仍直立窗口，静候事态的发展，然而，英国领事馆里却似乎了无动静，五分钟、一刻钟，半小时了，我才瞧见那名日本军官，又带着他的部下出来。半小时里不曾听到枪声，不曾听到争执，破门而入，整队而出的日本官兵，手中也并未持有劫掠而来的东西。他们在英国领事馆里究竟做了什么？以及英国领事馆里的人员，究竟有怎么样的反应，凡此都成为我心中的谜团。

隔了许久，内情方始渐渐的外泄。日本人对英国领事馆鸣枪警告、武装包围、瞄准待射、公然侵入，还在英国领事馆里大肆搜查，把领事馆里的东西翻得一塌糊涂。这一切的作为，正是日本人彰明昭著的在告诉全世界，他们不理会国际公法，不顾忌国际道义，而在重重的又掴了一次约翰牛的耳光。

原来，早在八月二十六日，日本军机在京沪公路上，对车顶漆有巨大英国国旗的英国驻华大使许阁森的座车，用机关枪连番扫射，致使许阁森受伤，英国外交部即曾向日本政府提出抗议，讵料日本政府竟置之不理。九月十九日，日本政府反而提出无理要求，促各国外交机关退出南京，而且在两天以后，九月二十一日起，日军即派遣军机飞临南京猛烈轰炸，同时，英、美、法三国向日军提出抗议，不认为日本政府有权要求外国政府代表、侨民与军舰退出南京。日本军方居然又是毫不理会，日本军机轰炸却越来越凶了。等到南京失

陷,日军入城,第二天便给英国狠狠的来一次"下马威"! ①

这是一段目击者的描记,应该是比较真实可信的。从这一段记述中,我们可以看出几个问题。首先,日军劫掠英国使馆是一次有组织的行动,是在至少一名军官的指挥下集体进行的,而不是少数违纪日军的个别行动。这就说明当时的日军在整体上就是一支无视国际法和普通道义的军队,军官竟然直接指挥士兵有组织地劫掠外交机构。其次,这次劫掠行动明显是经过精心策划后实施的。日军在英国使馆门口先进行警戒鸣枪,然后左右包抄,接着才闯进去。这明显是防止可能遇到的抵抗。这进一步说明日军知道他们将要闯进的是什么地方,更何况建筑物上还飘扬着两面英国国旗。第三,日军离开英国使馆时"手中也并未持有劫掠而来的东西",说明他们此次闯进英国使馆的主要目的并不是劫掠财物。联系到日军是在军官的统一指挥下,呈战斗状态,在鸣枪示警之后闯入使馆的,并把里面的东西"翻得一塌糊涂",我们可以大胆推测,日军很可能是想要搜查有价值的情报,因为各国驻外使馆都与本国政府及驻在国有着机密的通讯联系。当时,中日之间爆发战争,英国虽属中立方,但其角色微妙。表面上,英国持中立立场,但日本侵华明显有损英国在远东的利益,其慑于欧洲局势的日益紧张而没有公开谴责日本。日方自然希望得知英国对中日战争的真实态度,或者其他方面的有价值的情报。

但日军劫掠英国大使馆并非完全没有掠夺财物的企图。好几辆停放在该大使馆的、属于英国公民所有的汽车被日军掠去,其中既包括外交人员的车辆,也包括其他人员的车辆。例如,当时留在英国大使馆内的英国驻南京副领事格雷厄姆(G. Graham)的汽车,蒋介石的私人顾问、澳洲人端纳(W. Donald)的汽车等,都被日军掠走。端纳在事后写给英

---

① 郭岐:《陷都血泪录(节录)》,载张宪文主编《南京大屠杀史料集》之3《幸存者的日记与回忆》,南京:江苏人民出版社2005年版,第216—218页。

国驻华大使馆向日方求偿的信中写道："我的全名为威廉·亨利·端纳，地址为经由蒋委员长总部转交，职业是蒋委员长的随从。我是一位英国臣民，持有 1934 年 1 月 23 日在南京颁发的 2/1934 号护照。以下所描述我得知为日军在南京抢劫或损坏的财物都是我本人拥有的，是我 1937 年 12 月 7 日离开之际留在南京的：1 辆深褐色汽车，可敞篷，八缸，目前的价值为 2500 元中国币（更换这辆车的价值要 6000 元中国币）。这辆车于 1937 年 12 月 8 日停放在英国大使馆院内。……"[1]可见，端纳本人断定，他的这辆汽车是被日军抢劫去的，而不是被中国军队或其他人劫走的。

从中可以看出，日军对掠夺西方国家在南京的汽车等交通工具十分感兴趣。这或许是他们试图改善其交通状况。我们无从得知这样抢走汽车的行径是否是个别日军官兵的个人行为，或者像郭岐所目击的那样，是日军集体行为，但可以推断，日军闯进英国大使馆进行劫掠应该不止一次。因为郭岐所目击的那次，日军并未掠走大件物品。很可能在那次之后，又有日军闯入该使馆，抢走了前述的汽车等物品。

日军劫掠英国驻华大使馆是南京大屠杀期间日军劫掠第三国在南京的财产并违反国际法、破坏外交豁免权的一个典型案例。但奇怪的是，笔者至今没有发现英国就其驻华大使馆被日军劫掠的事情与日本进行国家层面的外交交涉。这或许是由于：一、当时没有英国公民留在南京，英国政府未能及时得知其驻南京大使馆被劫掠的事实。二、当时英国正在就"瓢虫"号事件与日方进行紧张的外交博弈，从而忽略了使馆遭到洗劫这样的"小事"。

当时受到波及的并不仅仅是英国大使馆，若干其他国家的驻南京外交机构也遭到日军劫掠。美国驻华大使馆于国民政府 1937 年 11 月 20 日迁都后也撤离南京。临行前，詹森大使向赫尔国务卿报告说："有关大

---

[1] E. W. 捷夫雷先生 1938 年 4 月 27 日致英国大使馆第 6 号信件的附件，载朱成山主编《南京大屠杀史研究与文献》之 31《英国外交官和英美海军军官的记载》，南京：南京出版社 2013 年版，第 120 页。

使馆成员安排已经正式通知了中国中央政府和地方当局,并通知他们大使馆指望得到警方完全的保护。大使馆要求日本军事和民事当局注意上述描述的情况,如果出现需要,充分地承认大使馆工作人员及使馆的外交地位,并给予他们适当的便利和完全的保护。"①可见,美方对维护其在南京的外交利益和使馆安全是非常重视的,也是作了适当安排的,他们尤其要求日方也对此给予重视和保护。

但温文尔雅的外交辞令在武装到牙齿的铁血雄狮面前是那样地苍白无力。日军攻占南京之后,那里的美国大使馆同样遭到日军的劫掠,但不像英国大使馆那样严重。前章叙述的阿利森率领的美国外交小组一行3人于1938年1月6日返回南京之后,立即查看了大使馆和其他美国所有的建筑,并向美国国务院作了报告:"除办事处楼的一扇大门被刀砍掉一块外,整栋楼房未见损伤。美籍职员留在建筑内的财物完好无损。……大使馆的两个院落内驻有5名日本宪兵和20名中国警察,还有把这里当成了避难所的240个中国人。"②从这段电文中似乎可以看出,美国大使馆还是得到了一定程度的保护。但所谓有5名日本宪兵驻扎,应该是这些宪兵把大使馆当成了营房,而不是特意来保护该大使馆的。此外,所谓20名中国警察,很可能是在日本占领军卵翼下新成立并与日方合作的伪市政机构"自治委员会"的下属警察。即使日军没有严重破坏大使馆,但未经允许即进驻馆内,也是侵犯了"外交豁免权"的。

美国大使馆建筑物的基本完好并不表明日军未曾侵入过馆内并实施抢劫。据南京的一位传教士③于1937年12月24日透露,日军于23日闯入了美国大使馆并实施了抢劫。日本外相广田弘毅把这一信息用电报的形式发给了日本驻华盛顿的大使馆,但美方破译了这一电文:"23

① 《美驻华大使(约翰逊)致国务卿》(1937年11月20日),124.93/379:电报,载张宪文主编《南京大屠杀史料集》之63《美国外交文件》,第139页。
② 《南京现状》(1938年1月,美国南京大使馆),载张宪文主编《南京大屠杀史料集》之63《美国外交文件》,第315页。
③ 原文未提该传教士姓名。但据笔者推测,应该是当时留在南京的美籍传教士的一位。

日晚,武装的日本士兵至少 4 次进入了(美国)大使馆的院落。他们擅自开走 3 辆汽车,同时还拿走了 4 辆自行车、2 个煤油灯和数只手电筒。另外,在一名军官带领下的队伍对使馆的雇员进行搜身检查,抢走了大约 250 美元现金以及手表、戒指和其他个人用品。另一名士兵试图打开帕克斯顿的上了锁的办公室,用刺刀捅办公室的门。另外两名士兵试图强奸两名中国妇女。……上午 9 时①,日本士兵再次来到使馆的院落。离开时,他们拿走了一辆摩托车,还拿走了一袋面粉、一袋大米、一只手电筒以及从门房拿走 11.80 美元。"②这样,日军对美国大使馆的劫掠行为在一定程度上就类似于对英国大使馆的劫掠。正如前文所述,日军很喜欢掠走交通工具以改善其交通状况。此外,他们对照明设施和食物也很感兴趣。这与日军占领南京时缺乏食物和燃料的情况是符合的。还有一点尤其值得注意,即日军在一名军官带领下对使馆雇员进行搜身检查。这说明与日军闯入英国大使馆一样,日军进入美国大使馆抢劫也是在军官指挥下的集体行动,而不是个别日军的违纪行为。这从另一个方面再次证实日军在整体上的军纪败坏和无视外交豁免权,也无视被占领地区普通民众的基本权利。

但英美两国大使馆还不是外国驻南京的外交机构中遭损毁最严重的。苏联驻华大使馆在 1938 年元旦这天上午 11 时突然燃起大火,一直持续到下午 4 时。第二天下午又烧了一次,结果整栋使馆楼,以及外交人员的住房都被完全烧毁。这一事件的起因扑朔迷离,直到现在也没有定论。但上海的《新申报》于 1938 年 1 月 6 日发表一篇文章,指称是中国共产党所为,该文写到:

> 南京苏维埃大使馆发生灾难性大火。共产党人的秘密计划大暴露。共产党人为了销毁自己抗日运动的文件证据,纵火烧毁自己

---

① 这里所说的时间应该是 1937 年 12 月 24 日上午 9 时。
② 《东京致日本驻华盛顿大使馆电报》(1937 年 12 月 26 日),编号 475。该电报于 1938 年 1 月 15 日被美方破译。载张宪文主编《南京大屠杀史料集》之 63《美国外交文件》,第 505 页。

的大使馆。

1938 年 1 月 1 日上午 11 时,驻南京的苏维埃大使馆突然起火。所有建筑物都浓烟滚滚,火焰冲天,一直延续到下午 4 时。1 月 2 日下午又烧了一次。整栋使馆楼被烧毁,使馆官员们的住房也完全被烧毁。临近的居民谁都无法对这次失火提供详情。但是我们的南京通讯社的代表们还是从南京各个方面了解到一些情况。该大使馆的围墙特别高,人们不易攀越。日本军队占领南京时,立即主动提出为该大使馆提供保护,但遭到该大使馆官员们的严词拒绝,他们称他们自己会负责保护。失火前的好多天,有人发现中国人不断出入大使馆这些楼房。夜里这些房屋有时特别明亮,给人的印象是在发出灯光信号。在火灾废墟中还找到了弹药箱。若是考虑到从调查中得出的种种事实,那么毫无疑问,大使馆内人员来往和物资搬运都是为了实施秘密计划和从事秘密活动。在此情况下,估计他们是担心,大使馆慢慢地会变得不那么保险了,因此宁可把所有房屋连同其危险材料付之一炬。只要人们考虑到中国共产党最近已决心全力支持持久的抗日保卫战争,并为此使用自己独特的方法,对前面的情况也就不难理解了。这方面的例子不胜枚举。在这儿我们只提一句流行的话:"日本人的纵火导致饥饿的民众穷困潦倒,流浪街头。"

这就是他们别有用心的骗人把戏。他们也散发反日的传单,目的在于挑起日本与其他国家间的不和睦。

1937 年 11 月中旬日本军队占领(上海)南市后没几天,中国共产党的党员也在那里纵火烧了一批房屋。他们总是采用这种方式。在松江、嘉兴和其他地方,也可以看到同样的情况。

纵火烧毁苏维埃驻南京大使馆又是共产党人卑鄙行径的一个例证。他们没有其他损害日本军队的办法。①

————————————————

① 张宪文主编:《南京大屠杀史料集》之 13《拉贝日记》,第 329—330 页。

　　这篇文章言之凿凿地说苏联大使馆的纵火事件是中国共产党所为。然而,细读一下,就发现该文漏洞百出,根本经不起推敲。首先,该文说共产党是"为了销毁自己抗日运动的文件证据"才烧毁苏联大使馆的。然而,共产党的抗日立场是公开的,进行抗日运动也是公开的,是世人皆知的事情,没有必要通过销毁文件来掩盖。退一步说,共产党人即使真要销毁某些文件,也只要用最简单的方法将这些文件销毁即可,根本没有必要烧毁整座使馆建筑。烧毁整座使馆建筑不仅动静太大,极易暴露,反而容易造成该销毁的文件未能彻底销毁,进而被对手搜去,是事倍功半的事情。其次,该文又说:"日本军队占领南京时,立即主动提出为该大使馆提供保护,但却遭到该大使馆官员们的严词拒绝,他们称他们自己会负责保护。"这更是荒谬。按常理分析,占领军主动提出保护使馆,正是该使馆官员们求之不得的事情,怎么会严词拒绝？这些官员们还称"自己会负责保护",但任何思维正常的人都知道,在占领军的铁蹄下,赤手空拳的使馆人员是没有能力自我保护的。此外,如果日军主动提出保护苏联使馆,也必然会提出保护英美使馆。然而,前述的英美使馆遭日军抢劫之事,明显是日军并没有为其提供保护所导致的。日军不可能只提出保护苏联使馆而不提出保护英美使馆。第三,文中还说:"失火前的好多天,有人发现中国人不断出入大使馆这些楼房。夜里这些房屋有时特别明亮,给人的印象是在发出灯光信号。"这完全是有违常理的。自从南京于 1937 年 12 月 13 日被日军攻占之后,中国人不断受到日军屠杀,在城内根本没有行动自由,哪里能"不断出入大使馆这些楼房"？而且南京被日军攻占之后,在最初数星期内是处于电力中断状态,任何人自备的小型发电装置,也不可能使"房屋有时特别明亮,给人的印象是在发出灯光信号"。至于说共产党除了纵火之外,"没有其他损害日本军队的办法",更是不值一驳。因此,这篇文章完全是谎言和污蔑。

　　拉贝本人对这篇文章也不相信。他在 1938 年 1 月 14 日的日记中写道:"凡是最近一个月在这里逗留过的人,对报纸上俄国驻南京大使馆失火的那篇报道就无需讨论了。——谁要是看到过日本士兵在这里烧毁了一栋又一栋房子,就绝不会相信那篇报道;谁要是像我一样看到过日本兵将近 20 次翻越自己院子的围墙,若是有人对他说无法进入正在燃烧的俄国大使馆,是因为围墙太高了,他就会忍不住笑起来。"[1]很显然,在拉贝看来,是日军纵火烧毁了苏联大使馆。因为苏联大使馆的这场大火与他所目击的日军在其他地方纵火的手法是一致的,且日军官兵完全有能力翻越那"高高的围墙"。

克勒格尔于 1938 年 1 月 13 日写过一篇《南京受难的日日夜夜》。该文提到:"就在五色旗升起的同时[2],俄国大使馆着火了。根据日本人的解释,这只是一个偶发事件,是一次事故。"[3]然而,这种解释好像是欲盖弥彰。

由于没有找到确凿的史料证据,至今无人能够断定 1938 年 1 月 1 日发生在南京的苏联驻华大使馆的这场大火的真实起因,但种种迹象都表明,日军纵火烧毁使馆的可能性是最大的。

除了英美苏三国使馆之外,"德国、法国、意大利、西班牙等国使馆均被日军士兵闯入,稍微值钱的财物都被掠走,馆舍也遭到不同程度的破坏"。[4]

## 二、日军对外交人员寓所及外交官个人物品的劫掠

除了对诸如使馆等正式的外交机构进行劫掠之外,日军也洗劫了各国驻南京的外交人员的寓所,并抢走了许多物品,在有的寓所内甚至杀害了值守人员。按照国际法,外交公寓也是享有外交豁免权的。而这些

---

① 张宪文主编:《南京大屠杀史料集》之 13《拉贝日记》,第 335 页。
② 这里的"五色旗升起",是指伪南京自治会的成立。该伪政权使用民国北京政府的五色旗作为标志,且成立时间是 1938 年 1 月 1 日。那一天也正好是苏联大使馆被烧毁的日子。
③ 克勒格尔:《南京受难的日日夜夜》(1938 年 1 月 13 日),载张宪文主编《南京大屠杀史料集》之 13《拉贝日记》,第 490 页。
④ 张宪文主编:《南京大屠杀全史》,第 409 页。

外交公寓的主人在撤离时都在其房屋上插上所在国的国旗，并标有明显的标志。但这一切对日军来说，如同摆设一样，毫无约束作用。

德国是与日本关系密切的国家。但除了德国驻南京大使馆受到日军抢劫的波及之外，德国驻华大使陶德曼的住房也遭日军闯入并劫掠。1937 年 12 月 17 日，拉贝在日记中还写道："城里几乎没有一家商店未被日本人砸开并抢劫。德国大使陶德曼博士位于萨家湾的房子奇迹般地幸免于难。他的门上有一个用日语写的禁止入内的布告。"①然而，好景不长，仅仅几天之后，12 月 22 日，陶氏的住所也被日军闯入并劫掠。拉贝在 12 月 23 日的日军中有了这样的记载："陶德曼博士先生的房子昨天才遭到抢劫，一些中国画被偷走，过道里的漂亮的壁橱被打坏等等。但是程度并不严重。"②这里，拉贝把陶德曼的房子在 12 月 22 日遭日军抢劫称作"才遭到抢劫"，似乎已经是很幸运了。可见当时日军抢劫的范围之广、程度之重是难以言表的。不仅陶德曼的住所遭到日军的闯入，室内物品被劫掠，他的汽车也被日军抢走。

德国驻华大使馆的一等秘书罗森（G. Rosen）带领的外交小组于1938 年 1 月 9 日回到南京，照料德国使馆业务。③ 随行的有德国使馆行政官员沙尔芬贝格（Scharffenberg）等人。罗森是在日军攻占南京前夕离开南京的，他也是继阿利森之后第二个回到南京的第三国外交人员，并迅速与拉贝进行了接触。拉贝向其报告说："陶德曼博士先生的汽车正在为军事当局效劳，您的汽车以及其他的德国汽车也同样如此。"④可见，德国外交人员和其他一般公民的汽车也都被日军劫走并被日军使用。

---

① 张宪文主编：《南京大屠杀史料集》之 13《拉贝日记》，第 156 页。
② 同上书，第 212 页。
③ 同上书，第 317 页。
④ 同上书，第 194 页。

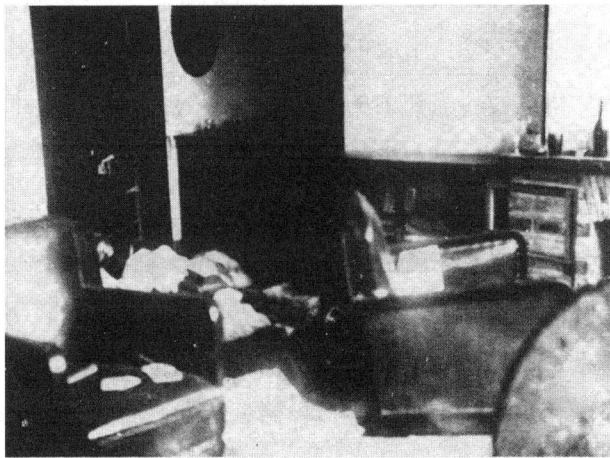

**图 23　德国大使馆行政官员沙尔芬贝格先生宅第遭到严重抢劫。这是当时室内的情况**

　　但罗森的损失还并不仅仅是一辆汽车。拉贝陪同罗森勘察过后者的寓所后，写道："罗森博士那儿只是被偷走了一辆汽车、一辆自行车和好几瓶酒。"①这里，拉贝用了"只是"这样的字眼，这与他在叙述陶德曼的寓所遭日军抢劫时用"昨天才遭到抢劫"的语气是一样的，似乎在说：你们的房子能这样已经是幸运的了。但另一位德国外交官沙尔芬贝格就没有这么"幸运"了。他的住宅遭到严重抢劫，以至于无法居住。沙氏不得不住在许尔特尔那里。② 沙尔芬贝格的住所遭到严重抢劫的一个可能的原因是这处住所位于安全区以外。这也说明安全区的设立对日军的暴行还是起到了一点有限的遏制作用。

　　德国驻南京外交人员的个人财务损失也许还不是最严重的。美国外交人员的损失似乎更大。其实，美国驻华大使詹森在撤离南京前夕，对保护美国公民的财产，特别是外交人员的财产是作了安排的。他在所有美国人的房产上都贴了由美国大使馆和南京卫戍司令部发布的布告，

---

① 张宪文主编：《南京大屠杀史料集》之 13《拉贝日记》，第 307—308 页。
② 同上书，第 308 页。

而且也都插上了美国国旗。但这并不能阻止日军对这些财产的劫掠行动。米尔斯于 1937 年 12 月 22 日向日本大使馆提出交涉，陈述了日军劫掠包括美国驻华大使住宅在内的美国人财产的情况："在南京几乎所有美国住宅都被日本士兵闯入并拿走室内物品。更有甚者，竟有人闯入大使住宅，三番五次欲盗走使馆车库或院内的汽车。有次一位使馆警察被日本士兵打伤。就在昨天晚上，使馆车库里的一辆汽车被盗，还有市内大量的美国财产被日本士兵损坏，其中有些被纵火焚烧。起码有八处美国旗帜被日本士兵扯下或撕毁，他们强迫仆人们降旗，并用武力胁迫那些胆敢升旗的人。"[①]在这里，米尔斯提到了日军对南京城内包括美国驻华大使住宅在内的各处美国财产进行劫掠的大致情况。日军对美国国旗的做法表明他们对美国这个国家的整体敌对态度。这显然是他们在平时所受的敌视英美的教育所导致的。

在美国驻南京大使馆的外交人员中，住宅受到日军最大破坏的是三等秘书简金斯（D. Jenkins，也可译作詹金斯）。拉贝在他 1937 年 12 月 19 日的日记中这样记载："我们的一位负责人报告一件发生在安全区以外的事件：昨天我得到消息说，小道格拉斯·简金斯先生（美国大使馆三秘）的住所被洗劫，一个佣人被杀，于是我立即赶往位于马台街 29 号的这栋房子，我确认这则报告完全属实。住所内一片狼藉，佣人的尸体躺在佣人房间里，其他佣人都已经逃走，没有任何人留下来看守这所房子。"[②]这可能是日军劫掠第三国外交人员住宅中性质最严重的一起事件，不仅住宅遭到洗劫，佣人还被杀害。与德国外交人员沙尔芬贝格的住宅一样，简金斯的这所住宅也位于安全区以外，所以遭到日军更严重的劫掠。而简金斯在离开南京之时，还安排佣人留下值守，很明显是由于他认为这是外交人员公寓，且插有美国国旗，贴有表明住宅性质的布

---

① 张宪文主编：《南京大屠杀史料集》之 4《美国传教士的日记与书信》，第 218—219 页。
② 张宪文主编：《南京大屠杀史料集》之 13《拉贝日记》，第 180—181 页。

告,日军不会对此宅下手。但事实证明美国人低估了日军的残暴程度。

英国外交人员的个人财产也被日军抢劫。威廉斯(W. Willians)是英国驻华大使馆的英籍工作人员,他有一辆汽车在日军占领南京后丢失。后来,英国驻华大使馆的一位领事官员在 1938 年 4 月在对日索赔时对此进行了分析:

去年 12 月,威廉斯先生隶属于英国大使馆,在英国臣民从南京撤离前夕的 12 月 10 日,他的汽车锁好,留在位于三叉河的亚细亚火油公司的设施处。一名外国记者 12 月 11 日还在那儿见到汽车,但是自那天以后,汽车消失了。这是一辆 8V,福特沙龙型号的汽车,牌照号为 5017。

我和您①的前任福井先生谈论威廉斯的汽车遗失之事时,他声称中国军队劫走了车子。然而,以我的看法,中国军队驾驶汽车逃离的可能性极小。从亚细亚火油公司设施处来唯一的道路经把江门穿城而过,通往芜湖或杭州。12 月 11 日南京被日军包围,芜湖也已被他们占领。在我看来,中国军人冒险驾驶汽车成功穿越日军占领区而逃脱是极不可能的。

至于过江的通道,中国军人那时狂乱地急于使用能够找得到任何为数极少的筏子与船只过江,慌忙迷乱之中,他们开走威廉斯先生锁着的车子是极度困难的。

就当时南京的情况来看,我认为威廉斯先生的汽车最有可能落入日军手中。情况类似的是属于亚细亚火油公司的莫里斯·爱瑟斯沙龙型号汽车,那辆车也从三叉河设施处消失了。②

以上是几例典型的第三国驻南京外交人员个人的寓所及财产遭到

---

① 这里的"您"是指时任日本驻南京总领事花轮。这封函件是时任英国驻南京外交人员捷夫雷给花轮的信。

②《E. W. 捷夫雷先生 1938 年 5 月 16 日致英国大使第 8 号信件的附件》,载朱成山主编《南京大屠杀史研究与文献》之 31《英国外交官和英美海军军官的记载》,第 123 页。

日军劫掠及损失的情况。受害外交人员既有来自当时与日本关系不好的英美两国,也有来自与日本关系很好的德国。这可以看出当时日军的纪律已经败坏到何种地步。这样的行为极有可能引起日本与受害国之间的外交纠纷,对日本的整体国家利益十分不利。对于这一点,当时日军华中方面军司令官松井石根也感到十分忧虑。松井在 1937 年 12 月 29 日的日记中写道:"我军士兵中又出现了抢夺驻南京各国使馆汽车和其他物品的事件,军队的愚蠢和粗暴行为令我大为震惊。皇军的声誉全毁在这类事件中了,真是遗憾至极啊。于是我立即派遣中山参谋(华中方面军参谋、航空兵少佐中山宁人,33 期学生)去南京,命令他在紧急采取善后措施的同时,不仅要处罚当事人,还要处罚责任人。特别是上海派遣军,因为该军是殿下①统率的,这事关系到殿下的仁德,所以我打算严厉处理此事。"②可见,日军高层对这样的行为也感到不安。

### 三、受害方与日方的交涉及日方的有限赔偿

抢劫外交机构和外交人员的财物在国际关系方面是一件十分敏感的事情,其敏感程度远远超过一般的抢劫事件。因此,日军的此类暴行发生后,立即引起了受害方与日方的交涉。这样的交涉分为两个方面。第一方面是一直在南京的拉贝等委员会人员与日本占领当局及在南京的外交人员的现地交涉。另一方面是受害方通过外交渠道与日方的正式交涉。这主要是美德英等国的外交人员于 1938 年 1 月返回南京之后所进行的。

拉贝等委员会成员与日方的就地交涉基本上是通过日本在南京的外交人员向日本军方进行的。1937 年 12 月 15 日,也就是日军占领南京的第三天,日本驻华大使馆参赞福田德康就拜访了拉贝。双方商谈了工

---

① 这里的"殿下"是指朝香宫鸠彦,裕仁天皇的叔父,时任日军上海派遣军统帅。
② 《松井石根阵中日记》,张宪文主编:《南京大屠杀史料集》之 8《日军官兵日记》,南京:江苏人民出版社 2005 年版,第 156—157 页。

作计划的细节。① 就此,日本驻华外交人员与委员会成员建立了工作关系。此后,委员会经常向日本大使馆官员投诉日军的暴行。其中,日军劫掠外交机构和外交人员寓所的暴行基本上就是与其他暴行合在一起进行投诉的。前述的美国大使馆三等秘书简金斯的住宅被日军洗劫是以史迈士签名的委员会成员于 1937 年 12 月 19 日写信向日本大使馆投诉的。日军闯进美国驻华大使住宅及三番五次盗走美国大使馆内的汽车就是米尔斯于 22 日向日本大使馆写信投诉的。但是这样的投诉基本上没有起到明显的作用。首先,委员会必须通过日本外交人员向军方投诉,这就多了一道手续和障碍。其次,日本军方对委员会是非常轻视的,也不可能重视其发出的声音。第三,日本军方与其外交人员之间其实也存在一些沟通上的障碍和分歧。

这种状况在日本受到第三国的外交压力之后才有所改善。12 月下旬,已经离开南京的德国驻华大使陶德曼通过外交渠道要求日方保护仍在南京的 5 名德国人。28 日,日本大使馆官员福井陪同日本军方代表冈少佐与拉贝及史迈士进行晤谈。冈少佐要求这 5 名德国人搬到一所房子里,以便日军集中保护他们。但此时拉贝等人心系住在安全区内的成千上万的无辜中国人,不愿意离开他们去接受日军的"特别保护",所以婉言拒绝了冈的提议。此外,这位冈少佐还提出"如果可以证明财物是日本士兵抢去的或破坏的,由日本政府负责偿还或赔偿"。② 这是日本军方首次对委员会成员作出如此表态,可以看作是他们在外交压力下所展现的一种妥协姿态。这是一个十分狡猾的提议,因为对委员会来说,要提出确切证据证明日军劫掠的行为并不是一件容易的事。但作出这种姿态总比什么都不做要好。这表明受害方有了与日方交涉索偿的机会。

1938 年 1 月上旬,美德英等国的外交小组陆续返回南京,照料各国

① 张宪文主编:《南京大屠杀史料集》之 13《拉贝日记》,第 141 页。
② 同上书,第 242 页。

在南京的使馆业务。随后,委员会与抵达南京的各国外交小组联合起来共同对日交涉。由于有了代表各国政府的外交官们的帮助,情况有了进一步好转,日方不得不对此加以重视,并采取实际步骤。德国外交小组罗森、沙尔芬贝格等人抵达南京之后,迅速与拉贝等5名德国公民取得联系,并仔细了解了德国财产的受损情况,接着向日方提出了交涉、索赔等要求。

经过努力核实寻找,部分遭劫的德国财产有了初步下落。1月13日,沙尔芬贝格在一篇报告中提到:"在被征用的汽车中,已找到14辆车的下落。其他一些汽车的零部件被拆。"很显然,这14辆汽车,并不仅仅是德国大使馆的汽车,但其中必定包括使馆的汽车。同一篇报告还提到:"大使和许尔特尔被征用的汽车已经归还,许尔特尔的车损伤不大。罗森博士的车和使馆的旧公用卡车也被征用,不过日本人已经提供新车作为对这两辆车的赔偿。"①这说明在委员会和外交人员的共同努力下,对日交涉求偿的努力是有效的。

除了德国之外,英国也开展了对日交涉求偿工作。如前所述,日军攻占南京之后,当地英国财产(包括外交机构和外交人员寓所及个人财产)也遭到日军洗劫,蒙受了损失。可能是由于留在南京的22名第三国人士中没有英国公民,所以在英国外交小组返回南京之前,委员会基本上没有就英国财产遭劫问题与日方现地交涉。1938年1月9日,以领事普利多-布龙(Prideaux-Brune)为首的英国外交小组,随同罗森的德国外交小组一同抵达南京。布龙是战前英国驻华大使馆的官员,在南京也有住宅。日军逼近南京时,他与其他英国人一同撤离。这次重返南京后,他们也开展了对英国财产损失的调查及向日方的交涉索赔。1月24日,普利多-布龙正式向日方提出了赔偿大使馆损失汽车的要求。

---

① 以上两段引文皆引自德国大使馆行政主管沙尔芬贝格先生的报告副本《1938年1月13日南京局势》,载张宪文主编《南京大屠杀史料集》之13《拉贝日记》,第347、348页。

经过数日交涉,2月5日,普利多-布龙就英国外交小组对日交涉在南京的英国财产遭日军劫掠而蒙受损失事宜写了一份备忘录,向英国外交部报告。备忘录全文如下:

　　A. 日军非法闯入,侵犯大使馆。

　　B. 大使馆的工作人员遭受的损失(实际上限于汽车的损失)

　　C. 个人与公司遭受的损失(汽车的损失,寓所与办公室内的损失与损坏)。

在南京与福井以及美国大使馆进行试探性的会谈后,我相信日本人会愿意以下列方式解决赔偿:

　　1. 就地道歉。

　　2. 日本人不加以调查便立即支付赔偿要求。

　　3. 日本人将仔细审查赔偿要求;我想他们希望我们出示证据,以证明每一个赔偿要求的损失、损坏是由日军造成的。

在我离开南京之际,就提议的与美国人的解决方案,还没有将细节决定下来,但是我相信,涉及 A 和 B,将根据上述总体的方式来决定。

日本人严肃认真关切的是 A. 侵犯大使馆;对 C. 个人损失,获得公平合理解决的最好的机会似乎依赖于将所有的赔偿要求安排成均由日军侵占南京造成的,作为一个整体来对待,一次性加以解决。如果我们对 A 显得严苛强求,他们也许会比我们的态度不严苛更易于接纳 C 的要求。他们非常急于迅速就地解决 A 与 B,以便将这些(他们认为严重的)事情处理掉,此后,他们无疑希望将个人赔偿的要求无限期地搁置起来。

如果要将这事作为一个整体来解决,肯定要花些时间,一定要有时间让个人赔偿要求人(或那些有可能找到的人)到南京去,估算他们的损失。我们一定要注意,不要同意就 A 而接受不够成熟的解决方案。

首先要安排个人赔偿要求人到南京作短期的访问。如果那儿的情况没有恶化，在近期是极有可能办到的(这主要有赖于日军的情绪)。

至于解决赔偿总的原则，如果就 A 达成友好和睦的安排(可能为接受就地、口头上的道歉)，可以友善地请日本人就个人赔偿方面迁就我们，也就是意味着在有疑点、证据不足之处，相信我们的材料，总体上公正地处理这一问题。①

这份备忘录虽然反映的是英国外交小组对日索赔的状况，以及日方的基本态度，但也反映了其他对日索赔国家对日交涉时的主要状况。从这里，我们可以看出几个问题。首先，日本也急于尽快解决日军侵犯第三国驻南京大使馆这种非常敏感而又棘手的事件，而英方也不愿纠结于此事，希望在保住英国面子的前提下尽快结束此事。这与英方在中日战争爆发后的一贯表现是一致的。其次，日方就解决个人赔偿事宜提出了很高的条件，要求每一笔赔偿要求都必须证明损害是由日方造成，而这是很难的。这一点，如前所述，拉贝等人在与冈少佐会晤时日方也提出了类似的要求。这表明日方是想以这种做法来逃避真正应该作出的赔偿。第三，英国方面似乎准备真正去满足日方的这种刁难性的要求。这份备忘录提出"一定要有时间让个人赔偿要求人到南京去，估算他们的损失"。这一方面反映了英方认真对待日方劫掠英国公民个人财产的案件，希望受害人获得赔偿，另一方面似乎也对日方的要求有些无奈。其实，在日军攻占南京不久，当地还处在腥风血雨的状态下，且由于日军封锁，交通不便，让财产受损人都去南京评估他们的损失，在现实中是很不现实的。

经过英日双方的交涉，日方于 2 月 24 日对英国大使馆的汽车损失

①《备忘录——日军侵占南京：解决侵犯大使馆，毁坏、盗窃财物的前景》(1938 年 2 月 5 日)，载朱成山主编《南京大屠杀史研究与文献》之 31《英国外交官和英美海军军官的记载》，南京：南京出版社 2013 年版，第 114—115 页。

作出了一点赔偿。普利多-布龙在给豪尔驻华代办的电报中作了说明："日本总领事安排经由日本驻上海总领事支付给您 7500 元,①作为赔偿从英国大使馆被抢劫的瑞奇先生、格雷厄姆先生、普利多-布龙先生与武官的汽车。他说日本人急于不作调查早日解决涉及大使馆的赔偿要求。"这份电报说"日本人急于不作调查早日解决涉及大使馆的赔偿要求",可见日方希望避免外交纠纷的心情是多么急切。

但日方对于不在大使馆被日军劫走的汽车却表现出了逃避责任的态度。前述英国大使馆官员威廉斯的汽车在南京城北三叉河亚细亚火油轮公司附近丢失,并极有可能被日军掠去的事情,虽然事实逻辑非常清楚,但日本人还是不认账。普利多-布龙在 2 月 24 日给豪尔的同一份电报中引述日方的立场说:"亚细亚火油公司在三叉河的设施被中国军队占据,他们劫走威廉斯的汽车。"②日方之所以拒绝赔偿,很明显是由于威廉斯的汽车不在大使馆内丢失,英方没有提供确凿的证据能够证明是日军的行为导致了该车的丢失。日方是不承认英方对该车必定是被日军劫走的逻辑推理的。

然而,即使有的时候英国自治领澳洲公民存放在英国大使馆内的汽车被劫明显是日军所为,日方仍然拒绝赔偿。前述的日方支付英方 7500 元赔偿数辆被日军抢劫的英国使馆的汽车就不包括端纳的被劫汽车。普利多-布龙在 2 月 28 日给豪尔的电报中就忧心忡忡地说:"我想日本人非常不愿意接纳某些个人的赔偿要求。"③捷夫雷在 1938 年 4 月 27 日向英国政府的报告中明确指出:"根据端纳先生的地址和职业,在目前的中日战争中,他似乎并不是一位中立者,代他向本地的日本代表提交赔

---

① 原档未说明这 7500 元是哪国货币。据笔者推测,应该是英镑。因为按照当时的市价,7500元英镑大致与 4 辆小汽车的价值相近。

② 以上两段引文出自英国驻南京领事致英国驻华大使的电报(1938 年 2 月 24 日),载朱成山主编《南京大屠杀史研究与文献》之 31《英国外交官和英美海军军官的记载》,第 115 页。

③ 英国驻南京领事致英国驻华大使的电报(1938 年 2 月 28 日),载朱成山主编《南京大屠杀史研究与文献》之 31《英国外交官和英美海军军官的记载》,第 116 页。

偿损失的要求很可能会激怒他们,并使得他们不愿意大方地偿付其他一些难以获取令人满意证据的英国臣民。"①很明显,这是由于端纳尽管是英国自治领澳洲公民,但当时已经受雇于中国政府,是蒋介石的私人顾问。在日本人看来,他已经不能被看作是一位"中立人士",而是敌方人员。他的汽车被日军劫走,是缴获了敌方人员的物品,自然拒绝赔偿。而英方也顾忌这一点。因此,英方向日方提出索赔要求时,"端纳的汽车没有要求我们包括在内,宁愿不包括进去"。② 英方既然抱着这样的心态对日索赔,自然难以全面维护英国公民的全部正当权益。日方也因此而有恃无恐。

英国对日索赔是在南京大屠杀中被日军破坏了外交豁免权的受害国与日方交涉的缩影,基本上反映了当时交涉的情形。只有德国的对日交涉情况略好。如前所述,在罗森等人与日方交涉后,日方迅速赔偿了德国使馆的损失。这很明显是由于当时的德国是日本的友好国家。

## 第二节 日军对外资企业和第三国人士住所的抢劫

### 一、拉贝和克勒格尔等对德国被劫财产的不完全统计

在日军攻占南京之前外交人员占在当地居住的外国人的比例是很小的。外交机构和外交人员寓所也只占当时南京涉第三国建筑的很小比例。只是由于这一群体和此类机构性质特殊,所以单独对其进行叙述。其实,日军劫掠最多的还是普通的第三国人士的商企店铺和住所。这些人不具有外交人员身份,不享有外交豁免权,因而敏感度稍微低些,但他们却是日军南京暴行中非中国受害者中最大的一个群体。日军对

---

① 《W. H. 端纳:赔偿要求》,南京英国领事馆,1938 年 4 月 27 日,载朱成山主编《南京大屠杀研究与文献》之 31《英国外交官和英美海军军官的记载》,第 119 页。

② 英国外交部给捷夫雷的电报,文号 20/9×(2)/1938,载朱成山主编《南京大屠杀史研究与文献》之 31《英国外交官和英美海军军官的记载》,第 117 页。该电文未标注日期,据笔者推测,发电时间应为 1938 年 2 月。

这一群体的店铺和住所进行了野蛮的抢劫,甚至焚烧。

当时世界各主要国家公民的住所和商企店铺都受到日军的暴行波及。但由于史料的缺失,许多国家的损失状况至今难以统计,如苏联、法国、西班牙等。但这些国家在南京的公民人数确实较少,财产也不多。而德国、英国、美国等在南京居住人数相对较多、财产也相对较多的国家的损失也只有一个粗略的概算。拉贝是德国人,又恰好担任委员会主席,他对德国的被劫财产十分挂心。他与克勒格尔等人先后进行了两次统计,基本上搞清了德国被劫财产的大致状况。

拉贝在 1937 年 12 月 16 日的日记中就提到:"德国顾问的房子几乎也都遭到了日本士兵的抢劫。已经没有人敢出家门了。"①随后,对德国财产的抢劫愈演愈烈。不仅已经撤离的德国人的房屋和财产遭日军洗劫,就连当时留在南京的 5 名德籍人士的个人物品也遭日军洗劫。12 月 19 日,委员会向日本大使馆递交了一份反映日军在安全区内暴行的备忘录,克勒格尔在其中写道:"12 月 13 日,我查看了德国孔斯特-阿尔贝斯公司位于中央路的房子,中国士兵早已撤离这个地区,这里一切正常。我在 12 月 15 日中午再次来到这里时,发现房门是敞开的,所有的门都被砸开,窗户被破坏,房间里的东西都被搜查过,抢走了哪些东西已经无从查实。"其实,克勒格尔在关心其他德国被劫财产的时候,他自己的个人物品也遭到日军抢劫。就在同一份备忘录中,委员会提到:"12 月 17 日,日本士兵从停在沅江新村 6 号住所前的克勒格尔先生的汽车里偷走了一部蔡司-伊康牌 6×9 相机。"②此外,克勒格尔在同一份备忘录中还提到这样两件事,分别是属于其他德国财产和克氏本人的物品遭日军抢劫。第一件事是这样的:"在陵园路 11 号博尔夏特和波勒的住所遇见了日本士兵。这栋悬挂着德国国旗并贴有德国大使馆证明的房子已被闯

---

① 张宪文主编:《南京大屠杀史料集》之 13《拉贝日记》,第 149 页。
② 以上两段引文均出自《日本士兵在南京安全区的暴行》(1937 年 12 月 19 日),载张宪文主编《南京大屠杀史料集》之 13《拉贝日记》,第 174 页。

入者翻遍。我赶到的时候,日本士兵正在发动博尔夏特先生的汽车,见我来了,他们便丢下了汽车。但是在12月17日他们还是偷走了博尔夏特先生的汽车。我在12月15日第一次去的时候,一名日本军官给我留下了一张名片。12月16日,这栋房子又遭到了其他日本士兵的洗劫。"第二件事是关于克勒格尔本人的汽车遭日军抢劫。"12月16日约11时,一名日本军官请求我为电厂和水厂重新开工一事提供咨询。这时我向这名日本军官指出,在我们这会儿会谈期间,我的汽车停在大门外面(中山北路244号)没人看守,很有可能会被偷走。结果会谈结束后,我和3名日本军官离开屋子时,汽车果真不见了,同时不见的还有好几本书和4罐汽油。12月17日上午11时左右,我在西门子洋行办事处的附近发现了我的汽车。我没花很大的周折就让日本士兵把属于德国财产的汽车归还了我。"①这件事再次映证了前述的当德国财产被日军劫走时,与其交涉归还或赔偿的难度比英美财产的要小。

但日军抢劫德国财产的行为仍在继续。还在同一份备忘录里,委员会又列举了这样的事例。事例一,"12月18日,约下午6时以后,3名日本士兵从琅琊路11号偷走一辆属于德国人齐姆森的福特汽车"。② 事例二,乔治·菲奇在这份备忘录中写道:"12月19日,我的司机李文元一家8口人,住在珞珈路16号(德国人的住房,有安全保护证明,而且门上还挂有卍字旗),在8时30分的时候遭到了日本士兵的洗劫,全部财产掠夺一空,他所拥有的东西全部被抢走,有7箱衣物、两篓家庭用具、6床羽绒被、3顶蚊帐、吃饭用的碗碟和50元现钞。这个家庭现在一贫如洗,连一床睡觉的被子都没有。"③很明显,这栋住房是德国人拥有的,但当时的住户是一位叫李文元的中国人及其家人。

---

① 以上两段引文均出自《日本士兵在南京安全区的暴行》(1937年12月19日),载张宪文主编《南京大屠杀史料集》之13《拉贝日记》,第174—175页。
② 《日本士兵在南京安全区的暴行》(1937年12月19日),载张宪文主编《南京大屠杀史料集》之13《拉贝日记》,第180页。
③ 同上书,第181页。

1937 年 12 月 23 日,拉贝对德国在南京的财产损失状况进行了第一次粗略的统计,并绘制了以下这个表格:

**南京德国财产损失情况临时清单**

1937 年 12 月 23 日

下列所有房屋上均悬挂有德国国旗

| 地址 | 房主或租户姓名 | 目前居住人 | 房屋及设施目前状况 |
|---|---|---|---|
| 1. 小桃园干河沿 | 中国房产(欧洲人居住)租户:约翰·H. D. 拉贝 南京安全区国际委员会主席 西门子洋行(中国)代表 | 约翰·H. D. 拉贝 西门子洋行(中国)若干职员 约 350 名中国难民 | 建筑物完好 价值 300 元车号为 681 的汽车被日本军方没收 |
| 2. 中山东路 178 号(饭店) | 欧洲人居住 房主:中国人 租户:R. 黑姆佩尔 | 空 | 建筑物被彻底洗劫烧毁 |
| 3. 安仁街 9 号 | 中国房产 租户:爱德华·施佩林 | 空 | 洗劫 |
| 4. 中山北路 244 号 | 房主:中国人 租户:礼和洋行 | 克里斯蒂安·克勒格尔 | 被偷物品:一辆汽车,车号 308,价值 1100 元;一部蔡司照相机价值 150 元; 汽车外胎 2 只; 汽车内胎 6 只 |
| 5. 中央路 392 号 | 房主:中国人 租户:孔斯特-阿尔贝斯公司 | 空(中国门房逃走了) | 彻底洗劫 |
| 6. 中央路沅江新村 5 号 | 增切克 | 门房(遭毒打) | 彻底洗劫 汽车被偷 |
| 7. 中央路沅江新村 6 号 | 林德曼 | 门房 | 彻底洗劫 汽车被偷 |
| 8. 中央路沅江新村 3 号 | 尤斯特 | 门房 | 彻底洗劫 |
| 9. 大树根 94 号高楼门 | 冯·博迪恩 | 门房 | 彻底洗劫 |

| 地址 | 房主或租户姓名 | 目前居住人 | 房屋及设施目前状况 |
|---|---|---|---|
| 10. 上海路 11 号 | 施特雷齐乌斯 | 3 名中国佣人 | 彻底洗劫 |
| 11. 慈悲社 12 号 | 贝克博士 | 3 名中国佣人 | 彻底洗劫<br>汽车被盗 |
| 12. 高楼门 7 号 | 罗德夫人(公寓房) | 中国佣人 | 彻底洗劫 |
| 13. 陵园路 11 号 | 博尔夏特 | 2 名中国佣人 | 彻底洗劫<br>汽车被盗 |
| 14. 慈悲社 5 号 | W. 洛伦茨 | 中国佣人 | 部分洗劫 |
| 15. 中山东路 25 号 | 基士林克-巴达糕饼店 | 中国佣人 | 彻底洗劫 |
| 16. 牯岭路 20 号 | 罗森博士<br>德国大使馆秘书 | 中国佣人 | 部分洗劫<br>汽车被盗 |
| 17. 萨家湾 9 号 | 陶德曼博士<br>德国大使 | 中国佣人 | 1937 年 12 月 22 日部分洗劫,汽车被盗,又被国际委员会找到并归还 |
| 18. 珞珈路 3 号 | 鲍姆巴赫 | 中国佣人 | 彻底洗劫 |
| 19. 珞珈路 6 号 | 诺尔特 | 中国佣人 | 彻底洗劫 |
| 20. 珞珈路 12 号 | T. 米勒(通用电气公司) | 中国佣人 | 彻底洗劫 |
| 21. 珞珈路 13 号 | 克莱因 | 中国佣人 | 部分洗劫 |
| 22. 珞珈路 16 号 | 皮尔纳和 K. 马尔丁 | 中国佣人 | 彻底洗劫<br>汽车被盗 |
| 23. 琅玡路 17 号 | W. 施泰内斯 | 中国佣人 | 彻底洗劫 |
| 24. 宁海路 56 号 | 海因里希 | 中国佣人 | 彻底洗劫<br>汽车被盗 |

续　表

| 地址 | 房主或租户姓名 | 目前居住人 | 房屋及设施目前状况 |
|---|---|---|---|
| 25. 灵隐路15号 | 施彭勒<br>德国大使馆行政官员 | 中国佣人 | 部分洗劫<br>马匹被盗 |
| 26. 三步两桥4号 | 哈蒙德<br>（施密特公司） | 中国佣人 | 彻底洗劫 |
| 27. 老莱市68号 | 内维格尔 | 中国佣人 | 彻底洗劫 |
| 28. 中山东路178号北方饭店 | 胡梅尔 | 中国佣人 | 汽车被盗<br>价值900元 |
| 29. 宁夏路22号 | 施罗德博士 | 中国佣人 | 汽车被盗 |
| 30. 江苏路55号 | 阿尔纳德 | 中国佣人 | 部分洗劫<br>汽车损坏 |
| 31. 高楼门21号 | 沙尔芬贝格<br>德国大使馆行政主管 | 中国佣人 | 彻底洗劫 |
| 32. 牯岭路34号 | 劳滕施拉格尔博士<br>德国大使馆参赞 | 中国佣人 | 部分洗劫 |
| 33. 天竺路23号 | 格尔蒂希 | 中国佣人 | 部分洗劫 |
| 34. 上海路73号 | 希尔施贝格博士 | 中国佣人 | 彻底洗劫 |
| 35. 琅玡路16号 | 布瑟 | 中国佣人 | 部分洗劫 |
| 36. 琅玡路11号 | 齐姆森 | 中国佣人 | 部分洗劫 |
| 37. 琅玡路11号 | 艾维特夫人 | 中国佣人 | 部分洗劫 |
| 38. 天竺路25号 | 蒂姆 | 中国佣人 | 部分洗劫 |

资料来源:张宪文主编《南京大屠杀史料集》之13《拉贝日记》,第212—215页。

拉贝在绘制这份表格时还特别作了说明:"该清单不完备,一些德国住房尚未探访,一是因为缺乏时间,二是因为有些租户换了住址,并且没有留下新的地址。完备的清单只有等到租户和德国大使馆的官员回到南京后才能提供。"①但该清单是截至1937年12月23日拉贝所了解的战前在南京居住的德国公民住所及公司店铺被日军洗劫的状况。住宅中既有普通公民的住房,也有外交人员寓所。办公用房中既有像糕饼店这样的规模较小的企业,也有几家大公司的办公地点。这说明日军对德国在南京财产劫掠的范围是非常广的。这些被劫掠的建筑不仅被彻底或部分洗劫,且大部分房屋的汽车都被盗走。这更加证实了日军对盗走住户汽车非常热衷。此外,此表中提

图24 (德)黑姆佩尔的北方饭店遭劫后的废墟,其饭店内部一片狼籍

到,中山东路178号的饭店建筑被彻底洗劫烧毁,这可能是当时日军对外籍人士居住地最严重的劫掠。

然而,就在拉贝绘制这份表格时,他自己的住所也遭到日军抢劫。本来,在这个表格中,拉贝在第一行就陈述了自己住房的状况:建筑物完好,只是一辆汽车被日军没收。但这一"良好"状况很快就被改变了。拉贝在12月23日的日记中写道:"在开列上面清单的时候,张跑来通知我,一个日本士兵闯到我们这里,把我的私人办公室翻了个底朝天,现在

---

① 张宪文主编:《南京大屠杀史料集》之13《拉贝日记》,第215页。

正在想方设法打开我存放着 2.3 万元的钱柜。我和克勒格尔迅速开车回家。闯入者刚刚离开,钱柜他一个人打不开。我们坐下来吃午饭,这时又有 3 名士兵爬过院墙,我们厉声呵斥,又把他们从院墙上赶了回去。大门是绝对不能给这帮犯罪的歹徒打开的。克勒格尔自愿下午到我这儿来守卫。我正准备开车回总部,又有 6 个日本匪徒爬上了院墙。当然,他们也同样必须从墙上爬回去。到目前为止,这一类翻墙入院的事情我恐怕已经经历了 20 起。我下午告诉高玉警官[①],无论如何,即便是冒生命危险,我也要保护自己的房子使其不受这种祸害的侵扰,要捍卫德国国旗的尊严。他只是友好地耸了耸肩,事情对他来讲就算是解决了。他解释说,非常遗憾,没有足够的警察部队来重新约束这些坏士兵。"[②]这件"小事"十分生动地再次显示出拉贝等委员会成员当时的尴尬处境。对拉贝来说,作为委员会主席,他必须带领其他成员尽力保护无辜的中国难民免遭日军侵害。然而,他自己和其他委员会成员却时时刻刻都处在危险之中,不仅自身及委员会的住所财物会遭到日军劫掠,甚至随时都有生命之虞。但拉贝们没有退缩,而是依旧奋不顾身地战斗着。

1938 年 1 月上旬美英德等国的外交小组陆续抵达南京后,委员会成员的处境有了好转,他们开始向这些代表国家的外交官们报告这些天来南京发生的一切,本国权益的受损状况自然是他们报告的重点。克勒格尔于 1 月 11 日就向德国大使馆写了一份报告,叙述了几处德国人住宅遭到日军劫掠的情况,以便德方对日交涉索赔。这个报告可以与拉贝于 1937 年 12 月 23 日所绘制的表格对照,具体描述了日军洗劫的若干德国公民住宅的状况。报告列举的遭劫掠房屋如下:

---

① 日本大使馆的一名警官,经常与拉贝等委员会成员接触。
② 张宪文主编:《南京大屠杀史料集》之 13《拉贝日记》,第 216 页。

## 礼和洋行克·克勒格尔先生的报告

南京,1938 年 1 月 11 日

致德国大使馆

南京

事由:南京的德国人房屋被抢劫情况

关于日本部队进入南京前后下述德国人房屋的状况,根据我几天的持续察看,可以提出如下事实供你们随时使用。

1. 罗德的住宅,高楼门 7 号。

我于 12 月 13 日下午察看了这所房屋。大门紧锁着,可以清楚看到德国国旗,德国大使馆公告清楚而醒目地张贴在大门口。佣人们已经搬到安全区居住。12 月 15 日下午大门已经敞开,显然是从里面砸开的,住宅大门已被打坏,所有上锁的房门同样均被强行打开。我在那里发现 3 个日本兵正在分拣偷盗的物品。我走进去对他们说,这是德国人的房屋。他们便丢下整捆东西走掉了。在以后的几天里,我又一再发现有日本士兵在那里,德国大使馆的公告已在 12 月 16 日被撕掉。12 月 23 日我和日本大使馆的警官高玉一起察看这所房子。德国国旗不再飘扬,整所房屋已被洗劫,但这也并未能阻止日本士兵在以后几天里拖走一件又一件东西。

2. 博尔夏特、波勒、迈尔等先生的住宅。

这所房屋在 12 月 13 日下午还是完好无损的,佣人还住在那里,无意搬进安全区。12 月 15 日我发现 4 个日本士兵,其中有 1 个军曹正忙着从房子里把东西搬出来,其中有马靴、衣服、餐具、钟表和被褥等等。我追上了已经走到半路的 2 个士兵,劝说他们放下东西。这个军曹还报了自己的名字。全部上锁的门均已被强行打开,所有的柜子、木板箱和普通箱子,包括佣人的箱子也都打开了。佣人显然受到严重威胁,害怕自己会被打死。博尔夏特先生的车子已从车库里拖出,显然有人试图发动这辆车。下午我又看到士兵们在房子里,17 日和后来几天里也看到了同样的情况。17 日,汽车被推出,佣人搬了出去,因为他继续受到威胁,要被拉去做劳工。后来,日本士兵无视日本大使馆的公告,仍然"光顾"这所房子。该房子也有德国国旗和德国大使馆公告这些明显标志。此外,房子也是锁好的,士兵们只有翻越围墙或穿过竹篱笆才能进去。

3. 孔斯特-阿尔贝斯公司的房屋,中央路 392 号。

我在 12 月 13 日下午察看了这所房子,我事前从佣人那里拿到了钥匙,这时他已住在安全区内。房子完全正常,一切都没有损坏,周围的竹篱笆很完整,大铁门也锁着。此时在这地区已看不见中国军队。12 月 15 日中午我发现房子被砸开了,窗子被砸破,所有上锁的房门均被强行打开,柜子和箱子包括佣人的箱子都被打开了。在我到达时,5 个日本士兵正穿过后面的竹篱笆离去,这儿的竹篱笆已被砸坏并被踩倒过。它后面的几所房子里驻扎着日本兵。日本兵还是一再去"光顾",尽管我用钉子把门钉上并锁好,但我每次去都发现门已被砸开。我最后一次去察看时,只有冰箱和少数几件家具没有损坏,甚至一只浴缸也被拆了下来,钱箱被砸开,锁显然是用枪打坏的。产品介绍、文件和信纸在房间里撒得遍地皆是,完全不能再使用。办公室里几张大书桌连同一些椅子也被抬走了。除了几件家具和冰箱外,房子里的所有家具只能视为已全部损失。

4. 林德曼、增切克和布瑟先生的住宅,中央路沅江新村。

我于 12 月 13 日察看过孔斯特-阿尔贝斯公司的房子后,接着察看了这些房子。两个大铁门锁得好好的。看门人仍住在那里,还想住下去,所有的房间都锁着,完好无损。

15 日下午我第二次去察看,看门人还在,但他受到了粗暴对待和痛打,日本兵还逼迫他帮忙搬走抢劫来的东西。这 3 所德国人的房屋都被砸开,搬走了许多东西,2 辆汽车没有了,看门人的财物也被抢走。后来我再去察看时,看门人已不在那里,所有的门都开着,一切都表明:日本兵经常"光顾"这里。

5. 上海路 11 号和 13 号,施特雷齐乌斯先生和福伊格特-R 先生的住宅。

我于 12 月 13 日下午察看了这些房子,看到他们完好无损,佣人们住在里面,还收留了几个难民。16 日,我发现两所房子均被砸坏并被抢劫。施特雷齐乌斯先生家的佣人们 15 日找过我,向我报告了第一次遭破门抢劫的情况,后来他下决心搬了出去。我在二楼看到一个日本兵正在捆扎一包东西,他在我的强烈要求下才离开,留下了那包东西,并且是穿过后面的篱笆出去的。正当我还在楼上和佣人忙着收拾东西的时候,又来了两个士兵,大声呼喊佣人,用刺刀进行威胁。我站到他们中间,叫他们尽快离开。这所房子在我 16 日到达时已经被洗劫过,比较好的东西都已拿走,全部饮料瓶的瓶颈都被打掉,罐头被砸开,丢在地上,餐室里肮脏不堪。尽管贴有日本大使馆的公告,日本士兵仍然一再"光顾"。日本兵们总喜欢穿过踩倒的竹篱笆从后门闯进去。

福伊格特-R 的房子,在 16 日时只被日本士兵拿走少量财物,但我在 23 日去察看时,发现一切都已被砸开和砸坏。

6. 宁海路 56 号,海因里希的住宅。

这房子 12 月 13 日还完好无损,佣人收留了几个难民。根据佣人 16 日的报告,我又察看了该房子,发现许多木板箱已被砸开,物品被偷走。

上述 6 项所列房屋位于中国军队 12—13 日夜里经过主干道仓促撤退的路旁。我们原来担心,德国人这些房屋会被在撤退中的中国军队砸开,但我 12 月 13 日下午察看的结果是一切都完好无损,中国部队很守纪律。

7. 黑幕佩尔北方饭店,中山东路 178 号。

我于 12 月 21 日(星期二)中午 12 时和日本大使馆的警官高玉

察看这所房子。后面一栋楼房已处在火海之中,前面餐厅里窗帘正在着火,火是从邻屋蔓延过来的。3 个日本士兵在一边监视。在我抗议下,高玉去找这些士兵谈话,但随后只是说:"他们在找饭吃。"每个人都看得见,德国大使馆和日本大使馆的公告就张贴在大门口,房顶上飘着德国国旗。

8. 中山门外菖蓿园 33 号施梅林的住宅和菖蓿园 6 号埃克特的住宅。

我直到 12 月 26 日才有机会察看这两所房子。这两所房子遭到了严重抢劫。施梅林的房子里虽然有许多东西扔到了院子里,但家具还都在。有几个房间被弄得像马厩。埃克特的房子里几乎已没有家具。一张长沙发的套子被扯下来,部分地板被撬开了。今年 1 月 12 日我发现两所房子均已被完全烧光。由于这两所房屋没有其他房屋紧挨着,那里又没有平民居住,因此这火只能是日本士兵放的,那里住着大量日本兵。①

克勒格尔所列举的这份被劫德国人房屋清单中,只有最后一处没有包括在拉贝于 1937 年 12 月 23 日所绘制的表格中。这是由于克勒格尔在 12 月 26 日才去察看了这所房子。这也映证可拉贝对他自己绘制的表格所说明的"该清单不完备"的说法。此外,我们也可以看出,拉贝和克勒格尔等委员会的骨干成员,不仅承担着保护中国难民的责任,也承担着察看第三国在南京的房屋财产的责任。而且拉贝或克勒格尔在绘制表格或开列清单时,很可能是互相协助、共同完成的。克勒格尔在这份报告的最后写道:"我在这儿要特别强调,12 月 13 日中午中国部队撤退已经过了山西路。中央路已经完全没有中国军队,同样,主要干道中山北路到国际俱乐部、高楼门、宁海路和上海路也已没有中国军队。"②这

---

① 张宪文主编:《南京大屠杀史料集》之 13《拉贝日记》,第 368—372 页。
② 同上书,第 372 页。

足以说明这些破坏都是日军攻入南京后由其造成的。

拉贝等委员会人员在德国等国的外交小组到达后对德国的受损房屋再次进行了调查,并于 1938 年 1 月 15 日再次绘制了一份表格:

### 1938 年 1 月 15 日德国人的住宅状况

|  |  | 姓名 | 住址 | 住宅状况 |
|---|---|---|---|---|
| D | 1 | 罗德 | 高楼门 7 号 | 洗劫一空;绝大部分家具损坏严重,几乎不能再使用 |
| C | 2 | 阿尔纳德 | 江苏路 55 号 | 一些物品被盗,包括汽车的部件,如启动器、发电机、电瓶 |
| B | 3 | 瓦茨尔 | 颐和路 11 号 | 完好无损 |
| C | 4 | 鲍姆巴赫 | 珞珈路 3 号 | 轻度遭劫 |
| C | 5 | 米勒(通用电气公司) | 珞珈路 12 号 | 盗走一些小件物品和自行车 |
| DF | 6 | 鲍次 | 高楼门 8 号 | 遭严重抢劫,汽车被盗,佣人失踪 |
| DF | 7 | 布卢默 | 四维新村 | 门关闭着。据观察,似乎受过严重抢劫,汽车被盗 |
| DF | 8 | 博迪恩 | 大树根 94 号 | 遭严重抢劫,似乎被中国军队占领过。一个苦力被日本人打死。如有汽车,已被偷走 |
| C | 9 | 伯勒尔 | 五台山 46 号 | 轻度遭劫 |
| DF | 10 | 博尔夏特、波勒、迈尔 | 陵园路 11 号 | 遭严重抢劫,博尔夏特的汽车被盗 |
| C | 11 | 布尔布利斯 | 扬州路 21 号 | 一些物品被盗 |
| C | 12 | 布瑟 | 琅琊路 16 号 | 一些物品被盗。房子里找不到佣人 |
| B | 13 | 施勒特尔 | 高楼门 20 号 | 屋门和院门关闭,房子看上去无损坏 |
| E | 14 | 埃克特 | 苜蓿园 6 号 | 房子全被烧毁 |
| B | 15 | 杨森 | 普陀路 2 号 | 完好无损 |
| B | 16 | 法尔肯豪森 | 西康路 21 号 | 完好无损 |

续　表

| | | 姓名 | 住址 | 住宅状况 |
|---|---|---|---|---|
| B | 17 | 菲舍尔 | 汉口路 20 号 | 完好无损 |
| C | 18 | 格尔蒂希 | 天竺路 23 号 | 一些小物品被盗 |
| C | 19 | 格力姆普夫 | 中山北路 446 号 | 一些小物品被盗 |
| CF | 20 | 海因里希 | 宁海路 32 号 | 一些物品以及汽车被盗 |
| E | 21 | 黑姆佩尔 | 中山东路 178 号 | 被抢后烧毁 |
| C | 22 | 希尔施贝格 | 上海路 73 号 | 一些物品被盗 |
| C | 23 | 雅各布 | 山西路 81 号 | 一些物品被盗 |
| D | 24 | 尤斯特 | 中央路刘凹（音译）新村 3 号 | 遭严重抢劫,佣人失踪 |
| B | 25 | 克莱因 | 珞珈路 13 号 | 完好无损 |
| D | 26 | 孔斯特-阿尔贝斯公司 | 中央路 392 号 | 抢劫一空,遍地脏物。几件家具和冰箱未损坏 |
| C | 27 | 克鲁姆马赫尔 | 金银街 12 号 | 一些物品被盗,佣人估计价值为 150 元 |
| D | 28 | 兰道尔（马丁） | 上海路 7 号 | 遭严重抢劫（放在皮尔纳处的汽车被盗） |
| C | 29 | 劳藤施拉格尔 | 牯岭路 34 号 | 佣人的一些物品被盗 |
| B | 30 | 莱布桑夫特 | 颐和路 37 号 | 完好无损 |
| DF | 31 | 林德曼 | 中央路沅江新村 3 号 | 遭严重抢劫,汽车被盗 |
| | 32 | 冯・洛霍 | | 放在罗森博士处的物品完好无损 |
| F | 33 | 洛伦茨 | 慈悲社 5 号 | 房屋尚未察看,汽车被征用 |
| CF | 34 | 礼和洋行 | 中山北路 244 号 | 福特双座汽车和几件物品被盗 |
| B | 35 | 穆克 | 大方巷 4 号甲 | 完好无损 |
| A | 36 | 内维格尔 | 老菜市 68 号 | 难民居住,房子里无家具,看护人被日本人拉走 |
| C | 37 | 诺尔特 | 珞珈路 6 号 | 一些物品被盗 |
| C | 38 | 皮罗 | 玉泉路 6 号 | 一些物品被盗 |

续　表

| | | 姓名 | 住址 | 住宅状况 |
|---|---|---|---|---|
| C | 39 | 皮尔纳 | 珞珈路 16 号 | 佣人们的一些物品被盗 |
| B | 40 | 拉贝 | 小桃园 | 情况正常(洛伦茨停放该处的汽车被征用) |
| C | 41 | 罗森 | 牯岭路 20 号 | 饮料等被偷走 |
| D | 42 | 沙尔芬贝格 | 高楼门 33 号 | 遭严重抢劫 |
| E | 43 | 谢尔 | 中山东路 25 号 | 遭抢劫后被烧毁 |
| CF | 44 | 施罗德 | 宁夏路 22 号 | 一些物品和汽车被盗 |
| B | 45 | 舒尔茨·潘廷 | 四条巷 10 号 | 完好无损 |
| B | 46 | 施温宁 | 琅琊路 1 号甲 | 房屋看上去完好无损,佣人失踪 |
| DF | 47 | 增切克 | 沅江新村 15 号 | 遭严重抢劫,汽车被盗 |
| B | 48 | 施佩曼 | 薛家巷 13 号 | 完好无损 |
| CF | 49 | 施彭勒 | 灵隐路 15 号 | 饮料被盗,小马从车库里被牵走 |
| BF | 50 | 施塔克 | 北平路 62 号 | 房屋情况正常,汽车被盗 |
| D | 51 | 施泰因布雷歇尔 | 永庆巷 6 号 | 遭严重抢劫 |
| | 52 | 施泰内斯 | 琅琊路 17 号 | 一些物品被盗,屋内住有难民,家具锁在一个房间内 |
| D | 53 | 施特雷齐乌斯 | 上海路 11 号 | 遭严重抢劫 |
| B | 54 | 陶德曼 | 萨家湾 9 号 | 完好无损 |
| D | 55 | 福伊格特·R | 上海路 13 号 | 遭严重抢劫 |
| A | 56 | 维尔克 | 永庆村 1 号 | 最近已无人居住,损失无法确定 |
| C | 57 | 威廉 | 黄鹂巷 38 号 | 轻度遭劫,理查德·威廉博士将信函放在安全处 |
| C | 58 | 齐姆森 | 琅琊路 11 号 | 一些物品被盗 |
| D | 59 | 齐默尔曼 | 竹林新村 1 号 | 遭严重抢劫(中国人?) |
| CF | 60 | 奥托·沃尔夫 | 慈悲社 12 号 | 汽车和一些物品被盗 |
| E | 61 | 施梅林 | 苜蓿园 33 号 | 遭抢劫后被烧光 |

资料来源:张宪文主编《南京大屠杀史料集》之 13《拉贝日记》,第 360—363 页。

**图 25　(德)黑姆佩尔的北方饭店的废墟上仍飘扬着劫后犹存的德国卐字旗**

　　这份表格比拉贝等于 12 月 23 日所绘制的那个表格更加详细,增加了若干内容。而且这份表格还增加了对没有受到日军劫掠的房子的记述。虽然这两份表格有许多内容是重复的,有个别内容是有些许出入的,但并不影响其完整性。这明显是德国外交小组返回南京后委员会的处境改善,外交小组和委员会共同调查后所做的更准确的统计。从这两份表格,以及克勒格尔的报告,我们基本可以掌握日军在南京大屠杀过程中劫掠德国公民住所及德资企业的概况。拉贝、克勒格尔和罗森等在绘制这份表格的同时,对德国公民的住所及德资企业办公场所受日军劫掠的概况作了总结:目前无法确定的有 3 所房屋;完好无损的有 14 所房屋;轻度遭劫或一些物品被盗的有 24 所房屋;遭严重抢劫的有 15 所房屋;被烧毁的有 4 所房屋;汽车共有 13 辆被盗。①

---

① 张宪文主编:《南京大屠杀史料集》之 13《拉贝日记》,第 363 页。

## 二、美国和英国被劫财产的粗略报告

除了德国的财产之外，美国和英国在南京的财产也遭到日军的大规模劫掠。只是由于史料的不完整，这两个国家的具体损失状况没有如德国的损失状况那样详细列表。但我们仍能够通过一些材料窥见这两个国家损失的大致情况。

拉贝在1937年12月23日，也就是他第一次绘制德国被劫财产的那一天，对美国的损失状况作了一个大致描述："美国人的损失清单要长得多，共有158所美国房子被抢劫。遗憾的是不能附上副本，因为已经没有多余的副本了。"①短短的这一句话，可以看出，美国的被劫财产数量要比德国的多得多。仅从被劫房屋的数量上看，在同一天所做的统计，遭劫的德国房子数量是38所，而遭受同样命运的美国房子竟有158所。考虑到战前在南京居住的美国公民人数应该比德国人要多，主要有美国驻南京的外交人员，部分美资企业，如通用电气公司的职员，此外还有美国的传教士以及在教会及附属机构工作的美籍人士，如在鼓楼医院、金陵大学、金陵女子文理学院工作的教职员——许多人兼传教士和其他职业（如教会学校教师、教会医院医生）于一身，可以判断，几乎所有美国人居住的房屋都遭到日军不同程度的劫掠。正如委员会于12月22日致日本大使馆的信函中所指出的："日本士兵几乎闯进了在南京的所有美国人的住房并偷走了东西。"②也许是由于拉贝是德国公民，他优先把德国被劫房屋的情况记录下来，并绘制成表。

除了美德两国之外，另一个在南京财产遭到日军严重劫掠的国家是英国。可能是由于日军攻占南京时所有的英国人都离开了这座城市，委员会中也没有英籍人士，所以英方直到普利多-布龙带领英国外交领事

---

① 张宪文主编：《南京大屠杀史料集》之13《拉贝日记》，第212页。
② 同上书，第207页。

小组回到南京之后才开始调查损失。经过多方调查,英方对其公民的损失有了一个初步的评估。经英国外交部同意,普利多-布龙向战前居住在南京的英籍人士发出说

帖,请他们自己评估自己的损失,然后以书面形式报给普利多-布龙的小组,然后再由该小组汇总后以英国国家的名义统一对日索赔。这与英方对日索赔外交机构财产损失的做法是一致的。于是,在 1938 年 2、3 月之后,南京局势逐渐稳定、社会秩

图 26　遭日军破坏的英侨财产

序也渐趋正常,陆续有战前在南京居住的英国人回到他们的原居住地,或通过其他途径了解自身损失。在评估损失后,他们中的许多人向普利多-布龙的小组提交了索赔申请。从这些申请中我们可以看出日军劫掠英国公民在南京财产的大致状况。现摘录两份索赔申请。

索赔申请一:一位叫萨杜·辛格(S. Singh)的丝绸商人于 1938 年 6 月 17 日在汉口所写的索赔申请。从这个名字来看,此人可能是印度人或印裔英籍人士。当时的印度还是英国殖民地,许多印度人都自认为是大英帝国的臣民。

## 萨杜·辛格要求赔偿损失的来信

南京英国领事先生:

我在此向您汇报我在下述情况下所遭受的损失,并请您帮助我进行相关索赔:

我的全名是萨杜·辛格,现住址为汉口(Sankiao)街 47 号,职业:丝绸商。

我是英国公民,持印度于 1936 年 6 月 15 日签发的编号为 1623

的护照。我在南京和汉口的英国总领馆都登记注册过。

我位于南京中山路 322 号住所内所有物品，包括衣物、家具及个人财产等都属于我一人。由于日本入侵南京，我于 1937 年 11 月 20 日被迫离开南京。离开时我上述住处内的财产完好无损。南京总领事在 1938 年 3 月 4 日的一封信中通知汉口总领事，称我上述所有财产被洗劫一空。而据报告，日本人进行了大规模的破坏。我是最近才从汉口总领事处获悉上述情况。

由于上述事件，我遭受的直接损失总额为 931 英镑。我声明此金额是我对财产在损坏时的价值的合理估价。

我随时可以作法定声明来证明我上述所有内容属实。①

**索赔申请二：**一位叫威廉·瑞奇（W. Ritch）的英籍人士于 1938 年 3 月 18 日写给普利多-布龙小组的申请索赔信。瑞奇自称是江苏邮政局的局长。

先生阁下：

我希望报告在以下提及的情况下遭受的损失，并请求您尽力就这些损失获取赔偿。

我的全名为威廉·沃特·瑞奇，地址为南京南祖师庵 3 号，职业是江苏邮政局长。我是一位英国臣民，持有 1936 年 1 月 7 日在英国驻南京领事馆颁发的 9/1936 号护照。

财产遭损失的住宅毗邻英国领事馆，直至 1937 年 12 月 19 日被日本军人占据之前，大旗杆上飘扬着英国国旗，并张贴着显示其为英国人房产的醒目的中英文告示。大门上镶有刻着我名字的铜牌，现在铜牌仍在那儿。

财产损失之前，我于 1937 年 12 月 8 日最后一次查看这所房子，一切都井井有条。1937 年 12 月 9 日，我没有进屋，在花园里和我的

---

① 张宪文主编：《南京大屠杀史料集》之 31《英国使领馆文书》，第 428—429 页。

仆人谈话,得知那时房子里的东西秋毫无犯。

这座房产留给我的男仆陈光彩、苦力李齐元与看门人李会元负责照管。1937 年 12 月 19 日,在 100 多名日本军人强行占据这座房产之前没有损坏,没有遭到偷盗,那些日本军人在前门贴上"井上部队第三中队"字样的告示,1937 年 12 月 13 日,日军抓走我的仆人,但是后来将苦力和看门人放出来;姓陈的男仆一直没有音讯,据说是被枪杀了。

苦力和看门人回来后发现屋里的东西井井有条,但是 1937 年 12 月 19 日日本军人占据房产时,这些仆人被赶出来,到毗邻我住宅的英国大使馆避难,他们从大使馆目睹了日本兵几乎每天都在偷盗我所附清单中描述的财产。日本军人于 1938 年 1 月 4 日离开时,他们用一辆汽车搬运走一车我的财物,没有退还任何被偷走的财产。此后房屋空着,由我的仆人照管着。

作为以上提及事件的直接后果,我遭受了数额达 894 元的损失,以 1 元兑 1 先令 1/4 便士的汇率,相当于 53 英镑 1 先令 7.5 便士。我附上损失物品的清单,以显示这个总数额是如何构成的,并且证明我是这些物品唯一的拥有人。

我附上苦力李齐元与看门人李会元就日本军人抢走我的财物所作的证词。

我证明,对上述每一件财产所给出的价值是对其受损失时的价值公平合理的估价,如需要作证,我随时可以依法宣誓声明,来证实以上任何或所有的陈述。①

类似的陈情索赔申请在英国外交档案中还有很多,恕不一一赘述。从这两份索赔申请来看,我们可以看出,日军劫掠英国的财产的手法与

---

① 《中日战争:W. W. 瑞奇与 H. H. 莫兰遭受的损失》,载朱成山主编《南京大屠杀史研究与文献》之 31《英国外交官和英美海军军官的记载》,第 125—126 页。后文还有具体的损失清单及估价,本书略去。

劫掠德国财产的手法基本是一样的,如闯入房子、殴打并抓走看门的佣人、大肆抢劫家具物品,并用车辆将其运走等。而且被劫的房子都有明显的主人所在国的标志,如国旗、大使馆的布告说明等。但这一切都形同虚设。无论是德国国旗还是英国国旗都无法阻止日本军人的劫掠行为。

除了劫掠英籍人士的住所之外,英资公司店铺同样也遭到日军劫掠。英国是在华投资设厂最多的西方国家。英资企业既有大规模的公司,也有规模较小的店铺。日军攻占南京之后,亚细亚火油轮公司的汽车就遭到日军抢劫。① 另一家汽车被日军劫走的英资企业是祥泰木行。英方调查己方损失时,在一份文件中提到:"祥泰木行的 1934 年造的雪弗莱牌六缸轿车,发动机号码为 4486839,拍照号码 71,最后一次在该木行位于下关的产业上的车库里见到,价值 2800 元。"②其言下之意是说,在这之后,这辆车被日军劫走。

关于英资企业的相对完整的损失报告是英方 1938 年 10 月 12 日做出的。当然,英方在此报告中列举的既有企业的损失,也有个人的损失,是作为对日交涉索赔的一项依据。现摘录其中关于企业损失的部分:

1. 祥泰木行报告 1937 年 12 月 15 日至 1938 年 1 月 31 日之间,他们在南京木材的库存木材遭掳掠。他们在上海估计损失为 91877.47 元。

2. 祥泰木行报告该公司停放在三叉河与长江交汇处的一辆雪弗莱汽车在 1937 年 12 月 11 日之后失踪。他们在上海所作的损失估计为 2800 元。

① 英国驻南京领事给英国驻华大使的电报(1938 年 2 月 24 日),载朱成山主编《南京大屠杀史研究与文献》之 31《英国外交官和英美海军军官的记载》,第 115 页。
② To UK general consulate in Nanking, FO233/270. 原档未标注日期,根据内容,应为 1938 年 2 月左右。

3. 莱尔(Lall)医生在南京建邺路 344 号开办了一家眼科诊所。1937 年 11 月至 1938 年 3 月之间,在南京被攻占之际或之后,诊所内的物品均损失了,他的损失为 1850 元。

4. 上海啤酒公司报告南京河北饭店①使用了属于该公司的设施与设备,日军部队在 1937 年 12 月摧毁河北饭店时彻底损毁了这些设备。该公司称他们的损失为 1545.11 元。

5. R.J.霍尔姆斯(R. Holmes)先生报告他存放在中山北路 188号全国汽车公司办公室中的财物被日本军人约于 1937 年 12 月 18日抢走。据称日本人驾驶 3 辆军用卡车到该房产,将所述财物运走,他说损失为 390 镑。

6. 怡和轮船公司报告他们的汽艇"卢塔"号(Loeta)在芜湖下游一处地点被日军部队于 1937 年 12 月 12 日征用。这艘船还没有归还给该公司。该公司的损失为 712 英镑。……②

从上述这些英国外交档案的内容来看,我们完全可以断定:日军于 1937 年 12 月 13 日攻占南京后,对英国公民的住所和英资企业的财物进行了大规模的抢劫,造成了英方的重大财产损失。在英国外交小组于 1938 年 1 月返回南京之后,英方对己方的损失状况进行了比较系统的调查,被劫财产的英方主人也对自身财产的损失进行了评估,并向本国驻南京的外交人员提交了对日索赔申请。英方在调查的基础上向日方提出了赔偿要求。经过英日双方的交涉,日方对英国的财产损失作了一定程度的赔偿,但远远没有达到应该赔偿的数额。其实,不仅是英国财产如此,其他被劫国家的财产,如德国、美国的财产也是如此。日军对这些财产作了一定程度的赔偿,但都没有赔到应赔的数额。只有德国财产,

---

① 河北饭店是德国人在南京经营的一家旅馆,位于南京主城新街口附近的中山东路上。
② 《南京领事区由于中日战争造成的赔偿要求》(1938 年 10 月 12 日),载朱成山主编《南京大屠杀史研究与文献》之 31《英国外交官和英美海军军官的记载》,第 134 页。

由于日德两国的密切关系,日方的赔偿数额较多,但也没有完全到位。这一切都暴露了日方的骄横心态和独霸中国的野心。

## 三、德国对日索赔及日军对德美人士及国家标志物的不同态度

面对日军的野蛮劫掠,被劫的第三国在南京的利益目标全都损失惨重。受害国也纷纷开始对日索赔。前文已经叙述了英国对日索赔的概况,但是以日方破坏外交豁免权为基本事实进行叙述的。现在以德国为例,简述受害国对日军劫掠其一般公民的财产进行索赔的情况。其实,前文已经提到,若干德国被劫物品,如德国大使馆的汽车等,已经被日方归还或赔偿,这就是德国对日索赔的结果。罗森等德国外交人员回到南京后,与拉贝等委员会成员合作,基本弄清了德国被劫财产的基本情况,随后就从外交渠道开始对日索赔。

1938年1月13日,罗森给德国外交部写了一份名为《南京的德国人财产》的报告,比较详细地叙述了他与日本驻南京总领事冈崎胜雄会晤索赔的情况:

### 南京的德国人财产

谨在附件中呈上这里德国人目前的财产状况一览表①,同时必须说明,待相应的调查结束后,将呈上一份详细的目录。遗憾的是日本军队的抢劫仍在继续,例如博迪恩的房子今天再次遭到了抢劫,估计今后的情况还会进一步恶化。

我今天和从上海乘飞机来的总领事冈崎(松井将军的外交顾问,短期来南京)的一次谈话中,提到了赔偿损失的问题。此人用早已熟悉的日本论调回答我,说中国人强迫日本人采取战争行动,因此日本不得不拒绝任何赔偿要求,然而仍准备像处理1932年事件那样给予"安慰金"。我对此回答说,关于当前冲突的原因双方各执

---

① 即前文所述的《1938年1月15日德国人的住宅状况》表。

一词,现在根本用不着进行这样的讨论,因为我根据对住在城里的同胞进行的调查,已经清楚地知道,德国人财产遭受损失和破坏是在日本人占领后,一部分还是最近一些日子里才发生的,而且是日本军人干的,领导层似乎已经失去了对事态的控制。总领事武断地认为,我这是在谴责整个日本军队无组织无纪律。对此我反驳道,我之所以关注此事,完全是出于忠于职守,我只想说日军的所作所为是上级指挥机关控制军纪无能造成的,否则的话,我就一定会得出一个我本不想得出的结论:这些暴行是经过日本上级指挥机关批准才得以发生的。在这一系列的悲惨事件中,我们德国人也深受其害。我们原先以为洪水般溃逃的中国地方军会干出这类事情,从没想到这竟然会是日本皇军的所作所为。我本人不会怀恨在心,只是希望日本方面能从一开始起就明白德国人的立场,这就是,完全赔偿攻城战斗结束后由日军造成的损失。许多德国人的房子遭抢劫(如膳宿公寓的女主人罗德太太)或者在抢劫之后又遭焚烧(如饭店老板黑姆佩尔和基斯林-巴德尔糕饼店的面包师谢尔),他们因此而失去了起码的生存条件。

在这方面对物质损失作完全赔偿是绝对必要的,这时当然也可以使用"安慰金"这个词,如果它听起来更顺耳的话。对其他损失较轻的事件,我也坚持作等值赔偿。在这方面,正是由于最珍贵的德国财产已转移到了我们包租的英国"库特沃"号船上,日本政府因此还是讨了便宜。帝国政府为包租这条船连同煤费在内每天要付出700元,前后几个月时间,足见它为保护其公民的一部分动产花费了巨大的代价。现在这个政府就更有理由要求对恣意毁灭和抢走其他一些德国人的财产作完全赔偿,而不是只要求施舍几个小钱。

冈崎先生似乎对我的阐述表现出有了一定的理解,他说,日本人原则上准备在收到送来的相应申请后,就在当地处理这些事件。

我还指出，日方没有必要再继续拒绝南京的德国人回南京来。①

罗森的这篇报告十分清楚地叙述了德国对日索赔的情况。我们还是可以对其进行一些解析。首先，德方对日军严重劫掠德国的财产十分愤怒，而且对日方的态度也甚为不满。罗森形容冈崎"用早已熟悉的日本论调回答我"。这种形容完全不像友好国家人士之间谈话的语气。其次，日方像往常一样极力推卸责任，就如同英国驻华大使许阁森被日机炸伤和英美舰船被日机击沉击伤时一样。冈崎十分荒唐地认为第三国财产遭到日军劫掠是由于"中国人强迫日本人采取战争行动"，并以此为理由拒绝对受害方进行正式赔偿。这暴露了日本颠倒是非的霸权心态和极其好面子的心理。也许在日方看来，提到正式对外赔偿就是有损"大日本帝国"尊严的事情。第三，日本也知道，面对由日军劫掠造成的损失，受害方不会轻易作罢，于是同意用"安慰金"的名义变相赔偿。这样既缓和了日方与受害方的关系，也保住了日方的面子。而德方并不在乎用什么名义进行赔偿。这似乎说明德方也不愿把与日本的关系弄僵。第四，也许是考虑到当时德日两国的友好关系，日本并没有过度为难德方。冈崎没有要求德方对每一笔受害事件都提供是由日方造成的证据。这与英国对日索赔时日方的做法大相径庭。不仅如此，冈崎还承诺日方"原则上准备在收到送来的相应申请后，就在当地处理这些事件"。这充分说明日方也是高度重视对德关系的。因此，德方的对日索赔只是一次就事论事的行为，并没有对德日关系的大局产生影响。

日方高度重视日德关系，还可以从日军对德美人士以及国家标志物的不同态度中看出来。日军占领南京后，对包括德美英在内的第三国财产进行了广泛的抢劫。这是日军军纪败坏、官兵贪图财物造成的。但奇怪的是，日军对待德美人士及德美国旗等国家标志物的态度是完全不一样的。拉贝在 1937 年 12 月 14 日的日记中写下了这样一件事:"几队日本兵也来到了我的私人住宅,在我出现并向他们出示手臂上的国社党卐字袖章后,他们就撤走了。美国国旗非常不受欢迎,我们委员会索恩先生汽车上的美国国旗被被抢走了,车里的东西也被盗了。"①这件事发生时,才是日军攻入南京的第二天。

此后,这类事情就不断地发生。拉贝在 12 月 17 日的日记中又写道:"两个日本士兵爬过院墙,正打算闯进我的住房,看见我出现后就为自己的闯入找借口,说是看见有中国士兵爬过院墙。我把我的党徽指给他们看,于是他们就从原路又退了回去。"②后来,拉贝几乎对类似的事情总结出了一点"规律"。他在 12 月 17 日的日记中写道:"大多数情况下,我只需要喊一声'德意志'和'希特勒',他们就会变得有礼貌。而美国人要想让日本人承认则相当困难。"③第二天,即 12 月 18 日,拉贝的这个判断又一次被证实了。拉贝在当天的日记中写道:"一大清早我就开始驱赶爬越围墙的日本士兵。有一个日本士兵开始的时候拔出刺刀朝我逼来,但是当他明白过来站在他对面的是一个德国人的时候,他便迅速把刺刀收了回去。只要我本人在家,情况就还过得去。"④在有些情况下,拉贝的纳粹党徽章甚至在危险的时候使他转危为安。12 月 19 日 18 时,"6个日本人爬过我的院墙,想从里面打开院子的大门。我走上前去,用手电筒照着一个匪徒的脸。他接着便拔出了手枪。我严厉呵斥了他。并把卐字袖章举到他的眼前,这时他便迅速放下了手枪。这 6 个人后来在我的命令下又原路翻墙而去"。⑤

但日军并非在任何情况下都对德国人和德国标志表现出尊重。委

---

① 张宪文主编:《南京大屠杀史料集》之 13《拉贝日记》,第 139 页。

② 同上书,第 156 页。

③ 同上书,第 157—158 页。

④ 同上书,第 158 页。

⑤ 同上书,第 169—170 页。以上叙述的日军人员忌惮德国国家标志物的事例,有些在前文曾叙述过。

员会在 1937 年 12 月 19 日曾起草过一个《日本士兵在南京安全区的暴行》的文件，以便与日方交涉。该文件提到："根据在福建路 6 号德国公司何中计（音译）联合公司工作的王郁辉（音译）先生的报告，12 月 15 日早晨 8 时左右，好几个日本士兵闯到他那里，抓住他，将他在德国机构注册的工作证轻蔑地扔在地上，而且还扯下了德国国旗。"①也许，这位王郁辉先生虽然注册在德国企业工作，却是一位中国人，所以遭到日军士兵的虐待。日军只对长着西方面孔的人略显尊重。

　　但是日军对待美国国旗又完全是另外一种态度了。除了前述 12 月 14 日索恩的遭遇之外，还有若干起类似的事件。这在拉贝的日记中都有很明确的记载。12 月 18 日，委员会起草了一份致日本大使馆的信函，揭露日军在安全区内的暴行。其中就提到，在安全区的金陵大学的小桃园干河沿，也就是拉贝的住所附近，"美国国旗被贵军士兵以污辱方式撕扯下来"。② 12 月 21 日，拉贝又在他的日记中写道："到目前为止，我很有派头地指一下我的卍字袖标、我的党徽以及我房子及汽车上的德国国旗还能起到相应的作用，还能奏效（太棒了），但是日本人对美国国旗却丝毫不予理会。我的车今天早上被日本士兵拦住的时候，我大发雷霆。看见我指着我的旗子，日本人立即给我放行，但是特里默大夫和麦卡伦博士在鼓楼医院却遭到了枪击，幸好子弹打歪了。"③特里默和麦卡伦都是美国人，必定在说英语，且当时他们都在鼓楼医院服务。而鼓楼医院又是美国教会大学——金陵大学——的附属医院，应该挂有美国国旗。在这两起事件中，拉贝与特里默和麦卡伦的遭遇可谓形成了鲜明对照。日军的行为已经构成了对特里默和麦卡伦人身安全的严重威胁。可见日军对美国人的仇视心理。

---

① 《日本士兵在南京安全区的暴行》（1937 年 12 月 19 日），载张宪文主编《南京大屠杀史料集》之 13《拉贝日记》，第 172—173 页。
② 张宪文主编：《南京大屠杀史料集》之 13《拉贝日记》，第 167 页。
③ 同上书，第 189 页。

日军官兵的仇美心理还可以从另一起践踏美国国旗的事件中看出来。12月21日,贝德士以委员会的名义再次致函日本大使馆,就日军暴行问题提出交涉。其中提到:"昨天,美国小学(五台山)的美国国旗被扯了下来,这已经是第二次了。而且国旗被人用脚践踏。日本士兵威胁所有的校役和其他人员:谁要是把旗子重新竖起来,就杀了谁。"[①]战前,这所五台山小学是南京一所很著名的美国教会小学。日军攻入南京后,这里是安全区的一部分,并成为委员会安置难民的一处重要场所。这起事件十分生动地显示了日军官兵对美国的敌对情绪。

图27 美国大使馆门前的美国国旗也遭日军扯落

类似的事件还远不止这几起。在日军抢劫美国人住所时,美国国旗同样受到牵连。米尔斯在12月22日以委员会的名义给日本大使馆的信函中提到美国人住所遭日军抢劫时指出:"至少在8起事件中,美国国旗被日本士兵从美国建筑物上取下或扯下,中国的佣人被吓坏了。如果佣人们想把旗子重新竖起来,就会受到日本士兵的威胁。"[②]

拉贝日记中的这些记载使人们产生了一个很大的疑问:日军为何对

---

① 张宪文主编:《南京大屠杀史料集》之13《拉贝日记》,第200页。
② 同上书,第207页。

美国如此仇视，又为何对德美人士如此区别对待？在 1937 年，虽然日德两国的关系日益密切，但双方还仅仅是签定了《反共产国际协定》，并未结成正式的军事同盟。而日本与英美法的国家关系虽然不是很好，不过并未破裂，但反映在日军官兵的情绪上却是如此极端。这必定是这些人在国内受到的教育所导致的。笔者以为，日本在向亚洲实行侵略扩张的时候，是以亚洲各国解放者的面目出现的，日本自称要把亚洲各国从欧美殖民者手中解放出来，实现东亚地区黄种人的共同"繁荣"——这就是日后"大东亚共荣圈"的理论基础。而英美则被看作是殖民奴役亚洲的白种人的典型代表。德国虽然地处欧洲，其人种也是白种人，但它在历史上对亚洲的殖民活动相较于英法美要少，更没有侵略过日本。且第一次世界大战之后，德国在海外的殖民体系崩溃，与亚洲各国的关系也趋向缓和，引发亚洲人不满的原因也逐渐消减。20 世纪 30 年代以来，日德关系日益密切，两国民众也逐渐有了亲近感。日本国民和军队长期以来就是在这样的教育和熏陶之下，逐渐形成了亲德反英美的情绪。这种情绪只要遇到时机，就会发泄出来。

## 第三节 "上帝的财产"遭厄运

### 一、宗教机构遭到日军的抢劫和焚烧

在南京大屠杀的过程中，日军劫掠西方国家财产的另一个重要方面就是劫掠基督教会及其附属机构的财产。在本书第一章中，笔者已经叙述了战前基督教在南京的发展概况及教堂的分布，以及教会所办的教育和卫生机构的情况。南京被日军攻占之后，这些机构大多失去了原来的功能而处于闲置状态（只有鼓楼医院等少数教会医院还在发挥救治伤病人员的作用；还有金陵大学和金陵女子文理学院等学校发挥了收容难民的作用）。日军在城内抢劫和纵火的时候，是不区分劫掠目标的性质的。因此，被劫掠的既有中国的财产，也有第三国的财产；既有一般世俗机构

的财产，也有宗教机构的财产。

就在日军入城的第二天，即 1937 年 12 月 14 日，拉贝和福斯特驱车上街查看，就目睹了日军劫掠宗教机构的场景。拉贝在当天的日记中写道："我们和福斯特先生去看了他的圣公会在太平路上的英国教堂。教堂旁边有几所房子，其中有一所被两枚炸弹击中。这些房子都被砸开并洗劫一空。"①既然教堂旁边的房子都被日军如此洗劫，近在咫尺的教堂也就难以幸免了。这同时也说明，日军入城之后，劫掠宗教机构的事情立即就发生了。同样在 12 月 14 日下午，米尔斯和魏特琳驱车去查看长老会在水西门的房子，发现窗户玻璃已经被日军打碎。②

中华圣公会的圣保罗教堂是南京最著名的基督教堂，位于太平路之门帘桥，即前文所述的拉贝与福斯特于 12 月 14 日去查看的那所教堂。当时他们看到的还只是"教堂旁边的房子"被日军洗劫。2 个月之后，这里的情况发生了显著的变化。1938 年 2 月，南京大屠杀的高潮已经逐渐过去，市面恢复了表面上的平静。福斯特着手恢复这座教堂的宗教活动。当他们来到这里，发现一切都变了。"日本兵闯进教堂建筑内，并将其占用。日本兵在教堂圣器收藏室的水泥地面上点火，烧毁了室内所有的窗帘、布幔以及装有祭袍的衣橱。好在之前福斯特已经成功救出所有的圣餐用银质器具和圣餐台上的装饰物。因此，教堂实质上的损害并不是很大。"③这段文字清晰地叙述了日军劫掠教堂的情况。

一般来说，教堂的建筑外形和内部布置陈设都是十分独特的，充满了西方特色和基督教的宗教色彩。对于这一点，日军官兵不可能全都看不出来这是基督教堂。因为基督教在日本也传播很广，教堂遍布全日本的城市乡村。但日军却全然不顾教堂的特殊性，同样对其进行抢劫，甚

① 张宪文主编：《南京大屠杀史料集》之 13《拉贝日记》，第 138 页。
② 张宪文主编：《南京大屠杀史料集》之 14《魏特琳日记》，第 148 页。
③《福斯特夫妇致友人函》，载张宪文主编《南京大屠杀史料集》之 70《耶鲁文献》（下），南京：江苏人民出版社 2010 年版，第 905 页。

至纵火燃烧。从福斯特的叙述来看，日军是在教堂的圣器收藏室纵火的。这个收藏室是教堂里收藏贵重物品的地方。日军在此纵火，很可能是由于他们企图在此找到贵重物品未达目的后恼羞成怒。因为福斯特事前已经转移了值钱的东西。但毕竟这座圣保罗教堂的损失并不是很大，所以福斯特在对其进行清扫和重新布置之后，于1938年2月20日再次开始做弥撒等宗教活动。福斯特亲自主持了这一天的活动。

但是另一处宗教机构——基督教青年会——就没有这么"幸运"了。12月20日，克勒格尔和哈茨驱车顺中正路南下到白下路，再向东往中华路行驶，发现该会大楼已经完全被烧毁。① 这显然是20日当天被日军烧毁的。阿利森回到南京之后，对美国的财产损失进行了调查统计。1938年1月14日，阿利森向赫尔国务卿发出一份电报，报告了美国教会的损失情况："根据负责任的美国公民的讲述，圣公会建筑是在或者大约在12月28日被烧毁的。基督会的男子学校（Boys School）的建筑是在12月24—27日之间被烧的。24日，基督会的美国成员曾前往该建筑。昨晚他告诉我，这些建筑在12月24日还完好无损。上述所有房产坐落在太平路附近和城南地区，这些地区被日本人烧毁，这一点是众所周知的。居民们也对我说，除了那些被授权去那里的人外，他们没有看到中国人在上述建筑里；与此同时，他们却经常看到日本士兵在这些房屋的里面，或是在其附近。"②

对这一份电报进行一点简单分析，就会看出这几点。首先，从附近居民的讲述来看，这些建筑是被日本人烧毁的。这是确凿无疑的。太平路和城南地区不在安全区的范围内，在日军制造南京暴行的高潮期，安全区外的居民很少，但1938年元旦伪自治会成立后，已经有一些居民陆续回家。阿利森发这份电报时已经是1月中旬，市面上已经

---

① 张宪文主编：《南京大屠杀史料集》之13《拉贝日记》，第202页。
②《美驻华使馆三等秘书（阿利森）致国务卿》（1938年1月14日），载张宪文主编《南京大屠杀史料集》之63《美国外交文件》，第352页。

大体平静,部分返家的居民看到了实际情况。其次,这份电报中所述的"圣公会建筑"很可能不仅仅指基督教圣公会的圣保罗教堂。前文已经叙述,圣保罗教堂的损失并不大,但日军曾在该教堂的圣器收藏室纵火。阿利森电报中所说的"圣公会建筑"可能是圣保罗教堂的附属建筑。但阿利森也有可能把圣器收藏室理解为"圣公会建筑"。第三,这些建筑不仅被日军纵火焚烧,而且必定遭到洗劫。因为附近居民"经常看到日本士兵在这些房屋的里面,或是在其附近"。既然当时日军军纪极差,抢劫是常有的事,连第三国的外交机构都能抢,就不可能不在这些教会里抢劫。第四,阿利森的这份电报是根据一位"负责任的美国公民"的讲述。这很可能是一位当时在南京的美国传教士。当时留在南京的美国人中,马吉和福斯特都隶属于圣公会,自然对本教会的建筑状况十分关心。这位"负责任"的美国公民,很可能就是这二位中的一位。

　　教堂有附属建筑,这从另一个事例中就可以看出来。1937 年 12 月 17 日,米尔斯曾致函日本大使馆,就一些宗教建筑遭日军洗劫的事情向日方提出交涉。米尔斯在该信函中写道:"允许我提醒你们注意这个事实:日本军队进入了位于莫愁路 54 号和 65 号以及位于天妃巷和韩家巷的几处房屋,它们都是隶属于长老会的的财产。他们使房屋受到了一定程度的破坏,同时还有一些物品被盗。"在这份电报中,米尔斯还特地强调:"上述这些地方都醒目地插上了美国国旗并贴上了美国大使馆的声明,它们理所应当地受到日本军队的保护。"[①]从这份电报所述的内容来看,日军这次进入的长老会的建筑很可能是位于红纸廊的长老会教堂(福音堂)的附属建筑。莫愁路和天妃巷都离红纸廊很近,韩家巷也离那里不远。一座教堂在其本部之外还配有其他附属配套的建筑,也是很正

---

① 以上两段引文均引自《米尔斯致日本大使馆》(南京,中国,1937 年 12 月 17 日),载张宪文主编《南京大屠杀史料集》之 69《耶鲁文献》(上),第 382 页。

常的事情。此外，这份信函写于 1937 年 12 月 17 日，当时正是南京大屠杀的高潮期，日军的暴行犹如决堤的洪水一般不可收拾。教会机构在这其中也受到了波及。

**图 28　遭日军破坏的教堂一景**

但我们综合前文已经叙述的情况来看，日军劫掠宗教机构似乎有这样一个顺序，即首先抢劫焚烧教堂的外围和附属机构，再劫掠教堂本身。如拉贝和福斯特在 1937 年 12 月 14 日上街查看时，就发现圣公会教堂附近的房子首先被日军焚烧。此后，基督教青年会大楼是在 20 日被烧毁的。基督会的男子学校是在 24—27 日被烧毁的。当米尔斯于 12 月 17 日致函日本大使馆提及长老会福音堂在莫愁路等地的建筑遭劫时，说的也是附属建筑物。

米尔斯在 1938 年 1 月 9 日给其妻子写的一封信中提到了宗教建筑的受损情况："差会在这些街上房产的损失你能想到多严重就有多严重。江塘街上的卫理会教堂不见了，南门附近基督教差会男子学校的两栋建筑也被烧毁了。我们府东教堂北面陈阿明先生的店铺也被摧毁了，这使得我们楼房（租给救世军的那栋）北面的所有窗户都被烧毁了。由于在陈先生的店铺和我们的楼房之间还有一个小店铺和一小片空地，我们的楼房才幸免于难。基督教青年会被烧毁了。这是基督教会在战火中的主要损失。"①

　　但是,客观地说,日军劫掠西方基督教建筑是日军在南京大屠杀中侵害第三国权益相对较轻的部分。据笔者目前掌握的史料来看,战前南京的基督教堂总共有数十处之多(可参见本书第一章第一节),但受到日军劫掠的仅有隶属圣公会、长老会、卫理会等的少数教堂,以及基督教青年会、男子学校等机构。这在当时南京所有的基督教建筑中所占比例是相对较小的。相较于美国公民在南京的住所几乎全都被劫、德国公民的住所大部分被劫的惨状,教堂还算是比较"幸运"了。但这绝不表明日军对教堂"仁慈"。笔者推测,出现这样的情况可能有以下几个原因。一是宗教建筑在南京城中的位置比较分散,有一些相对偏远,个别散兵日军前去有所不便。这从一个现象就可以看出来。如太平路、莫愁路附近地处市中心地段的圣保罗堂、长老会福音堂等就遭日军劫掠,而地处蒋王庙、宝塔桥等市区边缘地带的教堂则很有可能幸免于难(抑或也遭到日军劫掠,只是尚未找到相关史料)。二是日军官兵中有基督教徒,他们可能对劫掠教堂有心理上的顾忌。因当时基督教在日本的传播也很广泛,教徒为数不少,侵华日军中必然也有教徒。出于宗教原因,他们未必敢大肆劫掠基督教建筑。在军中教徒的影响下,部分非基督教徒日军可能也不敢放开胆子劫掠教堂。三是教堂内的"油水"不多,没有西方人士住所富有,这是普遍常识。当时在南京居住的西方人士不是外交人士,就是外资企业管理人员,也有传教士及教育工作者,都是"社会上层人士",家中值钱的东西必然不少。在本书第一章第三节中,笔者曾叙述过当时外国人在南京的住宅大多是独门豪华的别墅式建筑,内部装饰和家具也很高档,是当时居住在南京的普通中国人做梦都想不到的。而宗教机构只是从事宗教活动的场所,且受到基督教义限制,未必有

---

①《米尔士致妻子》(1938年1月9日),载张宪文主编《南京大屠杀史料集》之70《耶鲁文献》(下),南京:江苏人民出版社2010年版,第750页。

很多值钱的东西,日军对这样的地方,自然就不如对西方人士住所那样有兴趣了。

## 二、金陵大学和金陵女子文理学院的损失

除了教堂等纯宗教机构外,教会所属的一些社会机构(如教会开办的医院和学校等)也遭到日军劫掠,但程度也不是很重。如鼓楼医院在救治难民中发挥了重大作用,但日军没有对该医院进行大规模的抢劫,只有一些零星的抢劫事件发生,如该院的美籍女护士格瑞丝·鲍尔小姐被劫走了一些个人物品等。这可能是由于该医院扮演着救治难民的极其重大的角色,受到委员会的重点保护。拉贝等人多次与日本大使馆交涉,要求重点保护该医院。这在客观上起到了一定的作用。

教会学校也遭到日军的骚扰和抢劫,造成了一定的损失。如前文所述的美国教会开办的五台山小学的美国国旗被日军扯下,就是一种劫掠行为。金陵大学和金陵女子文理学院是南京两所最大、最著名的教会学校,且都是高等学校,在国内外教育界都有一定的影响。南京大屠杀期间,地处安全区内的教会学校(包括像五台山小学这样的小型学校)都成了收容难民的地方。日军时常闯入这些学校施暴,施暴的对象主要是难民或保护他们的外国人,但这些学校本身的财产还是不可避免地遭到了损失。

靠近鼓楼的平仓巷 16 号是金陵大学的一处住宅,也是作为教会学校的金陵大学的师生举行宗教仪式的地方。1937 年 12 月 19 日 16 时 45 分,贝德士被人叫到那里,发现日军刚刚对那里进行了洗劫,并开始在 3 楼纵火。贝德士试图灭火,但没有成功,整座楼房被烧毁。①

阿利森等美国外交人员于 1938 年 1 月 6 日返回南京后,立即开始着

---

① 《安全区内日本兵暴行的案例》(1937 年 12 月 20 日),载张宪文主编《南京大屠杀史料集》之12《英美文书·安全区文书·自治委员会文书》,第 299 页。

手调查美国的财产损失情况。1月8日,委员会应其要求,在经过调查后向其提供了一份名为《当前局势对金陵大学影响的记录》的文件,对金陵大学由日本军队带来的直接损失作了一个概括性的叙述。在公共机构的损失方面,一批有价值的正在饲养的牲口损失了,大量的门窗以及一些大门和锁被日本士兵打碎。这方面的损失按当地货币粗略计算下来约1万美元。在美国职员的私人财产损失方面,大多数人的住宅都遭遇过多次洗劫。以一个低水平来估算,约有5000美金和两部小汽车。此外,这份报告还提到了金陵大学中国职员的私人财产损失情况,认为"许多住处都遭到了抢劫;无法统计数字"。而且"日本方面并不关心中国人的损失"。但委员会建议阿利森说:"我们认为,以多种毫无规律的方式通过暴力手段闯进悬挂有美国国旗和墙上贴有美国方面告示的住处,加上还对我们的中国职员进行武装抢劫,因此除了在金钱上要求赔偿之外,这个问题还需要我们关注。"①委员会的这个建议清楚地表明了他们对日军抢劫金陵大学公私财物的愤怒。

　　金陵女子文理学院距离金陵大学很近,主要是安全区内收容女性难民的地方。作为该校的一名教师,魏特琳一直在这里值守,她自己以一女子的柔弱之躯,仅凭长着西方人的面孔令日军不敢过于放肆,保护着大量无辜的中国妇孺,而自身也时常遭到日军的骚扰和虐待。她在日记中,也记下了日军对该校的劫掠。

　　日军对金陵女子文理学院的骚扰从1937年12月13日,即日军攻占南京的第一天就开始了,但当时还没有开始抢劫。当天下午4时,有人告诉魏特琳,校园内西面的小山上有几个日本兵。魏氏立即前去查看,那里果然有几个日本兵。不一会儿,又有人告诉魏特琳,说一个日本兵来到禽类试验站,索要鸡鹅。魏氏马上又赶到那里,设法用手语告诉该

① 以上关于金陵大学财产损失的叙述和日军态度及委员会的建议均引自《当前局势对金陵大学影响的记录》(1938年1月8日),载张宪文主编《南京大屠杀史料集》之69《耶鲁文献》(上),第454页。

日本兵这里的鸡是不出售的。他随即离去。魏特琳因而在日记中感叹地写道："碰巧，他还比较有礼貌。"①在这一天，金女院总体还算平静，魏特琳在当天晚上的日记中写道："到目前为止，金陵女子文理学院的人员和建筑都安然无恙。"②

然而，这种平静并没有持续多久。两天以后，即 12 月 15 日，日军开始在校园内抢劫。魏特琳在当天的日记中写道："在我们南山公寓，日本人破门而入，抢走了一些果汁和其他东西（真是门户开放政策！）。"③南山公寓是金女院校园内的一座公寓，主要供该院的外籍教师使用。这最后一句写在括号内的话显然是魏特琳在日军抢劫事件发生后的一种无奈和自我解嘲。

这只是一个开端。第二天，即 12 月 16 日，是日军暴行的高潮。当天，大批日军闯进校园，说要搜查隐藏在难民中的"中国兵"。魏特琳又在日军中写道："一百多名日本兵来到校园，首先搜查了一幢大楼。他们要求我们把所有的门都打开，如一时找不到钥匙，日本人就很不耐烦，其中一人备有一把斧头，以便强行劈门。"④在这种氛围下，校园内的部分门窗遭到日军破坏是可想而知的。此外，就在这一天，有许多青壮年男子被日军从难民中抓走杀害，其"理由"是：他们可能是中国军人。日军在抢劫校园的同时，不分青红皂白地抓走并杀害他们所怀疑的任何可能是中国军人的人。

次日，日军的暴行愈演愈烈。下午 5 时，玛丽·特威纳姆在校园里。她目睹两个日本兵过来，将草坪中央旗杆上那面很大的美国国旗扯下来，准备带走，只是因为这面旗子很重，即使放在自行车上也不便携带，于是就把该旗丢在科学馆前面的土堆上。特威纳姆准备上前去与他们

---

① 朱成山主编：《南京大屠杀史研究与文献》之 32《血腥恐怖金陵岁月》，南京：南京出版社 2014 年版，第 197 页。
② 同上书，第 198 页。
③ 张宪文主编：《南京大屠杀史料集》之 14《魏特琳日记》，第 149 页。
④ 同上书，第 150 页。

交涉。日本兵看见她就跑掉躲起来了。后来,特威纳姆在电工房的一个屋子找到了这两个日本兵。"跟他们谈话时,两个日本兵红着脸,知道做错了。"①这起事件是前述的五台山小学的美国国旗被日军扯下并践踏之外另一起美国教会学校的美国国旗遭日军侮辱事件。这再次说明日军对美国的仇视心理。所不同的是,在五台山小学的那起事件中,日军态度更为恶劣,不仅用脚践踏美国国旗,而且威胁在场所有的人,如果有人把该旗重新竖起来,就杀死谁。这很可能是由于当时没有西方人士在场。而金女院的这起事件中,特威纳姆虽是美裔华籍人士,但毕竟长着一副西方人的面孔,说着一口英语。日本兵不知道她的真实身份,以为她是外籍人士,所以不敢造次。这又一次说明日军对西方人还是有所顾忌的,他们不敢像对中国人那样肆意屠杀和劫掠这些人。或许这也是教会学校没有遭到严重劫掠的原因之一。教会医院、教会学校与那些遭到严重劫掠的西方人士住宅的一个重大区别在于:那些住宅的主人都离开了,而教会医院和教会学校里仍然有西方人士在值守。

12月20日,校园里又发生了日军抢劫事件。魏特琳再次在其当天的日记中写道:"在南山宿舍楼发现两个日本兵在洗劫吴博士②的五斗橱和手提箱内的东西。午餐时玛丽和我到校园的三个地方去驱赶日本兵——他们好像喜欢在吃饭的时候来。"③笔者在这里叙述的校园抢劫事件,无论是发生在金陵大学还是发生在金陵女子文理学院,都是日军对学校及其教职工财产的抢劫,而不是对在校园栖身的难民的抢劫。因为聚集在校园里的难民的财物不属于教会财产。

在以阿利森为首的美国外交小组回到南京并与日方交涉后,对日索赔提上了日程。1938年1月8日午后,日本大使馆的"高头"④前来拜访

① 朱成山主编:《南京大屠杀史研究与文献》之32《血腥恐怖金陵岁月》,第204页。
② 原文中未注明这位"吴博士"是谁,但笔者推测很有可能是吴贻芳。吴战前任金女院校长,在日军逼近南京时带领部分师生撤离。
③ 朱成山主编:《南京大屠杀史研究与文献》之32《血腥恐怖金陵岁月》,第208页。
④ 原文如此,这个"高头"应该是指日本大使馆的警察高玉。

了魏特琳。魏氏在当天的日记中写道:"午后,日本大使馆的高头来访,要我提出赔偿损失的要求——学院的损失和美国公民的损失,他带来了翻译,翻译明确地说,他们不考虑中国教师的损失。学院的损失很小,我对他们说不要赔偿了,大概共毁坏了 6 扇门。至于私人的损失,艾丽斯是唯一有损失的人。其他外国人的财产均在南山公寓的阁楼里,没有被发现,或者说到目前为止尚未被发现有损失。"①不久,魏特琳就托人转告当时不在南京的艾丽斯,她可以对日军对其个人财产造成的损失索赔。对于金女院的财产损失情况,魏特琳也进行了估价:"我估计学院的损失不会超过 200 元,主要是被砸碎的门窗。"②这种估计与日本兵在校园内持斧头劈门砸窗的行为是一致的。金陵女子文理学院的损失与金陵大学的损失相差甚远,这主要是由于金陵大学被日军掠去一批正在饲养且很值钱的牲口,但日军在这两所教会大学内撬门砸窗的行为是一样的。受害方与日方交涉赔偿事宜时,日本外交人员是同意赔偿的,但又明确表示:他们不考虑中方的损失。这正反映了当时中日两国与西方国家关系的状况,也反映了日军败坏的军纪和日本政府骄横的态度。外交人员的言论是反映本国政府立场的。根据国际法和国际道义,对于正在交战的两个敌对国家,如果造成对方平民的损失是应该赔偿的。这说明,不仅当时的日本军队是疯狂的,日本政府也是不遵守国际法的。

---

① 张宪文主编:《南京大屠杀史料集》之 14《魏特琳日记》,第 176—177 页。
②《魏特琳致露丝等》,载张宪文主编《南京大屠杀史料集》之 70《耶鲁文献》(下),第 846 页。

# 第六章　日本军方和外交人员态度、行为的异同

在占领南京时，日本占领当局除了日军之外，还有少量日本的外交人员。这些人几乎是与日军同时进入南京的。外交官们人数很少，却仍然是一支不可忽视的力量，他们更多地代表了日本政府的立场，与军方是有差异的。[①] 军方和外交官们在维护日本国家利益（当时这种利益在很大程度上表现为日本侵华所带来的不正当利益）这一总的原则上是一致的，他们都希望巩固日本对在华占领区的占领。但双方对日军所犯暴行所持的态度有很大不同。外交官们不像军人们那样鲁莽，他们更多地注意维护日本在国际上的形象，尽量避免或减轻日本遭到国际制裁，尤其对军方侵害第三国权益的行为持相当保留的态度。而军人则以征服者的姿态出现在被占领的土地上，并毫无顾忌地对当地民众和第三国人士所拥有的利益犯下令人发指的暴行。这种异同在南京大屠杀期间日军侵害第三国权益时表现得尤其明显。

---

[①] 当时，日本实行的是一种政府和军方都制定外交政策的二元制外交决策体制。这种体制很独特，政府和军方之间虽然有沟通渠道，但有时双方立场并不完全一致，并造成龃龉，日本外交官也因此无所适从。但从 1936 年的"二二六兵变"之后，外交政策多反映军方的意志。

## 第一节  进退失据的日本外交人员

### 一、日本外交官的离去与返回

中日战争爆发前,日本在南京既设有大使馆,也设有领事馆,维持着一支人数较多的外交官队伍,并派驻了部分警察(参见本书第一章第二节)。1937 年 7 月 7 日卢沟桥事变爆发后,中日两国实际上已经处于战争状态,两国关系也急剧恶化,但奇怪的是两国都未宣布与对方断交,但实际上已经没有什么外交业务可以办理了,双方在对方国内的外交人员的处境也急剧恶化。淞沪战役开始后,日军开始轰炸南京,在那里的日本外交官已经无法再继续工作下去了,于是开始撤离。据时任日本驻南京大使馆参赞福田笃泰事后回忆:"8 月 16 日日本人轰炸了南京,[①]形势变得十分危急,我们已经作好了在南京被杀的准备。那时南京已无路可逃,使馆人员早在 13 日至 15 日间就撤离了,只剩下 16 个人留守南京。"[②]另一份日本外务省的官方文件叙述了日本外交人员撤退的情况:"支那事变一爆发,在南京的国人即纷纷撤离。8 月 8 日,除了大使馆、总领事馆和陆海军有关人员之外,新闻通讯方面还有 11 名人员,后来大使馆和总领事馆也决定撤离,于是他们就同先行撤离来南京的一队人马(汉口等上游各地来的官员)一道,于 8 月 15 日经津浦线向青岛撤离。先出发的一队人马撤离后,日高参赞等 22 名馆员留下来整理未完成的业务。到 16 日,剩余业务的处理也告一段落,于是他们于当日下午 5 点从南京出发,18 日凌晨零时整到达青岛。"[③]

---

① 原文如此,但日军首次轰炸南京是在 8 月 15 日。

② 张宪文主编:《南京大屠杀史料集》之 7《东京审判》,南京:江苏人民出版社 2005 年版,第 289 页。

③ 日本外务省外交史料馆藏:《外务省警察史:支那之部(中支),在南京总领事馆》,第 48 卷 (5—23),不二出版社,2001 年版,第 207 页。

　　这两段史料分别是一位当事人的回忆和一段有关的官方档案,所记述的内容基本上是一致的。即日本驻南京使领馆人员在 1937 年 8 月中旬日军开始轰炸南京后不久就撤离了。这些人虽然是分两批撤离的,但间隔时间很短,只是一两天之内的事。到 8 月 16 日以后,南京的日本外交人员就已经全部撤离了。

　　当然,保护本国侨民也是一国驻另一国的外交机构的一项业务。随着中日武装冲突愈演愈烈,日本在华侨民也很难继续原来的生活。其实,日本驻南京总领事馆早在 7 月卢沟桥事变一爆发就开始侨民的撤离工作。1937 年 7 月 8 日,即卢沟桥事变爆发的第二天,该馆就制订了一份结束外交业务和协助本国侨民撤离的计划。对于撤侨事宜,事后该馆总结工作时写道:"由于国民政府整顿备战,事态日趋紧迫,滞留南京的部分国人将乘日清轮船洛阳号赴上海避难。为了确保旅客的安全,7 月 18 日,南京总领事馆方面派遣中山、藤井两巡查到码头担任保卫工作。"随后,日侨的撤离工作就按计划分期分批、有条不紊地进行。除了乘坐轮船之外,部分日侨也坐火车前往上海。日本南京领事馆这样描述:"8 月 8 日,为保护滞留南京的部分国人赴上海避难,藤武巡查部长及高宫巡查奉命担任护卫。他们通过陆路(火车)将国人安全送抵上海。"南京日侨的最后撤离是在 8 月 14 日。"14 日,为了向居留民传达撤离命令(内容是居留民务必于是日下午 3 点半出发,经由济南前往青岛避难),安田署长上了岳阳号轮船……。"①8 月 14 日,淞沪战役已经打响,日本方面显然加快了撤侨的步伐。

　　从这些资料中可以看出几点。首先,日本驻南京的外交机构对撤侨工作计划得很早,这说明他们对中日关系的急剧恶化,乃至爆发战争是预料到的,也是有预案的。但从中也可以看出,当时的中国政府和民众

---

① 以上三段引文皆出自日本外务省外交史料馆藏《外务省警察史:支那之部(中支),在南京总领事馆》,第 48 卷(5—23),第 205 页。

也是理性的,他们即使在中日两国已经爆发军事冲突的情况下,也并不为难普通日本人。其次,日本外交官对撤侨工作的组织是精心的,过程也是平顺的。第三,从日籍人员撤离的顺序来看,外交人员是在8月14日普通日侨都已经撤离之后,才于15、16两日分批撤离的。这也说明,作为外交官,他们是尽职尽责的。日本外交官们撤离后,日本驻南京的总领事馆和大使馆随之关闭。可是,中日并没有正式断交。

12月13日,日军攻占南京,日本外交官又随着占领军回到了这座他们仅仅离开了4个月的城市。首先回到南京的是一位领事及其率领的使领馆警察。"12月11日,归松井方面军管理的吉野、鹈泽、高玉巡查,于次日由田中领事①率领,由陆路自上海出发,穿过敌军败兵出没的地区。一行人于14日上午7点由句容出发,在向汤山前进的途中遭遇大约100名敌军败兵,遂一边向敌人攻击一边前进,于该日下午4点半进入了南京城。"②这表明派遣外交人员回到南京是日本占领南京整个计划的一部分。这些人于12月11日,即日军占领南京的前两天就从上海出发前往南京,明显是为了在日军占领南京后处理那里涉及第三国的事务。毕竟南京是中国的首都,战前那里的外交机构和涉及第三国利益的事务较多。日军占领后,一些遗留问题仍然需要处理。此外,在中日两国正在交战,且南京已经被日军占领的状态下,处理那里的涉华事务明显是不需要外交人员的。

田中等人回到南京之后,其他日本外交官也随后回来。福田笃泰等人也很快回到南京。英国《曼彻斯特卫报》驻华记者田伯烈(H. Timperley)在1938年2月11日所写的报道中说:"大使官员作为军队和

---

① 田中正一,日本外务省官员,1937年时任日本驻华大使馆领事。日军占领南京后随日军进入南京。
② 日本外务省外交史料馆藏:《外务省警察史:支那之部(中支),在南京总领事馆》,第48卷(5—23),第207页。

外国居民之间的缓冲，于 12 月 15 日到达南京。"①田伯烈是最早报道日军南京暴行的西方记者之一，也是当时第三方人士中比较客观公正的一位。从他的这一报道中也可以看出，就连当时的西方记者都意识到，日本外交官返回南京是为了处理日本占领军与留在当地的第三国人士之间的沟通问题。此外，贝德士也于 1938 年 1 月 11 日写给友人的一封书信中说："日军入城是在 12 月 13 日。大使馆工作人员 15 日声称是为了调和日军对外国人以及对外国人的财产带来的影响而来的。"②

但这些外交人员并不能按照自己的意志去处理这些涉及第三国的事务。时任日本驻华大使馆二等秘书福井淳在事后回忆说："在大使馆正式开馆前，外交人员是隶属于军队的。"③日军攻占南京时，日本驻华大使馆早已关闭，这些外交人员很明显是军队的附属，是配合日军的军事占领行动的。且 12 月 15 日就回到南京的日本外交官人数很少，仅有田中正一、福田笃泰、福井淳等几个人，再加上高玉等几个使馆的警卫人员。因此，这些外交官在行事时绝不可能违背军方的意志。这还可以从另一个人的身份看出来。1938 年 1 月 13 日，日本前驻南京总领事冈崎胜雄曾短暂来南京，但他是以华中方面军司令官松井石根的外交顾问的身份来的。④

## 二、维护日本的不正当"国家利益"

外交官是奉本国政府的指令，在与外国打交道的过程中维护本国利益的群体。这是外交活动最本质的特征，而无论这种利益是否正当、是否符合国际法或国际惯例。在日本侵华过程中，日本外交官也要维护日

①《日军的掠夺和暴行》，载张宪文主编《南京大屠杀史料集》之 6《外国媒体报道与德国使馆报告》，第 167 页。
②《贝德士给伯因顿(B. Boynton)的书信附记》，载张宪文主编《南京大屠杀史料集》之 12《英美文书·安全区文书·自治委员会文书》，第 98 页。
③《对福井淳的问讯记录》，载张宪文主编《南京大屠杀史料集》之 7《东京审判》，第 313 页。
④ 张宪文主编：《南京大屠杀史料集》之 13《拉贝日记》，第 358 页。

本的侵略利益。田中等人回到南京之时，正是日军在当地实施大规模暴行之际。委员会得知这些日本外交官抵达南京之后，便迅速与其接触，对日军的暴行提出抗议，希望借助他们的力量去制止这种暴行。"日本大使馆一开始还企图不相信抗议的内容，但当看到街道上遍布死尸，从大使馆的位置亲眼目睹强奸之后，也不能假装冤枉了。大使馆不得不承认自己无能为力。"①这清楚地说明了当时这些外交官的尴尬处境。一方面，他们要维护日本国家和日军的形象，另一方面又无法向委员会中的第三国人士解释眼前日军的所作所为，而且他们也无力制止日军的暴行。在这样的矛盾之中，身为外交官的他们必然要违背人类的良知，在一定程度上充当日军暴行的掩盖者、辩护士乃至帮凶，去维护日本不正当的国家利益。

其实，早在1937年8、9月间日军还在轰炸南京的时候，日本驻华外交人员就配合日军的行动。日本驻上海总领事冈本季正就劝说过各国在南京的公民离开南京，为日军的行动创造有利条件（见本书第二章第二节）。

到了11月，当拉贝等开始筹建南京安全区的时候，委员会成员曾写信给当时身在上海的日本驻华大使川越茂，希望该安全区能得到日方的承认，但没有得到川越的回复（见本书第四章第一节）。当时的一位德国驻华外交官就向本国政府报告说："日本大使馆参赞对实现此计划表示怀疑，因为区域太大，很难划定，也不能保证阻止中国军方的进入。"②这种论调与日本军方在拒绝承认"安全区"时的说辞如出一辙（见本书第四章第一节）。这进一步说明无论日本军方还是外交部门，在日军军事行动等重大问题上的态度是完全一致的。12月13日，即日军攻占南京的

①《日军的掠夺和暴行》，载张宪文主编《南京大屠杀史料集》之6《外国媒体报道与德国使馆报告》，第167页。
②《费舍尔给德国外交部的电报》（1937年11月30日于上海），载张宪文主编《南京大屠杀史料集》之6《外国媒体报道与德国使馆报告》，第258页。

那一天,德国驻上海总领事馆还在给本国外交部的一封电报中说:"一位日本外交同行发函给总领事,转达日本军方的迫切愿望,要求外国人立即撤离南京。信中还强调不会给中立区以承诺和担保。"①

日本军方对于第三国人士在南京的存在是十分不快的。贝德士曾对马吉说:"日本军队对于我们外国人在这里非常恼火,说没有哪个征服军会允许中立观察者的存在。此话当然非真,德国占领比利时时,就有许多中立的观察员在那里。而这说明,我们一开始对日本人不喜欢我们呆在南京的猜测是对的。他们试图通过使馆把我们弄走,说南京太危险。"②但这些第三国人士坚定地留在南京救助当地平民的意志使日方的这一图谋没有实现。

即使到了1938年初,已经回到南京的日本外交官们还在秉承军方的意志,对委员会及安全区的运作处处刁难。拉贝在1938年1月6日的日记中写道:"下午5时,福田先生来拜会我。他通知我,根据军事当局的决定,我们的国际委员会应予解散,我们的储备和资金由接替我们工作的自治委员会接管。"③1938年1月上旬,日军的暴行还没有完全结束,大批难民还在安全区内避难,整体上还不具备回家的条件。福田竟然配合日本军方,要求委员会解散,难民回家。而英美等国的外交人员在这前后先后返回南京。当时伪政权才成立几天,完全听命于日本占领军,根本无法担负起保护平民的责任。福田这样做明显是为占领当局粉饰太平,在英美外交人员返回之际营造一个南京已经恢复平静的假象。

除此之外,这些日本外交人员还积极配合占领军建立伪政权。南京的第一个伪政权——南京市自治委员会——是在1938年元旦成立的。费吴生在1937年12月30日的日记中记下了日本外交官为该伪政权的

---

① 《陶德曼给德国外交部的电报》(1937年12月13日于汉口),载张宪文主编《南京大屠杀史料集》之6《外国媒体报道与德国使馆报告》,第270页。
② 张宪文主编:《南京大屠杀史料集》之4《美国传教士的日记与书信》,第163—164页。
③ 张宪文主编:《南京大屠杀史料集》之13《拉贝日记》,第297页。

成立典礼而进行筹备的情况："下午我访问日本使馆时，他们正在指示 60
个中国人怎样庆祝元旦，其中大多是我们难民营的管理员。'五色旗'
（南京伪政权的'国旗'）取代国民政府的旗帜，要赶制 1000 幅五色旗和
1000 条日本国旗以庆贺新年。超过千人规模的难民营必须派 20 人出
席，较小的难民营出 10 人。元旦凌晨 1 时，鼓楼将升起五色旗，那里将
有'适当的'演说与音乐（按节目单进行）——自然，将拍摄快乐的人群挥
舞旗帜欢迎新政府的电影。"①

在日军攻占南京，田中等几名外交官员返回南京之后，面对日军的
大规模暴行和委员会的不断交涉、抗议，田中等人虽然作出要积极配合
调查的姿态，且对委员会人士至少在表面上还是非常有礼貌的，但内心
中对委员会十分反感。1938 年 3 月 3 日，当时日军暴行的高潮已经过
去，南京的伪政权也已经成立，市面基本恢复了平静，贝德士却在一封致
友人的信件中写道："日本军方甚至外交官现在对（我们）委员会是多么
仇恨。他们不断迫使自治政府禁止我们与任何单位联络（这有趣地戳穿
了他们要求我们'合作'的荒谬范式，实际上我们尽可能与自治委员会合
作，只要他们敢于冒险为自己狡辩或者干脆向日本人扯谎）。（日本）使
馆主要官员正式指认我'反日'。并且急不可待地问别人我是否有'精神
病'——他们真是可笑。"②贝德士亲身经历了日军实施南京大屠杀的全
过程，也积极参与了委员会与日本占领当局（包括军方和外交人员）的
交涉。他在事后不久的这一段记载清楚而又形象地道出了日本军方和
外交官们联合起来试图掩盖日军所犯暴行的图谋。贝德士本人因在委
员会对日交涉中是十分活跃的，竟然被日本外交人员指控为"反日"，
甚至被怀疑为"精神病"，可见这些外交官对揭露日军暴行的人是多么
憎恶。

---

① 张宪文主编：《南京大屠杀史料集》之 4《美国传教士的日记与书信》，第 81 页。
② 贝德士：《致田伯烈函》，(1938 年 3 月 3 日)，载张宪文主编《南京大屠杀史料集》之 4《美国传
教士的日记与书信》，第 32 页。

为了掩盖日军暴行,占领当局采取了将南京与其他地方断绝联系的做法。留在当地的第三国人士无法与外界沟通,也得不到亲人的信息,十分焦虑。他们多次与日方交涉,希望能够与家人通信,但无法如愿。日本外交官则尽力帮助军方实施这种封锁。费吴生在1937年12月31日的日记中无奈地写道:"显然我们还要继续学会忍耐,因为日本使馆告诉我们,还要过好几周这里的邮政服务才能恢复正常。他们还告诉我们,至少还要过一个月,我们才能获准离开本市去访问上海。实际上我们是这里的囚徒。"①

拉贝也遭遇到类似的事情。他在12月29日的日记中记下了福井对他提出的要求:"福井先生恳请我不要把南京的情况写信告诉上海方面,也就是说,不要报道任何使日本大使馆不愉快的事实。我答应了他,我有什么别的办法吗?如果我的信件只有通过日本大使馆才能传递,那我就必须顺从。总有一天真相会大白于天下的。"②这段话道尽了日本外交官的蛮横和拉贝等西方人士的无奈。在这里,福井哪里是在"恳请",分明是变相的威胁。

有的时候,日本外交官公然为日军暴行进行明目张胆的开脱。马吉牧师在1937年12月19日写给其妻子的一封信中写下了这样一件事。马吉和施佩林于前一天根据线索去制止日本兵强奸中国妇女,并将此事通报给一位日本总领事③,该总领事竟然回答:"这是不可避免的。"后来马吉和施佩林将此事告知《朝日新闻》的一位记者时,该记者也说:"这是不可避免的。"对此,马吉评论道:"如何去评说日本人的性格呢!但确确实实就是这样,因为他们说这些话时是如此地自然,丝毫没有意识到这些事给我留下更强烈的印象。"④

---

① 张宪文主编:《南京大屠杀史料集》之4《美国传教士的日记与书信》,第82页。
② 张宪文主编:《南京大屠杀史料集》之5《遇难者的尸体掩埋》,南京:江苏人民出版社2005年版,第296页。
③ 原文未提该总领事姓名。笔者推测,应该是指田中、福井或福田3人中的1人。
④ 张宪文主编:《南京大屠杀史料集》之4《美国传教士的日记与书信》,第152页。

日本外交官维护日本不正当的国家利益还可以从他们对因日军暴行而损失的中外财产的不同态度上看出来。如前所述,魏特琳在 1938年 1 月 8 日所记的日记中说,当天日本大使馆派人来金陵女子文理学院调查损失,同意赔偿该学院和美国教师的损失,但明确表示不考虑中国教师的损失(见本书第五章第三节)。因为这所学院是美国教会学校。这种区别对待和双重标准的做法再一次清楚地暴露了日本外交人员为维护当时日本不正当的国家利益而不顾人类良知,甘愿做侵略军帮凶的本质。

不过,如果从另一个角度来考虑,这些外交人员的所作所为也是必然的。如前所述,任何一国的外交官都必须遵从本国政府的意志,按照本国政府的指令行事,在国际舞台上维护本国利益。从一定程度来说,这些外交官也是身不由己,他们既然为一个侵略他国的政府服务,又与一支野蛮残暴的占领军相配合,就肯定要为这支军队所犯暴行进行掩盖和辩护。这是不以人的意志为转移的。

### 三、为减少日军侵害第三国权益所做的有限努力

尽管日本外交人员竭力为日军在南京所犯暴行进行掩盖和辩护,尽量维护因侵略中国而获取的不正当国家利益,但当我们仔细审视这段历史的时候,还是会发现,这些外交官与日本军队是有区别的。他们为制止或减轻日军的暴行(特别是日军侵害第三国权益的暴行)还是作出了一些努力,从一定程度上说,这些外交官也尽力而为了。

1937 年 12 月 15 日,即日本外交官返回南京的当天,福田笃泰就拜访了拉贝等委员会成员。拉贝在当天的日记中记载:"11 时,日本大使馆参赞福田先生来访,我们同他商谈了我们工作计划的细节。"①福田在到达南京的当天就拜访了委员会,并与拉贝等商讨工作问题,表明尽管日方没有正式承认委员会及其所建立的安全区的合法性,但外交官们对它

① 张宪文主编:《南京大屠杀史料集》之 13《拉贝日记》,第 141 页。

还是十分重视的。此后,委员会与这些外交官们建立了常态化的工作关系,成为委员会与日本军方沟通的桥梁。外交官们保证会尽力制止日军的暴行。福田就明确对拉贝、福斯特和史迈士说:"军队可能要对南京施压,但我们会竭力阻止他们这样做。"①

　　此后,委员会常常向这些外交官递交有关日军暴行的报告,并要求他们及时向日军指挥部门反映,以制止这些暴行。外交官们也确实反映了,但几乎起不到效果。费吴生的日记中有这样的记录:"每天我们都前往日本使馆递交我们的抗议、呼吁和经过核实的日军所犯罪行的报告。我们受到日本人很有礼貌的接待,但实际上他们也无能为力。取胜的军队一定要获得奖励——这些奖励就是对他们向全世界大声宣布要保护的这群人任意抢劫、谋杀和强奸,做出令人难以置信的种种野蛮、粗暴行为。"②这段话再一次十分生动而又形象地写出了日军的残暴以及日本外交官们的力不从心和无奈。举一个具体的例子。1937 年 12 月 19 日,史迈士和费吴生"携带载有 55 个新增暴行案例(均经核实)的表册再次拜访日本大使馆,并且告诉田中和福井先生今天情况更为恶化。他们保证将'尽最大努力',并希望事情将'迅速'好转,但很显然他们对军方的影响很小甚至全无,而军事当局对士兵毫无约束"。③ 费吴生的感觉是"军方与使馆不相互合作"。④ 福斯特则指出:"日本外交官已尽力而为,但他们似乎对军队也无能为力。"⑤

　　从这些美国传教士的记载中可以看出,委员会成员对日本外交官们的工作是满意的,也认为他们已经尽力做了该做的事情,甚至对他们抱有某种同情。只是日本军方的蛮横才使情况越来越恶化。但实际上这些传教士可能过于善良,他们被日本外交官们表面上的礼貌和承诺所迷

---

① 张宪文主编:《南京大屠杀史料集》之 4《美国传教士的日记与书信》,第 232 页。
② 同上书,第 65—66 页。
③ 同上书,第 74 页。
④ 同上书,第 79 页。
⑤ 同上书,第 104 页。

惑，以为后者真的去尽力向军方施压以制止暴行。但从目前掌握的史料来看，还没有看到这方面的具体材料。当然，从外交官的职业特点来看，笔者相信他们是不希望军队的纪律涣散的。但日本的外交官们更加看重的是尽量不得罪欧美列强，不要让日本陷入与这些世界强国的外交争端之中，遭到国际制裁而使自己的国家在国际上陷入孤立困境。因此，他们必定会在维护第三国权益上下更大的功夫。对于这一点，第三国人士也看出来了。史迈士就在他的日记中感慨："当日本使馆的人来到这儿，我们很快意识到他们只是对保护外国财产有兴趣。"[①]

其实，外交官确实为制止日军暴行尽了一些努力，而且这种努力也不能说没有任何效果。费吴生在 1937 年 12 月 23 日的日记中记下了这样一件事："宋煦伯[②]是今天横遭暴力者之一。在斯坦利·斯密司(Stanley Smith)家，他发现一个军官和士兵正在扯美国国旗，强迫住在这里的难民离开，宣称必须利用这里作为登记中心。他(指宋煦伯——译者)必定经历一段很不好过的时间，最后被迫签字，答应把这座房屋借给他们使用两个星期。宋煦伯也不是一个能忍耐的人，他向日本使馆抗议，终于使士兵撤走。"[③]这件事足以说明，日本外交官是可以向军方施加影响的，因为在此事件中，宋煦伯在"向日本使馆抗议"之后，才"终于使士兵撤走"。很明显，这是一起日军侵害美国人权益的案件，从情节上看，也不算太严重，却得到了日方的解决，而委员会向日本使馆提交的那么多日军对中国人所犯严重暴行的报告，却没有得到应有的重视，更遑论解决。这只能再一次揭示，日本外交官(甚至包括军方)只重视处理日军侵害第三国权益的案件，而对中国人的生命财产是漠视的，至少是不够重视的。

---

① 张宪文主编：《南京大屠杀史料集》之 4《美国传教士的日记与书信》，第 268 页。
② 即休伯特·索恩(H. Sone)，美籍牧师，当时任职于金陵神学院，是南京大屠杀期间留在南京的 22 位外籍人士之一。"宋煦伯"是他的中文名。见本书第四章第一节。
③ 张宪文主编：《南京大屠杀史料集》之 4《美国传教士的日记与书信》，第 77 页。

　　日本外交官重视保护第三国权益,当时,他们所能做的事情之一就是在外国人房产上贴上告示。马吉在 12 月 19 日的日记中写道:"昨天我同日本新来的总领事田中一起到下关,他想在外国财产上贴上通知,注明这是美国人的财产,那是英国人的财产等等。"①寥寥数语,把田中保护英美财产的心情充分表现出来。从马吉的记载来看,他陪同田中贴通知是在 12 月 18 日,这正是日军暴行的高潮时期,也是日本外交人员返回南京仅仅三天之后(如前所述,日本外交官返回南京是在12 月 15 日),田中急于要在外国财产上贴上通知,就是要防止日军对其抢劫。然而,田中丝毫没有表现出对保护中国人的财产有任何兴趣。此后,日本外交官继续着这一工作。"日本使馆的官员于 12 月 19日保证早日恢复秩序。作为证明,他们写出重要的官方告示张贴在外国人的房产上。"②对此,魏特琳感受颇深。她所在的金陵女子文理学院因是美国教会学校,校园内有许多美国教会房产,这些房子就被贴上了这样的告示。事后,魏氏在一份给金女院校方的报告中说:"这段时期,日本使馆送给我们 30 张日文布告。我们把它贴在了所有的建筑物和大门。这些布告帮了大忙,但并不能完全阻止士兵进入贴有布告的楼房内。"③魏氏的这段记载至少可以说明两点:一是日本外交官确实帮助金女院赶制张贴了相应的告示;二是这些告示也确实起到了一定的作用。虽然它们"并不能完全阻止士兵进入贴有布告的楼房内",但还是"帮了大忙",说明这些告示至少减少了日军暴行数量或减轻了这些暴行的危害程度。

　　张贴告示是一种预防暴行的方法。对于已经发生的侵害第三国权益的暴行,日本外交官们也试图补救。1937 年 12 月 23 日早上,日本领

① 张宪文主编:《南京大屠杀史料集》之 4《美国传教士的日记与书信》,第 150 页。
② 张宪文主编:《南京大屠杀史料集》之 6《外国媒体报道与德国使馆报告》,第 192 页。
③ 魏特琳:《第一个月的评述(1937 年 12 月 13 日—1938 年 1 月 13 日)》,载张宪文主编《南京大屠杀史料集》之 4《美国传教士的日记与书信》,第 316 页。

事馆的警察找到拉贝，希望他提供一份截至当天 2 时被抢劫的外国房屋清单。[①] 日方这样做很有可能是为必要的赔偿做准备。但日方对赔偿一事非常消极，往往敷衍了事。福斯特是美籍基督教圣公会牧师，属于该会的圣保罗教堂在日军占领南京后丢失了两架钢琴。1938 年 2 月 1 日，福斯特在他的日记中写下了当天日方让他取回钢琴的事："大约在 11 时，日本领事馆警察和宪兵要我去看他们收集的几架钢琴，辨认其中是否有属于圣保罗教堂的两架。但是没有，这显然使某些宪兵不悦，他们私下说我是企图拖延以索取新钢琴。克拉[②]与我同去，他懂得他们说的话。他们要我挑选两架钢琴了事，但我拒绝接受显然不属于我的东西。在我报失以后，他们开始搜寻钢琴，他们坚持说我应该说明钢琴的确切号码及其生产（厂商）等等。他们是一个地地道道的诈骗贼帮。"[③]显然，福斯特对日本领事馆警察和宪兵在赔偿事项上的这种推诿敷衍的态度是非常不满意的。这同时也表明，日方只想通过一些方法使财产被劫掠的第三国人士在心理上得到安慰，并不是真心实意地赔偿。

其实，即使是日本外交官，他们对于向财产被劫掠的第三国人士提供赔偿一事不仅从整体上是非常消极的，更不愿意使用"赔偿"一词，或者任何涉及"赔偿"的名义。因为一旦认可赔偿，就等于承认日军侵害了这些第三国人士的权益，承认日军的军纪极差，从而有损日本国家和日军的"形象"。而这些外交官就是要维护这种"形象"的，维护这种"形象"就是维护日本"国家利益"的一种表现。因此，冈崎胜雄与罗森谈到日军所犯暴行时，把一切责任都推到中国人身上。至于对受害的第三国人士的赔偿，冈崎只同意用"慰问金"的名义（见本书第五章第二节）。这不仅改变了事情的性质，而且明显是在推卸应付的责任。

---

① 张宪文主编：《南京大屠杀史料集》之 4《美国传教士的日记与书信》，第 245 页。
② 原文未说明这位"克拉"是谁。但据笔者推测，很可能是科拉·波德希沃洛夫（Cola. Podshivoloff)，一位俄国人，也是当时留在南京的 22 位外籍人士之一，见本书第四章第一节。
③ 张宪文主编：《南京大屠杀史料集》之 4《美国传教士的日记与书信》，第 125 页。

即使如此,在笔者看来,我们依然应该对当时日本外交官为减少日军侵害第三国权益的努力做一定程度的肯定性评价。无论他们的主观动机如何,这种努力在客观上确实收到了一些效果,日军的暴行(主要是针对第三国权益的暴行)得到了一定程度的抑制。由于职业特点不同,外交官们与骄横跋扈的军人还是有所区别。冈崎事后就南京的状况说道:"我已经做了我所能做的一切来阻止混乱,它已超过了我的权力,我将对此负责。"①这样的说法虽然有推脱责任和自我标榜之嫌,但还是可以说明,当时的日本外交人员为了减少日军暴行的危害,还是做了一些事情的。事实上,日本外交官的某些做法甚至引起了日军中有些人的不满。1937年12月底或1938年1月初的某一天,一位日军大佐②来到日本大使馆,并威胁要烧掉这座使馆,"因为大使馆向东京披露了士兵们违纪的行为"。③ 大佐在当时的日军中是级别较高的军官。这样级别的军官表达这种极端的情绪,说明军队对外交人员的不满情绪是有一定普遍性的。

总之,南京大屠杀期间身在南京的日本外交人员实际上是处于一种进退失据的状态。他们既要维护日本的国家利益,维护日军的"形象",还要尽量与当时留在南京的第三国人士维持表面上的友好关系,但又很难对残暴的日本军队发挥影响。也许,这是世界上最难做的外交官之一了。

## 第二节　态度强硬的日本军方

### 一、对来自东京的命令置若罔闻

日军攻占南京之后犯下了大量令人发指的暴行。这种暴行在世界现代史上是极其罕见的,可能只有在中世纪的蒙昧时代才会发生。即使

① 张宪文主编:《南京大屠杀史料集》之29《国际检察局文书·美国报刊报道》,南京:江苏人民出版社2007年版,第113页。
② 原文未提该大佐的姓名。
③ 张宪文主编:《南京大屠杀史料集》之29《国际检察局文书·美国报刊报道》,第270页。

是与日本侵华同时代的纳粹德国军队，同样也践踏国际法发动侵略战争，同样也在战争中犯下了大量暴行，同样也受到世界人民的强烈抵抗与谴责，但还没有像日军在南京那样野蛮。纳粹军队主要是在集中营里对犹太人实施了大规模有组织的屠杀，但还没有在占领的城市里随意杀人、随意强奸、随意纵火、随意抢劫。而日军为什么会这样？特别是在人类社会已经进入 20 世纪的文明时代，国际法对于在战争中保护非战斗人员和非军用设施已经有了相当完善的规定，并且得到了包括日本在内的国际社会普遍认可的时代背景下，日军在南京的行为确实是现代人类的悲剧和耻辱。

中国学术界自从开始展开有关南京大屠杀的学术研究以来，对这一战争暴行发生原因的探讨就一直没有中断，也取得了各种各样的成果，其中有从政治、军事、日本的民族性和文化等各方面得出的结论，但迄今尚未有得到各方认可的综合性结论。笔者也无意就此问题进行深入探讨，但想从日本军队层面对其进行一些浅显的分析，特别是要分析一下日军侵害第三国权益事件发生的原因。

日军在南京大屠杀中所犯暴行，大体上可以分为两类，即大规模集体暴行和大量的分散暴行。前者如大规模集体屠杀等，完全是针对中国人的。这极有可能是在日军指挥部门的命令下行事的。[①] 在侵害第三国权益的暴行中，空袭英美舰船等也是由日军指挥部门下令实施的（参见本书第三章）。但日军攻入南京城之后的暴行，如侵害第三国人士的人身权利、劫掠第三国财产等，与分散屠杀中国人一样，则属于分散暴行。这类暴行的发生很有可能是日军军纪涣散所导致的。导致日军军纪涣散的原因，就是这类日军侵害第三国权益的原因。而日军军纪涣散，在很大程度上，是上级部门对中下级军官和士兵约束不力的后果。

---

[①] 从一般常识分析，像大规模集体屠杀这样的大规模暴行不可能是个别违纪士兵所为，而是在上级的命令下行事。对于日军中确有屠杀令的问题，已有学者进行了论述，可参见程兆奇《南京大屠杀中的日军屠杀令研究》，载《历史研究》2002 年第 6 期。

对于这一点,当时留在南京的第三国人士有切身感受。乔治·菲奇在他的一份报告中提到了几位委员会成员于 1937 年 12 月 22 日在金陵大学附近遭遇的一件事:"刚回到办公室,我和拉贝就接到施佩林和克勒格尔打来的呼救电话,一名酒醉日本兵用刺刀对他们进行严重威胁。幸好使馆的田中和某位将军赶来,将军狠狠打了日本兵两记耳光。但我不认为他会受到比这更重的处分。我们从未听说违纪事件受过任何重罚。如果一个士兵被军官或宪兵抓住,他得到的无非是不要再犯的温和劝告。"①在这一事件中,日本兵对第三国人士进行人身侵害,已经威胁到了施佩林和克勒格尔的生命安全,幸好遇到田中和某位日本将军。这位将军是在有本国外交官在场的情况下才"狠狠打了日本兵两记耳光",如果此时没有外交官在现场,这位日本兵很可能不会受到任何处罚。而委员会成员是在这一时期直接就日军暴行与日方交涉的,连他们都"从未听说违纪事件受到任何重罚",可见日军指挥部门对中下级军官和士兵确实是放纵的。在这种军队环境下,日军发生大量违纪暴行也就不足为奇了。

还有一个明显的例子可以证实普通日军受到了上级部门的放纵。如前文所述,"日本使馆的官员于(1937 年)12 月 19 日保证早日恢复秩序。作为证明,他们写出重要的官方告示张贴在外国人的房产上。这些告示迅速被日本兵撕毁,野蛮、疯狂仍在持续,丝毫不减。外国人、中国人的住宅每天都被不同的洗劫队伍进出达十次之多。门上的玻璃把手、梳妆用品、灯架,甚至锁都被他们用刺刀撬开带走"。② 按理说,本国外交官员张贴的正式告示是代表本国政府意志的、十分严肃而有权威的文件。而这样的文件居然很快就被本国士兵撕毁,且这些士兵们完全无视这些文件的规定,对中外财产大肆抢劫,如果不是得到上级长官的默许,

---

① 《斯特拉博尔吉爵士致哈利法克斯爵士》,载张宪文主编《南京大屠杀史料集》之 12《英美文书·安全区文书·自治委员会文书》,第 256—257 页。
② 张宪文主编:《南京大屠杀史料集》之 6《外国媒体报道与德国使馆报告》,第 192 页。

这是根本不可想象的。当然,这些告示也不是没有起到任何作用。如前文所述,魏特琳就认为"这些布告帮了大忙",所以,金女院的损失比较轻微。

12月20日,安全区的官员再次拜访了日本大使馆,与日本外交官交涉新发生的日军暴行问题。"使馆的一名专员到会议室兴高采烈地宣布,17名特别民事警察①将于当晚乘巡洋舰抵达,秩序肯定会恢复。17名警察与5万名屠杀、抢劫成狂的日本兵!"这是当时英美媒体的一段报道和评述。从中可以看出,日本军方在各方压力下,不得不派出若干力量来维持秩序,但军方此举显然做做样子的意味更明显。正如这篇报道中所言,让区区17名警察去约束5万名凶恶残暴的日军官兵,这完全是个笑话。但也许即使是这一微不足道的"进展",也极有可能是第三国人士和日本外交官努力的结果。

在同一篇报道中,这家媒体就发出了这样的疑问:"如果外交官与军方打交道无能为力,难道他们不能将发生的真实情况报告给东京政府吗?日本民族肯定不会鼓励这样的屠杀。"②其实,外交官们确实向在东京的日本政府报告了发生在南京的事情。时任日本外务省东亚局局长的石射猪太郎在事后写了一篇名为《南京残酷事件》的回忆性文章,其中写道:

> 南京于岁末的12月13日被攻克。先有紧随我军之后重回南京的福井领事的电报,继而又有来自上海总领事的书面报告,使我感叹不已。这是关于日军进入南京城后对中国人的掠夺、强奸、放火、屠杀的情报。虽有宪兵,但人数很少,无法控制。据报告,就连试图加以制止的福井领事的身边也不安全。我在昭和13年1月6

---

① 原文如此,但应该是宪兵。当时日方派了17名宪兵,而不是民事警察前往南京约束士兵,试图恢复秩序。

② 以上两段引文出自张宪文主编《南京大屠杀史料集》之6《外国媒体报道与德国使馆报告》,第193页。

日的日记中写道：

"上海来信，详细报告了我军在南京的暴行。信上所说的掠夺、强奸等惨不忍睹。呜呼，这就是皇军吗？这也许是日本国民心颓废的表露吧。这是个很大的社会问题，"

……

我在三省①事务局长会议上多次警告陆军方面，连广田大臣也要求陆军大臣整肃军纪。尽管军部无疑是警告过当地驻军的，但也许是因为暴行太多，才最终导致无从下手吧。我没听说过有哪个施暴者曾经受到过处分。②

从这段记录可以看出，日本政府和军部确实知道南京发生的事情，也曾有过内部的协调沟通，并向南京日军发布过禁止暴行的指示，但实际上没有起到效果。南京的日军似乎对来自的东京的命令并不买账。但归根结底，还是日本政府和军部的措施不够有力。

但日本政府似乎也是对保护第三国的利益更加关心。进入 1938 年 1 月以后，日军暴行的高潮逐渐退去，英美德等国的外交人员陆续返回南京，日方开始重视国际观感。"来自东京的报告显示，一项全面的命令已下达到在上海和南京的军事当局，以禁止随意闯入美国人的产业。据说这是 1 月 15 日颁发的，但是爱利生③先生今天报告，1 月 15 日中午到 1 月 18 日中午，美国人向他报告日军随意闯入的次数不下 15 次。"④阿利森是 1 月 6 日返回南京处理美国使馆业务的，他曾经因坚守外交官的职责而被日军殴打（见本书第四章第三节）。回到南京之后，他一直致力于保护美国人的产业，并就日军造成的损失向日方索赔。他的报告应该是

---

① 指外务省、陆军省、海军省。
② ［日］石射猪太郎：《外交官的一生》，载张宪文主编《南京大屠杀史料集》之 33《日军官兵回忆》，南京：江苏人民出版社 2007 年版，第 398—399 页。
③ 即阿利森，"爱利生"是另外一种译法。
④ 《日军在南京继续抢劫》，载张宪文主编《南京大屠杀史料集》之 6《外国媒体报道与德国使馆报告》，第 207 页。

准确的。而日军的行为则表明,他们不仅不听本国外交官的劝告,甚至对本国政府的命令都置若罔闻。可见这支军队的军纪已经败坏到何种程度。

在笔者看来,这一时期日军仍在对第三国权益实施侵害主要有三个原因。一是惯性。日军从1937年12月13日攻入南京并实施大规模暴行以来,就像一架高速运转的野兽机器一样无法一下子停下来。事实上,日军在南京的暴行也是逐渐平息下去的。其次,日军中一直就有以下克上的传统,不服从命令几乎是一种常态,甚至有一些重大军事行动也是军方首先发动然后逼迫政府承认既成事实。普通违反军纪的事件更是不在话下。且当时南京的日军指挥部门对下属约束不力。第三,这篇报道没有说明这项来自东京的关于禁止闯入美国人产业的命令是军方发出的还是政府发出的。当时的日本,军方主导了国家大政方针,军队往往不服从政府发出的命令。如果这一命令是日本政府发出的,军队很可能漠视它。此外,对于来自高层的命令,如果指挥官向下传达贯彻不力,也会造成基层官兵在执行上大打折扣,命令的有效性也会在无形中消弭。

## 二、天谷少将"招待"第三国返回南京的外交官

当时间进入1938年1月,随着南京伪政权的建立及英美德等国的外交人员陆续返回南京,日军的暴行逐渐减弱。虽然零星的暴行仍大量发生,但南京大屠杀的高潮确实正在过去。拉贝等委员会成员与日本外交人员一直保持良好的关系,双方曾一起度过圣诞节。1月16日,日本外交官又在大使馆宴请了委员会成员。拉贝在他当天的日记中有如下记载:

> 日本大使馆的便宴气氛十分平和。我们总共13个人。除了日
> 本大使馆的官员福井、田中、福田先生和一名来自上海的副领事①

① 原文未提这位副领事的姓名,据笔者推测,他应该是日高信六郎。

外，我们委员会有 9 名代表出席：魏特琳小姐、鲍尔小姐、贝德士博士、米尔斯、史迈士、特里默大夫、克勒格尔及我，在我们已经就席进餐后，又来了约翰·马吉……便宴上的菜肴是第一流的，有中国美味可口的牛肉、鸡蛋、粉丝火锅等食品，有欧洲式的芦笋，还有米酒和红白两种葡萄酒。我们很久没有吃过这些好东西了，痛痛快快地享受了一番。①

这至少可以说明南京的食品供应状况——至少是针对日本人的食品供应——已经有了很大的改善。此后，日本占领当局就频繁宴请各国外交人员。返回南京的德国外交官沙尔芬贝格在 2 月 10 日写给德国外交部的一份报告中就说："日本人最近邀请我们的社交活动十分频繁。"②其中，日军新任南京卫戍司令天谷少将于 2 月 5 日在日本大使馆举行了一场"招待"欧美国家返回南京的外交官的茶话会十分引人注目。天谷在该茶话会上的讲话是日本军方对日军暴行和在南京大屠杀期间留在南京的第三国人士的态度的典型说明。

图 29　1938 年 2 月 5 日，日本驻华公使在南京日本大使馆中举行外国使节招待会

① 张宪文主编：《南京大屠杀史料集》之 13《拉贝日记》，第 342 页。
② 沙尔芬贝格：《1938 年 2 月 10 日的南京现状》，载张宪文主编《南京大屠杀史料集》之 30《德国使领馆文书》，第 133 页。

参加了这场茶话会的德国外交官罗森于2月7日给德国外交部写了一份报告,叙述了该茶话会的情况:

本月5日,在日本大使馆的房子里举行了茶话会,新上任的日本警备司令天谷少将邀请了这里的外交代表机构的官员们。

等待很长时间后方请我们入座,将军照着讲稿作了长篇的讲话,福田参赞结结巴巴地把讲话翻译成英文。

这位将军首先说,日本军队在全世界以纪律严明而闻名。无论是在俄日战争还是在满洲的进军中,丝毫没有发生过违反纪律的情况。即使在中国现在有这种情况——如果是其他任何一个军队,肯定会发生更严重的情况——根本原因还在中国方面。蒋介石不但有军队,而且还号召全体人民进行抵抗,它使日本士兵们十分愤慨。因为他们在进军途中找不到什么可吃的和可用的东西,所以他们把情绪发泄到了居民身上。向南京推进得这么快,使得给养就不那么容易能跟上。(后来的一个评论则与此相反,是因为那些给养车队的人员有太多的时间,所以发生了那些骇人听闻的毫无纪律的行为!)

将军还特别指责中国人说,他们首先把目标针对着日本军官,以致这些军官为了不引人注目不得不穿上士兵制服!中国的密探也通过灯光信号及其他手段,指明参谋部驻地的位置,以此引导炮火和飞机对准参谋部射击和轰炸。

至于南京的情况,他说有那么一些外国人,尤其是"某个国家"的一些成员,自以为是地扮演法官的角色。要是没有外国人的干预,南京的日中关系肯定会和谐发展的!是那些外国人煽动了中国人起来反对日本人!

凡是关系到外国人的利益,他说他乐于接受任何批评,但对中国人的问题要由他自己单独来处理。

讲话结束时将军问我们是否有什么话要说。由于对这种怪异的讲话感到反感,作为最资深的外国代表的我放弃了发言。我的美国同行爱利生先生则在请求给一份讲话稿的副本时,将军突然回答说这次的演讲完全是即席讲话。可就是这次讲话,将军刚才还戴着眼镜,对着稿纸在我们面前逐字逐句朗读,有时由于光线的问题还把那张纸侧了过来,福田参赞却按照另一个日文文本结结巴巴地翻译![①]

天谷少将的这篇讲话反映了日本军方一贯的强硬态度和傲慢。首先,天谷虽然百般辩解,但还是承认了日军在南京犯下了暴行。但天谷却把日军暴行归咎于中国人的抵抗和给养跟不上,完全是颠倒黑白。但值得一提的是,这种论调与罗森在就德国被劫财产对日索赔时冈崎圣雄的说辞如出一辙(见本书第五章第二节)。这更加说明日本军方与外交人员在涉及日本国家声誉的重大问题上的看法是完全一致的。其次,天谷表现出了对第三国人士明显的敌意,称"要是没有外国人的干预,南京的日中关系肯定会和谐发展",还指责这些第三国人士"自以为是地扮演法官的角色"。这就与外交官的态度有很大的不同。其实,外交人员是乐意看到第三国人士起到一定缓冲作用的。而实际上也正是存在这样一群第三国人士,他们成立了委员会,建立了安全区,才避免了日军更大范围和更大规模的暴行发生,从而保护了大量中国人。但他们自身却冒着极大的危险,其所在国家的权益也遭到日军的重大侵害。

关于天谷少将举行的这次"招待"欧美国家返回南京的外交官的茶话会,罗森的同事、同样参加了这次茶话会的沙尔芬贝格也向德国外交部写了一份报告:

2月5日邀请全体外交官。这次是作为驻军司令官天谷少将

① 罗森给德国外交部的报告(1938年2月7日于南京),载张宪文主编《南京大屠杀史料集》之6《外国媒体报道与德国使馆报告》,第368—369页。

的客人受邀去喝茶,在座的有日高、所有的日本外交官,本乡少佐还带了几位其他军官。我们先是十分随便地聊了很长时间,突然大家静了下来,气氛变得十分庄重,所有人都坐下,丢掉了手中的香烟……这时,天谷戴上了眼镜,掏出讲话稿,开始致辞,那位年轻的——再说一次——友好的、总是乐于助人的武官福田逐字逐句地进行翻译,但遗憾的是他毫无准备,翻译时卡了几次壳。这位将军——身体很胖,平时总是挺和气的——在讲话中狠狠批评了我们这些外国人。他提出的论点是:南京要是没有外国人,情况会好很多,中国人躲到了外国人的衣摆后面,相信他们会进行干预,所以敢于反抗日本人。他在扬州——他以前是扬州地区的司令官——只有几天就把一切搞得服服帖帖,商业活动几乎没有中断。他讲话中最尖锐的句子是:"请您们别再帮中国人干预我们的日常事物。"我认为,他的话在一定意义上是对的,但他没有把讲话的真实含义吐露出来——安全区国际委员会一直是他们的眼中钉。①

沙尔芬贝格和罗森的记述基本上是一致的,即日本军方对委员会是极度仇视的,几乎达到了必欲除之而后快的地步。这两篇记述有一个细节有所不同。罗森说翻译者福田是"按照另一个日文文本结结巴巴地翻译",而沙尔芬贝格却说福田"毫无准备,翻译时卡了几次壳"。这一细节并不影响整个事情的真实性,但也可以看出日本军方和外交人员的沟通不够,也显示出双方在对待第三国人士的态度上确实有很大的分歧。但值得一提的是,所有返回南京的第三国外交人员都没有就日军侵害中国人的利益与日方进行任何交涉。

总之,南京大屠杀期间的日本军方和外交官群体是维护日本因侵华

---

① 沙尔芬贝格:《1938 年 2 月 10 日的南京现状》,载张宪文主编《南京大屠杀史料集》之 30《德国使领馆文书》,第 133—134 页。

而产生的不正当国家利益的两个方面,双方在总的原则和目标一致的前提下有一些分歧,尤其是对待日军侵害第三国权益及看待在南京的第三国人士的问题上,就像是硬币的两面一样缺一不可。按照中国俗语的说法就是——一个唱红脸,一个唱黑脸。

# 结　语


首先回顾梳理一下日军在南京暴行中侵害第三国权益这一事实的基本发展脉络,并做一些分析。

在 1937 年中日战争爆发前,南京的外国权益大致可以分为原有的权益和新增权益两个方面。前者如一些建立较早的基督教堂和西方教会兴办的社会教育事业、若干外资企业等。后者则是 1927 年以后逐渐形成并扩大的,主要是增加的外国外交机构和外交人员、新开办的外资企业及其外方人员、外国顾问等。

由于以蒋介石为首的国民党政府于 1927 年在这里定都,南京成为一座国际性较强的城市,并逐步形成了外国权益比较集中的几个方面。首先,由于 1935 年的外交升格和使馆南迁,各国在南京的外交利益大幅扩大。南京已经取代北平,成为各国在华外交利益最集中的城市。这里使领馆众多,而美英德日苏等世界主要大国的大使馆都有一定的规模,所派驻的外交人员也相对较多。有的国家(如日本)不仅在南京设有大使馆,也设有领事馆。随之而来的各国国家层面的外交利益和外交人员因在南京生活而产生的个人利益都得到快速提升。其次,由于南京国民政府成立后中外经济交流持续扩大,中国的经济也在这一时期得到较快的发展,外资企业的业务也有不同程度的拓展,外方管理人员的数量也随之增加,其所带来的外方企业的经济利益和人员的个人利益也在扩大。如英资和记洋行在这一时期的业务就持续扩大。而拉贝也是在1931年来到南京,担任德国西门子公司在当地的负责人。第三,这一时期中外在文化教育方面的交流互动同样在扩大,随之而来的相应的外国利益也在扩大。如基督教信众的增加,使教堂的活动范围扩大,传教士人数增加。同时,教会所兴办的诸如学校、医院等社会事业在这一时期也得到了一些发展,在这些机构任职的外籍人士也在不断增加。有时候,传教士也兼任医生或教师。如麦卡伦,既是一位传教士,也在金陵大学附属马林医院担任医生。日军占领南京时,麦卡伦留在城内,成为安全区和委员会的重要成员,为救助惨遭日军伤害的中国人作出了贡献。

总之,在中日战争全面爆发前,南京就已经是一个外国利益比较集中且分布较广的城市,而且这些利益往往是与中国的利益目标互相交织的。由于日军是一支军纪很差的军队,经常实施无差别袭击。这就有可能为战争爆发后日军侵害这些利益提供了靶子,并不分中外利益。而这一点是当时谁也不曾预料到的。

中日战争爆发之后,日军从开始轰炸南京时,就对那里的第三国目标进行侵害。日军的轰炸波及了外资企业和许多第三国驻南京的使领馆,甚至连日本使馆也被波及。日本驻华大使馆参事日高信六郎在1937年8月18日,即刚刚从南京撤退到青岛时,曾向日本外务省报告日机轰炸的情况:"连外国大使馆,包括对我大使馆,也悍然进行轰炸,并且大胆地低空飞行,令人吃惊。"①日军是从1937年8月15日开始对南京实施轰炸的,而日本大使馆随后关闭,日高带领最后一批日使馆人员于17日就撤到青岛。他18日就发出这样的报告,说明日军从轰炸南京的最初

---

① 驻青岛大鹰总领事致北平森岛参事官电,载张宪文主编《南京大屠杀史料集》之1《战前的南京与日机的空袭》,第171页。

阶段，就开始侵害第三国权益。有的时候，日军轰炸波及第三国权益还有可能是当时的武器瞄准精度不高，第三国目标与中国目标相距过近造成的，但有的时候则是日军有意为之。如日军轰炸英资和记洋行。该企业位于南京城北靠近长江的地方，离主城有不小的距离，周围没有有价值的中国军政目标，而且占地较广，是一个很大的区域，不可能因瞄准问题而误炸。但日军在 9 月的袭击中竟对该企业造成重大破坏，并造成员工伤亡。这足以说明日军的野蛮。

在轰炸阶段，日军轰炸侵害第三国权益最显著的一件事就是英国驻华大使许阁森被炸事件。从地域上看，这件事的发生不在南京范围内，但制造该事件的日军部队也是后来实施南京大屠杀的日军部队之一，且该事件造成了英日两国之间的重大外交纠纷，可以看作是南京大屠杀的序幕和前奏。

在轰炸阶段，各受害国政府曾就日军轰炸侵害其权益对日本进行了国家层面的外交交涉。特别是许阁森被炸伤后，英日两国进行了长达一个月的外交战，形成了两国关系的一次危机。这些国家的对日交涉取得了一定的效果，如使日军的轰炸变得小心了，比先前更注意避开第三国的目标，但没有从根本上遏制日军侵害第三国权益的势头。这主要是因为各国交涉基本上只是就事论事，只要在具体被侵害的事情上得到补偿就满足了。英国在对日交涉许阁森被炸事件时的指导思想就是在最低限度地保全英国面子的前提下尽快结束外交争端。这种做法难以从根本上达到制止日军侵害第三国权益的目的，只能起到一点临时的作用。

这种治标不治本的做法很快就带来了灾难性后果。1937 年 12 月 12 日，即日军攻入南京的前一天，日军在南京附近的长江江面上分别用飞机和火炮袭击了美国军舰"帕奈"号及其他几艘美国油轮；"瓢虫"号等几艘英国军舰也遭到日军炮击和轰炸，也都造成美英舰体的沉没或损伤，以及舰上水兵的死亡，形成"帕奈"号事件和"瓢虫"号事件。

这两起袭击舰船的事件发生后，美英分别与日本进行了外交交涉。

英国在交涉中的立场明显比在许阁森被炸事件中的立场要强硬得多,这是由于此时英国看到了与美国同时对日施压交涉的可能性。美国的立场则更为强硬,但拒绝与英国联合对日交涉。日本则害怕英美两大国联合起来对付自己,更害怕由此引起与英美这样的大国的战争,因此在交涉中放软身段,对英美的要求尽可能地满足。最后,日本以对英美道歉、赔偿、惩罚责任人、答应采取措施以保证今后不再发生类似事件为条件,了结了这两起非常棘手的外交官司。单纯从事件本身来看,"帕奈"号事件和"瓢虫"号事件都得到了比较令人满意的解决,日本的做法也符合国际上解决类似事件的惯例。但英美在交涉中都是单独对日交涉,两国没有对日联合交涉,更没有采取进一步行动。其实,英国曾有意与美联合,共同对日交涉,但没有获得美国的积极回应。这样就带来两个后果。直接后果是英美失去了一次极为重要的遏制日本侵略野心的机会。试想,如果英美借此出动军事力量在远东对日示威,那将极有可能起到很好的威慑效果。间接后果是日本看清了英美色厉内荏的本质,不再担心它们会对日本采取超过外交施压以外的政策,因而变得更加有恃无恐。而英美(主要是美国)这样做是因为在1937年的时候,日本与西方国家的关系尚未破裂,美国国内孤立主义盛行,不愿过多介入美洲大陆以外的国际纷争。这就为日本进一步侵华,并损害第三国权益创造了条件和空间。

日本的水上和空中的军事力量在南京尚未被其攻占的时候就在这座城市的外围对第三国权益进行了严重侵害,实际上也就预示着该城市一旦真的落入日军之手,无论中国的还是各第三国的权益都难逃魔掌。日军在南京城内对第三国权益的侵害主要集中在两个领域:一是侵害第三国人士的人身权益;二是劫掠第三国的财产,无论这种财产是私有的还是国有的。当时留在日军占领下的南京的第三国人士共20多人,全部都是欧美人士,其中美国人最多,其次是德国人。他们的职业有医护人员、传教士、大学教授、外资企业负责人等。他们在城中偏北地区建立了"安全区",并组成"南京安全区国际委员会"作为领导机构,由拉贝出任该委员会主席。该委员会的目的是为非战斗人员提供一个免遭战火摧残的栖身之地。但该安全区没有得到日方的承认。日军经常在该安全区内实施暴行。委员会成员,即这些留在南京的第三国人士也不时遭到日军骚扰和虐待。日军对他们不仅进行人身侵害,也进行人格侮辱。通常,这些人士的人身安全也得不到保障。但就是在这样艰难的处境下,这些欧美人士坚守职责,尽最大努力保护无辜的中国人,有效地减少了日军暴行的受害人数,减轻了受害程度。

日军劫掠第三国财产的暴行波及了美英德等主要世界大国在南京的财产。无论是个人的、企业的,抑或国家的财产,日军都进行了无差别劫掠。拉贝因是德国人,曾对本国被劫财产进行过不完全统计,并列出了比较详细的表格。此外,英美被劫财产也有粗略的估算。从这些不完全的数据来看,日军对第三国在南京的财产进行了大规模、有系统的抢劫,造成了这些国家在南京财产的严重损失。此外,西方基督教会的宗教建筑和教会所办的医院、学校等教会财产也遭到劫掠。

尤其值得一提的是,日军在侵害第三国人士人身权利和劫掠第三国财产时,竟然罔顾国际法和外交惯例,侵害了外交人员的人身权利,劫掠了诸如英国使馆、德国大使住宅这样的外交机构。苏联大使馆被烧毁也很有可能是日军所为。美国使馆秘书阿利森在日军明知其外交官身份的情况下仍然被他们殴打。这些在现代战争中是极其罕见的,只能更加暴露日军作为侵略军的残暴本质。

受害的第三国就日军侵害其公民的人身权利和劫掠其财产的对日交涉其实分为两个阶段。在1938年1月上旬美英德等国的外交人员返回南京之前,完全是由以拉贝为首的委员会与日方交涉,而且主要是就日军对中国人实施暴行的交涉,对第三国权益侵害的交涉是与侵害中国人的交涉交织在一起的。拉贝等人主要是通过随日军返回南京的日本外交人员与日本军方沟通,但效果很差。骄横的日本军方根本不把这些只有普通公民身份的第三国人士放在眼里,几乎可以忽略不计的一点交涉效果也完全是在日军侵害第三国权益的领域。这说明无论是日军还是日本外交官,对第三国权益的重视要远远超过对中国平民权益的重视。

交涉的第二阶段是在各国外交人员返回南京之后。进入 1938 年之后,日军暴行的高潮逐渐过去,日军扶持的伪政权也成立了,南京的市面逐渐恢复了表面上的平静。美英德的外交人员是在这样的背景下回到南京以照料各国使馆业务的。他们由于具有官方身份,代表各自国家政府的立场,所以得到日方的重视。这些人的到来带来了两个直接后果:一是改善了拉贝等原先就留在南京的第三国人士的处境;二是对日交涉具有了一定程度的官方性质,因而也取得了更大的效果,如被劫掠的财产得到了日方一定程度的赔偿。

但各国始终没有把财产索赔提高到国家间正式外交交涉的高度,只是由各国返回南京的外交人员与日方(日本军方和外交官)进行现地交涉,这就削弱了交涉的官方色彩,并影响了交涉的整体效果。而唯一被提到国家间正式外交交涉高度的只有阿利森被日军殴打事件。正是由于提高到了这一高度,事件才有了比较好的解决。这与"帕奈"号事件和"瓢虫"号事件的解决有类似之处,虽然该事件的性质和情节比那两起舰船被炸、人员伤亡的事件要轻得多。但单个事件的满意解决并不能掩盖日军整体上漠视侵害第三国权益的事实。此外,还有一个可能的原因,即留在南京的第三国人士虽然屡次被日军侵害其人身权利,但没有发生第三国人士死亡的恶性事件,所以也就没有发生国家间的严肃外交交涉。

以下对几个群体在日军侵害第三国权益过程中的作用作一剖析:

日本军方无疑是实施暴行的主体,是产生这一问题的根源。而且日军实施这样的暴行绝不仅仅是中下层官兵违反纪律这么简单,日军上层某种程度的默许甚至纵容是暴行发生和发展的重要原因。日军高层不仅对其属下管束不力，而且对拉贝等第三国人士为减轻日军暴行所做的努力持相当敌视的态度。正如天谷少将在 1938 年 2 月 5 日举行的"招待"各国返回南京的外交官的茶话会上所说的那样，日方认为如果没有外国人，日军与当地居民的关系会更和谐。这是日军残暴本质的自我表白，但这种罔顾事实的说辞引起了在场所有第三国外交人员，包括当时与日本关系良好的德国外交官的极大反感。

以拉贝为首的第三国人士是无私忘我的一群人。正是他们的存在和不懈努力，才有效地减轻了日军暴行对中外生命财产的损失和危害。他们的作用不仅在于保护了大批中国人的生命和大批中外财产。依照笔者的看法，他们的作用还在于使南京大屠杀这一骇人听闻的战争暴行不再仅仅是中日两国之间的事情，而是使其具有一定程度的国际性。因为拉贝等人的活动引起了国际注意，最终引起了国际反响。当然，他们首先是引起了返回南京的欧美外交人员的注意，然后引起了这些国家政府的注意。从眼前看，他们为返回南京的各国外交人员向日方索赔本国的损失提供了具体而有力的证据；从长远看，他们中的一些人在战后审判日本战犯时充当了证人，成为指证日本战犯战争罪行的中立方证据的重要来源。① 尤其难能可贵的是，他们是在自身权益也受到重大侵害，有时甚至连生命安全都受到威胁的情况下尽力保护了大批中国人和中外财产。此外，拉贝等人的交涉技巧也是很高超的。他们知道自己不具备官方身份，与专横的日本军方难以沟通，所以在很多情况下是通过日本外交官与军方交涉的。委员会成员始终与这些外交官保持着良好的工作关系。有的时候，为了大局，这些第三国人士不得不在日本外交官面前委曲求全，如拉贝被迫接受福井提出的不向外界透露日军在南京所犯暴行的要求等。

---

① 贝德士在战后审判日本战犯的远东国际军事法庭上出庭作证，为法庭认定南京大屠杀的事实做出了贡献。

随日军返回南京的日本外交官是一个十分特殊而具有复杂性的人群。他们人数极少,只有寥寥数人,但发挥的作用还是值得一提的。坦率地说,日本政府对他们的定位——作为日本军方与留在南京的第三国人士的缓冲和沟通桥梁——他们是做到了。如果从日本政府的立场来看,他们还做得很好。因为日本政府就是要他们设法缓和军方与第三国人士之间的关系,并尽力掩盖日军所犯的暴行。这些日本外交官忠实地履行了他们的职责。但他们在充当桥梁角色的同时,也在一定程度上减轻了日军暴行的危害性。这主要是日军针对第三国权益的危害。因为毫无疑问,出于维护日本国家利益的考虑,外交官们对保护第三国权益还是重视的。如果我们不仅仅从人的最初动机来判断,也从实际后果来判断的话,这些外交官们的举动也该得到一定程度的肯定。

从总体来看,日军在南京大屠杀的过程中侵害第三国权益的暴行只是日军所犯暴行的一个比较小的部分,无论是在中国或在日本,甚至在受害国国内,都没有引起很大的反应,也没有造成非常严重的后果(只有外交官被炸伤、被殴打,军舰和商船被击沉击伤并造成人员伤亡被提到了国家交涉层面)。依笔者看来,这主要有三个原因。首先是从大的国际地缘政治的格局来看,德国和日本的关系正在迅速改善,两国为了共同的战略利益不会为了这点事情而严重损害双边关系;而英国因欧洲局势的紧张而避免在远东与日本过分交恶;美国则因国内孤立主义情绪严重,在东亚也没有重大经济利益,所以不愿过多卷入与日本的纷争。其次,在一些相对比较严重损害第三国利益的事情上,如"帕奈"号事件、"瓢虫"号事件,或情节虽不严重,但有损主权国家尊严的事情上,如阿利森被打事件,日本都采取了尽可能的补救措施,使这些具体事件得到比较圆满的解决,从而避免了日本与受害国关系因这些具体事件而恶化。第三,日本出于掩盖其战争罪行的目的,想方设法封锁消息,不使南京发生的事情为外界所知。福井要求拉贝不向外界透露事实真相就是明显的一例。这在一定程度上起到了作用。

但日军在南京大屠杀过程中侵害第三国权益的事实是日军在南京大屠杀中所犯暴行的一个重要组成部分,是一段不应该被遗忘的历史。这段历史不仅暴露出日军的残暴本性,而且也反映出当时日本与西方国家越来越大的矛盾。这种矛盾的本质是日本企图排挤欧美国家在中国的利益,从而独霸中国。这种矛盾发展下去,很可能会对远东地缘政治的格局产生重大影响,也预示着中国争取国际援助抵抗日本侵略的前景将会是光明的。这是"得道多助失道寡助"的体现。正如一位学者所总结的那样:"世界舆论由此日益同情中国抗战。"①

_____

① 张生:《从南京大屠杀看中国的抗战前途》,载《民国档案》2006 年第 4 期,第 78 页。

# 主要参考文献

## 一、中文参考文献

### (一) 档案馆馆藏档案

1. 中国第二历史档案馆馆藏国民政府行政院档案,南京。
2. 中国第二历史档案馆馆藏国民政府军政部档案,南京。
3. 中国第二历史档案馆馆藏国民政府外交部档案,南京。
4. 南京市档案馆馆藏民国时期南京特别市政府档案,南京
5. "国史馆"馆藏国民政府行政院档案,台北。
6. "国史馆"馆藏国民政府外交部档案,台北。
7. 中国国民党党史馆馆藏中国国民党中央执行委员会档案,台北。
8. "中央研究院"近代史所馆藏国民政府外交部档案,台北。

### (二) 已公开出版文献

1. 张宪文主编:《南京大屠杀史料集》之 1《战前的南京与日机的空袭》,南京:江苏人民出版社 2005 年版。
2. 张宪文主编:《南京大屠杀史料集》之 2《南京保卫战》,南京:江苏人民出版社 2005 年版。
3. 张宪文主编:《南京大屠杀史料集》之 3《幸存者的日记与记忆》,南京:江苏人民出版社 2005 年版。

4. 张宪文主编：《南京大屠杀史料集》之 4《美国传教士的日记与书信》，南京：江苏人民出版社 2005 年版。

5. 张宪文主编：《南京大屠杀史料集》之 5《遇难者的尸体掩埋》，南京：江苏人民出版社 2005 年版。

6. 张宪文主编：《南京大屠杀史料集》之 6《外国媒体报道与德国使馆报告》，南京：江苏人民出版社 2005 年版。

7. 张宪文主编：《南京大屠杀史料集》之 7《东京审判》，南京：江苏人民出版社 2005 年版。

8. 张宪文主编：《南京大屠杀史料集》之 12《英美文书·安全区文书·自治委员会文书》，南京：江苏人民出版社 2006 年版。

9. 张宪文主编：《南京大屠杀史料集》之 13《拉贝日记》，南京：江苏人民出版社 2006 年版。

10. 张宪文主编：《南京大屠杀史料集》之 14《魏特琳日记》，南京：江苏人民出版社 2006 年版。

11. 张宪文主编：《南京大屠杀史料集》之 29《国际检察局文书·美国报刊报道》，南京：江苏人民出版社 2007 年版。

12. 张宪文主编：《南京大屠杀史料集》之 30《德国使领馆文书》，南京：江苏人民出版社 2007 年版。

13. 张宪文主编：《南京大屠杀史料集》之 31《英国使领馆文书》，南京：江苏人民出版社 2007 年版。

14. 张宪文主编：《南京大屠杀史料集》之 32《日本军方文件与官兵日记》，南京：江苏人民出版社 2007 年版。

15. 张宪文主编：《南京大屠杀史料集》之 34《日本军国教育·百人斩与驻宁领馆史料》，南京：江苏人民出版社 2006 年版。

16. 张宪文主编：《南京大屠杀史料集》之 63《美国外交文件》，南京：江苏人民出版社 2010 年版。

17. 张宪文主编：《南京大屠杀史料集》之 69《耶鲁文献（上）》，南京：江苏人民出版社 2010 年版。

18. 张宪文主编：《南京大屠杀史料集》之 70《耶鲁文献（下）》，南京：江苏人民出版社 2010 年版。

19. 朱成山编：《南京大屠杀史研究与文献》之 31《英国外交官和英美海军军官的记载—日军大屠杀与浩劫后的南京城》，南京：南京出版社 2013 年版。

20. 朱成山编：《南京大屠杀史研究与文献》之 32《血腥恐怖金陵岁月—金陵女子文理学院中外人士的记载（上册）》，南京：南京出版社 2014 年版。

21. 朱成山编：《南京大屠杀史研究与文献》之 32《血腥恐怖金陵岁月—金陵女子文理学院中外人士的记载（下册）》，南京：南京出版社 2014 年版。

22. 朱成山编:《南京大屠杀史研究与文献》之 34《南京保卫战史》,南京:南京出版社 2014 年版。

23. 〔日〕防卫厅防卫研修所战史室编:《中国方面海军作战(1)》,朝云新闻社1974 年版。

24. "中华民国外交问题研究会"编:《中日外交史料丛编》之第四编《卢沟桥事变前后的中日外交关系》,台北,1964 年版。

25. 中国第二历史档案馆、南京市档案馆编:《侵华日军南京大屠杀档案》,南京:江苏古籍出版社 1997 年版。

26. 全国人大常委会办公厅研究室编写:《中国近代不平等条约汇要》,北京:中国民主法制出版社 1996 年版。

27. 朱成山主编:《侵华日军南京大屠杀外籍人士证言集》,南京:江苏人民出版社 1998 年版。

28. 张宪文、崔巍、董为民编:《南京大屠杀重要文证选录》,南京:凤凰出版社2014 年版。

## (三) 专著

1. 叶楚伧等主编:《首都志》,南京:正中书局 1935 年版。

2. 南京市政府政府秘书处:《新南京》,南京:共和书局 1933 年版。

3. 马超俊:《十年来之南京》,南京:南京市政府秘书处编印,1937 年版。

4. 谭道平:《南京卫戍战史话》,南京:东南文化事业出版社,1946 年版。

5. 孙宅巍主编:《南京大屠杀》,北京:北京出版社 1997 年版。

6. 张宪文主编:《南京大屠杀全史》,南京:南京大学出版社 2012 年版。

7. 张生等:《南京大屠杀史研究》(上下),南京:凤凰出版社 2012 年版。

8. 杨凡逸:《美日"帕奈"号事件与中美关系(1937—1938)》,台湾政治大学历史系 2002 年版。

9. 李仕德:《英国与中国的外交关系(1929—1937)》,台北:"国史馆"2001 年版。

10. 杨夏鸣:《美国外交文件中的日军南京暴行研究》,南京:江苏人民出版社2017 年版。

11. 米庆余:《日本近现代外交史》,北京:世界知识出版社 2010 年版。

12. 俞辛焞:《日本外交研究》,天津:天津古籍出版社 2006 年版。

13. 〔日〕洞富雄著,毛良鸿等译:《南京大屠杀》,上海:上海译文出版社 1987 年版。

14. 〔美〕张纯如著,杨夏鸣译:《南京浩劫——被遗忘的大屠杀》,北京:东方出版社 2008 年版。

15. 〔日〕笠原十九司著,李广廉、王志君译:《难民区百日——亲历日军大屠杀的西方人》,南京:南京师范大学出版社 2005 年版。

16. 〔日〕田中正明:《"南京大屠杀"之虚构》,北京:世界知识出版社 1985 年版。

17. 徐蓝：《英国与中日战争 1931—1941》，北京：北京师范学院出版社 1991年版。

18. 王建朗：《抗战初期的远东国际关系》，台北：东大图书公司 1996 年版。

19. ［日］松本重治著，曹振威等译：《上海时代》，上海：上海书店出版社 2010 年版。

（四）论文

1. 彭剑：《被忽视的受害者——南京大屠杀中美国传教士的另一面相》，《南京社会科学》2003 年第 9 期。

2. 彭剑：《仇日乎，反日乎——试析南京大屠杀期间美国传教士对日军之态度》，《南京社会科学》2004 年第 6 期。

3. 张生：《从南京大屠杀看中国的抗战前途》，《民国档案》2006 年第 4 期。

4. 张生：《侵华日军南京大屠杀的"德国视角"——以德国外交档案为中心》，《南京大学学报》（哲学、人文科学、社会科学版），2007 年第 1 期。

5. 杨夏鸣：《美国国家档案馆资料记录的南京大屠杀》，《抗日战争研究》2005 年第 4 期。

6. 王卫星：《日本外交官对日军南京暴行的反应与应对》，《南京社会科学》2015年第 9 期。

7. 崔巍：《战争进程与南京大屠杀》，《江苏社会科学》2005 年第 3 期。

8. 崔巍：《日军在南京大屠杀过程中对第三国权益的侵害》，《民国研究》第 13 辑（2007 年秋季号）。

9. 董为民：《南京大屠杀期间美日的外交折冲——以"阿利森事件"为中心》，《南京社会科学》2014 年第 10 期。

10. 高晓星：《中国海军的抗日作战》，《江苏社科界纪念抗战胜利七十周年学术研讨会论文集》，中共党史出版社 2016 年版。

# 二、英文参考文献

## （一）档案馆馆藏档案

1. British Foreign Office(FO)，Public Record Office At Kew(PRO)，London.

2. British Cabinet Records（CAB），Public Record Office At Kew（PRO），London.

3. RG 59，Entry 198B，boxes 0810‑1830，National Archive，Washington.

## （二）已刊印的英美外交档案

1. Ann Trotter，*British Documents On Foreign Affairs：Reports And Papers*

*From The Foreign Office Confidential Print*, *Part* ⅠⅠ , *Series E*, *Volume 44*, *China*, *January 1936 – June 1937*, University Piblications Of America, 1996.

2. Ann Trotter, *British Documents On Foreign Affairs*: *Reports And Papers From The Foreign Office Confidential Print*, *Part* ⅠⅠ , *Series E*, *Volume 45*, *China*, *July 1937 – March 1938*, University Piblications Of America, 1996.

3. United States Department of States, *Foreign Relations of the United States*, *Japan*: *1931 – 1941*, *Vol. 1*, Washington; U. S. Government Printing Office, 1943.

4. United States Department of States, *Foreign Relations of the United States Diplomatic Papers*, *1937*, *The Far East*, *Vol. 4*, Washington; U. S. Government Printing Office, 1954.

## (三) 专著

1. Hamilton Perry, *The Panay Incident*: *Prelude to Pearl Harbor*, New York; Macmillan Company, 1969.

2. B. A. Lee, *Britain and Sino-Japanese War 1937 – 1939*, Stanford, 1973.

3. Ann Trotter, *Britain and East Asia 1933 – 1937*, Cambridge University Press, 1975.

# 附录：欧美人名中英文对照表[①]

| 英语姓名 | 新华社译名 | 曾用中文译名 | 其他译名 | 国籍 | 工作机构 |
|---|---|---|---|---|---|
| Miner Searle Bates | M. S. 贝茨 | 贝德士 | 裴志、裴滋 | 美国 | 金陵大学 |
| H. J. Timerley | | 田伯烈 | 丁伯烈 | 英国 | 曼彻斯特卫报 |
| Grace Bauer | 格蕾丝·鲍尔 | | | 美国 | 金大医院 |
| John Moore Allison | 阿利森 | | 爱利生 | 美国 | 美国大使馆 |
| Arthur Menken | 门肯 | | | 美国 | 派拉蒙公司 |
| C. Yates Mcdaniel | 耶茨·麦克丹尼尔 | | | 美国 | 美联社 |
| George A. Fitch | 乔治·菲奇 | | | 美国 | 基督教青年会 |
| Ernest H. Forster | 欧内斯特·H. 福斯特 | | | 美国 | 圣公会 |

① 此表引自张宪文、崔巍、董为民编《南京大屠杀重要文证选录》，南京：凤凰出版社 2014 年版，第 408—410 页的"常见外国人士姓名对照表"。因笔者参与了该书的编写，本书所涉欧美人名与该表基本一致，故引用，并根据本书情况作适当修改。

| 英语姓名 | 新华社译名 | 曾用中文译名 | 其他译名 | 国籍 | 工作机构 |
|---|---|---|---|---|---|
| J. M. Hanson | 汉森 | | | 丹麦 | 德士古石油公司 |
| Trautmann | 特劳德曼 | | 陶德曼 | 德国 | 德国驻华大使馆 |
| R. R. Hatz | R. R. 哈茨 | | | 奥地利 | 安全区机械师 |
| R. Hempel | R. 亨普尔 | | 黑姆佩尔 | 德国 | 北方饭店 |
| Iva Hynds | 伊娃·海因茨 | | | 美国 | 金大医院 |
| Frank Tillman Durdin | 德丁 | | F. 提尔曼·杜丁 | 美国 | 纽约时报 |
| G. F. Rosen | 罗森 | | | 德国 | 德国驻华大使馆 |
| ChristianKroeger | 克里斯蒂安·克勒格尔 | | 克鲁格、克罗格 | 德国 | 礼和洋行 |
| James H. McCallum | 詹姆斯·麦卡伦 | | 麦考论 | 美国 | 基督会 |
| John G. Magee | 约翰·马吉 | | 梅琪、麦琪 | 美国 | 圣公会 |
| Archibald T. Steele | 阿奇博尔特·斯蒂尔 | | 斯提尔 | 美国 | 芝加哥每日新闻报 |
| Ivor Mackay | 麦凯 | | 麦寇 | 英国 | 太古公司 |
| W. Plumer Mills | W. P. 米尔斯 | | 米尔士 | 美国 | 长老会 |
| G. Schultze-Pantin | 舒尔茨·潘廷 | | 潘丁、潘亭 | 德国 | 兴明贸易公司 |
| J. V. Pickering | 皮克林 | 毕戈林 | | 美国 | 美孚洋行 |
| Cola. Podshivoloff | 克拉·波德希洛夫 | | 科拉·波德希伏洛夫 | 白俄 | 桑格伦电器商行 |
| John H. D. Rabe | 约翰·H. D. 拉贝 | 艾拉培 | 锐比、拉比 | 德国 | 西门子公司 |

| 英语姓名 | 新华社译名 | 曾用中文译名 | 其他译名 | 国籍 | 工作机构 |
|---|---|---|---|---|---|
| Charles H. Riggs | 查尔斯·里格斯 | 林查理 | 李格斯 | 美国 | 金陵大学 |
| Lewis. S. C. Smythe | 刘易斯·S. C. 斯迈思 | | 史迈士、史迈斯 | 美国 | 金陵大学 |
| L. C. Smith | 史密斯 | | 莱斯利·史密斯 | 英国 | 路透社 |
| Hubert L. Sone | 休伯特·L. 索恩 | 宋煦伯 | 宋尼 | 美国 | 金陵神学院 |
| Eduard Sperling | 爱德华·施佩林 | | 史波林、斯伯林、斯波林 | 德国 | 上海保险公司 |
| Willey Noebel | | | 奈贝尔 | 德国 | 德国驻日大使馆 |
| Sauken | | | 绍肯 | 德国 | 德国驻华大使馆 |
| Fischer | 费希尔 | | 菲舍尔 | 德国 | 德国驻华大使馆 |
| Scharffenberg | | | 沙尔分贝格 | 德国 | 德国驻华大使馆 |
| Albert N. Steward | 艾伯特·斯图尔特 | 史德蔚 | 司徒华 | 美国 | 金陵大学 |
| C. S. Trimmer | C. S. 特里默 | | 德利谟 | 美国 | 金大医院 |
| P. D. Twinem | 特威纳姆 | 戴籁三夫人 | 特文兰太太、杜南夫人 | 中国① | 金陵大学 |
| Minnie Vautrin | 明妮·沃特林 | 华群 | 魏特琳 | 美国 | 金陵女子文理学院 |

① P. D. Twinem,即特威纳姆夫人,中文名戴籁三,金陵大学教授,原籍美国,后加入中国国籍,在日军占领南京时,已经是一名中国公民。

| 英语姓名 | 新华社译名 | 曾用中文译名 | 其他译名 | 国籍 | 工作机构 |
|---|---|---|---|---|---|
| Robert O. Wilson | 罗伯特·O.威尔逊 | | | 美国 | 金大医院 |
| Reverent Jacquinot | 雅坎诺 | 饶家驹 | 饶神父 | 法国 | 上海法国教会 |
| Aug. Zauig | A.曹迪希 | | | 德国 | 基士林糕饼店 |
| A. Zial | 齐阿尔 | | 塞尔 | 白俄 | 安全区机械师 |
| Prideaux-Brune | 普里多-布龙 | | | 英国 | 英国驻华大使馆 |
| Jeffy | 杰弗里 | | 捷夫雷 | 英国 | 英国驻华大使馆 |
| Altenburg | | | 阿尔滕布格 | 德国 | 德国驻华大使馆 |
| Dirksen | | | 迪克森 | 德国 | 德国驻日大使馆 |
| Newiger | | | 内维格尔 | 德国 | 德国驻华大使馆 |
| Hallett E. Abend | 阿木德 | | 哈立德·埃邦德 | 美国 | 纽约时报 |
| James Espy | 詹姆斯·埃斯皮 | | | 美国 | 美国大使馆 |

# 索　引

# 后　记

　　本书是江苏省重点智库国家记忆与国际和平研究院(以下简称"研究院")委托本人所做的研究课题。我花费了几年时间收集整理材料和写作,终于完成该课题,并即将由江苏人民出版社出版。在此之际,我除了感慨于自己的一点努力之外,还要感谢为本书的面世给予支持的学界同仁。

　　首先,我要感谢侵华日军南京大屠杀纪念馆馆长张建军先生。研究院就是依托该馆的智库机构,张馆长非常关心研究院的课题立项和研究工作。我除了在江苏省社会科学院任本职外,也受张馆长之邀担任研究院的研究员。本课题的立项及研究经费的划拨也与张馆长的支持分不开。有了课题立项和研究经费,才使本课题的研究得以展开。

　　其次,我要感谢我的同事、江苏省社会科学院王卫星研究员。王研究员审阅了我的书稿,并对最后结项提出了宝贵意见,使该课题顺利结项。

　　第三,我要感谢研究院的刘燕军研究员。刘研究员为本书无偿提供了插图,使本书的页面略微显得"图文并茂",增加了学术书籍的鲜活度。

　　第四,我要感谢江苏省行政学院的杨夏鸣教授。杨教授学识渊博,对本书所涉及的史实十分熟悉。他应本人之邀,在百忙之中抽出时间通读了全书,提出了宝贵的修改意见,并为本书写了序言。本人对杨教授的深厚学养和严谨的治学精神深感钦佩。

此外,我还要感谢江苏凤凰出版传媒股份有限公司出版部的卞清波副编审。他为本书的最终出版提供了方便。

当然,由于本人水平有限,书中的记述和表达的观点难免有缺点与不足。同时由于2020年初开始,新冠肺炎疫情肆虐全球,本人原定的再次赴国外收集资料的计划未能成行,书中所用史料大部分来源于国内,这也在一定程度上限制了书中论述的进一步展开。本人希望在今后收集到更多、更有价值的资料后进一步将本书修改,使之日臻完善。

崔　巍

2021年8月于南京